21世纪经济管理新形态教材·创新创业教育系列

创业财务
（第二版）

王艳茹　应小陆 ◎ 主　编

清华大学出版社
北　京

内 容 简 介

本书对初创企业涉及的资金筹集、股权设计、资金投放、资金的日常管理、纳税筹划等问题进行了深入探讨，对于收入和成本管理、财务报表以及创业企业的财务会计制度建设进行详细阐述，将财务管理学科的内容和创业活动的特点充分结合。本书既考虑财务管理的核心内容，又专注于创业企业的独特性，将研究范畴限定在企业初创期。无论是资金需求量的预测方法、资金投放的决策标准、资金管理的日常工具，还是成本管理的独特视角、报表分析的侧重点，以及财务会计制度的建设，均只讨论了从创办企业开始到盈利为止的经营期间，内容更有针对性，方法更具操作性，知识更富创新性。

每章以知识导入或故事思考开始，引发读者好奇心，以创业案例和技能训练结束，应用所学知识、检验学习结果，有始有终，形成学习闭环；课程视频、扩展阅读等栏目，提供更多相关案例和创业故事等内容，扩展知识的获取方式和渠道，为不同学习习惯的学生提供便利。

本书可作为高等学校创新创业相关课程教材。社会上的创业者、风险投资家、创业导师、创业园和孵化器工作人员等也可以将其作为案头读物，丰富自己的创业知识，提高创业教育和创业指导的能力以及创业的实践技能。

本书封面贴有清华大学出版社防伪标签，无标签者不得销售。
版权所有，侵权必究。举报：010-62782989，beiqinquan@tup.tsinghua.edu.cn。

图书在版编目（CIP）数据

创业财务 / 王艳茹，应小陆主编. -- 2 版. --
北京 : 清华大学出版社, 2024.8. -- (21 世纪经济管理新形态教材). -- ISBN 978-7-302-66923-4
Ⅰ. F275
中国国家版本馆 CIP 数据核字第 2024XU8007 号

责任编辑：付潭娇
封面设计：汉风唐韵
责任校对：宋玉莲
责任印制：刘 菲

出版发行：清华大学出版社
网　　址：https://www.tup.com.cn, https://www.wqxuetang.com
地　　址：北京清华大学学研大厦 A 座　　　　邮　　编：100084
社 总 机：010-83470000　　　　　　　　　　　邮　　购：010-62786544
投稿与读者服务：010-62776969, c-service@tup.tsinghua.edu.cn
质 量 反 馈：010-62772015, zhiliang@tup.tsinghua.edu.cn
课 件 下 载：https://www.tup.com.cn, 010-83470332

印 装 者：河北盛世彩捷印刷有限公司
经　　销：全国新华书店
开　　本：185mm×260mm　　印　张：16.25　　字　数：378 千字
版　　次：2017 年 8 月第 1 版　　2024 年 8 月第 2 版　　印　次：2024 年 8 月第 1 次印刷
定　　价：55.00 元

产品编号：101499-01

推 荐 序 一

随着创业教育的进一步普及，越来越多的大学生学习了与创新创业相关的课程，培养了创新思维、创业意识，提高了创造能力；也有越来越多的大学生投身创办新企业的活动之中，开始了改变自己、创造价值的旅程。

从产生创业意识、识别创业机会，到组建创业团队、整合创业资源，以及创办新企业，在整个创业过程中，创业财务都如影随形，创业财务的内容会贯穿创业活动的全过程。

在识别创业机会的时候，创业者需要进行基本的成本—效益分析，通过市场调查或市场测试分析创业机会面临的市场大小，计算其市场规模；进行销售收入预测，以及对成本费用的估计，来预测分析项目预期的收益状况和现金流量，判断项目的可行性——是否可以收回成本、实现盈利。

组建创业团队时需要考虑不同成员的加入对工资薪酬费用的影响，更需要基于可持续发展的需求，设计合理的股权结构，制定科学的利润分配方案；如果需要吸引外部的股权投资，还需要对创业项目的价值进行评估，对创业企业进行估值。

整合资源时，需要预测创业所需资金，了解创业资金的筹集渠道，计算资金成本，分析不同筹资方式的风险，选择适合的筹资来源；对于筹集到的资金，要通过合理配置加以充分利用，通过先进的管理方法加强管理，不断加快资金周转，提高资金的使用效率。

新企业开办时需要对其风险进行评估，对开业后的财务状况进行合理预期，编制并能够分析财务报表，了解创业活动的结果是否符合预期。在确定企业名称时，要了解法律对于不同形式创业企业在财税方面的规定，在遵循法律法规的前提下适当进行纳税筹划。

作为一个在创业领域耕耘了十多年的财务管理专业的博士，王艳茹教授一直致力于将创业和财务管理进行有机融合的研究和教学。今天，她将多年的研究成果整理成册与大家分享，不仅实现了其跨界创新的夙愿，而且满足了很多双创教师的迫切需求，更是对创业学科建设的一大贡献。

王艳茹教授与应小陆教授主编的《创业财务》（第二版），不仅包括了创业过程中涉及的财务问题，而且从创业者的角度撰写了与财务相关的问题。这本书不仅对想创业的学生有所帮助，而且对已经在创业路上的创业者了解和企业相关的财务问题也大有裨益，对创业园区和孵化器的管理者、服务者和咨询者也是一本极具价值的普及读物，并且，对于指导创业大赛的高校教师、创业导师和各类创业大赛的评委来说，也是很好的财务读本。

王艳茹教授对于创业财务独特性的认识和见解常常让我茅塞顿开，这本书的编写也是我多次建议和敦促的结果。《创业财务》（第二版）的改版，不仅在体例上增加了一些栏目，使教材更加易读易用，而且内容也更加完善，纳税筹划、资本市场、互联网企业估值、股权设计和激励等内容更有利于读者全面掌握和创业相关的财务知识。因此，《创业财务》（第二版）付梓之际，我欣然作推荐序，愿如此好的著作能够为更多人遇见，使更多群体受益。

李家华
2024 年 3 月 18 日

推 荐 序 二

财务管理是企业组织财务活动、处理财务关系的一系列管理活动。虽然创业企业开办时间短,规模一般较小,但是企业的财务活动和财务关系与在位企业类似,均涉及资金筹集、资金投放、日常资金管理和利润分配等财务活动,需要处理和投资人、经理人、债权人等的财务关系;但是,创业财务又和在位企业的财务管理不同,其只涉及从创业者产生创业动机、识别创业机会开始,到整合和利用所需资源将新企业创办起来,然后再到新企业生存为止的期间,即只研究新企业从 0 到 1、从无到有过程中涉及的财务问题,有其相当的独特性,需要单独加以研究。

"现金为王",经营中的不确定性越大资金就越重要。企业创立初期风险较高,资金的管理比利润管理更加重要。因此,创业所需资金的计算及资金筹集的讲解是创业财务的基础内容。这本书独创的资金计算表格和久经检验的案例可以帮助读者快速掌握资金的计算方法;资金筹集方式的介绍完全聚焦于初创企业,有很多筹资的小技巧;这本书还融入了作者对于不同渠道资金特点的研究,使读者在了解筹资渠道的同时学会从资金提供者的角度进行思考;创新筹资方式的介绍,更是读者扩大视野、便利筹集资金的好帮手。第二版中对资本市场创新内容的介绍,更好地呈现了中国资本市场的全貌。

筹集资金的目的是使用,只有投资才能够增加企业价值。但是,创业企业投资项目的选择标准和原则有很多区别于在位企业的地方,如不稳定的现金流量的预测、高风险下折现率的确定、期权的重要性等。这本书对投资活动的阐述以创业初期的企业状况为依托,充分考虑了创业企业和在位企业的不同,提出了适合初创期投资项目评估的建议,对于创业者进行投资决策会有很大帮助。第二版在"现金流量和决策评价指标计算"部分增加了一些例题,更方便读者对知识的理解和运用,帮助读者更好掌握所学内容。

由于现金的流动性最强,日常的现金管理更是创业企业关注的焦点。这本书不仅强调了日常现金管理对于初创企业的重要性,还介绍了现金管理的内容和工具、资金管理的常用方法,以及初创期现金管理的特殊性,针对性强,便于操作。

鉴于创业财务特定的研究范畴,企业分配的主要内容是收入和费用的管理,因此,这本书从加强管理的角度对费用进行了不同界定,使读者能从管理的角度更好地了解企业的各种支出,在管理时做到有的放矢,提高资金的使用效果;同时,将国家对于创业企业的各种税收优惠政策和税费减免规定进行了详细介绍。第二版还在相应章节中专门增加了"纳税筹划"的内容,可以方便读者全面了解国家对创业企业在税费方面的优惠政策,帮助创业者合理合法节约支出、提高效益。

股权设计作为企业可持续发展的保障,是创业企业不可或缺的内容之一,作者基于十多年对于创业财务的研究,系统介绍了股权设计的原则和技巧、股权激励的方式和选择,以及创业企业估值的特殊性和常用方法。这些都可以帮助创业者对创业企业的价值进行合理估计,以便使创业者获取更多"聪明的资金",安排合理的资金退出方式。第二版中关于股权设计和激励内容的完善,能够助力创业企业在创业初期就设计好企业的"基因",为日后的可持续发展奠定基础。

为了能全面了解企业的经营状况，更好地和内外部利益相关者沟通，创业企业同样需要编制财务报表。这本书系统介绍了小企业需要编制的利润表和资产负债表，并对报表进行简单分析。也许核心创业者可以不会编制报表，但是必须能够看懂报表，这本书对于销售分析、成本分析和费用分析工具的介绍，对于创业者了解企业、进行科学决策很有帮助。

"没有规矩，不成方圆"，创业企业的财会工作也是如此。制度是一种导向，好的制度可以使坏人变好。创业企业最好在初创期即建立一套"好的制度"，以便财会工作一开始就在规范的快车道上行驶，确保企业懂法和守法。这本书主要从会计制度和财务制度两个方面对创业企业的制度建设进行了阐述，可以使读者更好地了解财务会计制度，遵循财务会计法规。

虽然市场上也有个别讲授"创业财务"的教材，但这是第一本基于"创业"角度讲授"财务"的书。王艳茹教授作为财务管理的博士，最近十多年潜心财务和创业的跨界研究，关注初创企业独特的财务管理问题，最终将财务管理和创业活动无缝衔接，主编了这本教材。

这本书不仅对想创业的人士有帮助，而且是已经创业的创业者管理企业的利器，同时对会计和财务管理及相关专业的学生来说，也是其拓展视野、扩充知识、提高综合素质的"饭后甜点"，还是创业类相关专业学生的必备教材。

作为市场上期待已久的著作，作为目前创业类读物的有效补充，相信其会受到广大读者的热烈欢迎，我也非常乐意作序推荐。

中国人民大学教授　孙茂竹
2024 年 3 月 21 日

第二版前言

发展新质生产力，为经济增长提质增效，需要大量创新创业企业的探索和开拓，需要相应政策和部门的大力支持与保驾护航，还需要创新创业咨询和服务等行业的"软件"支持。本书可以为创新创业企业和创新创业服务人员提供必备的财务知识，助力创新创业企业取得成功，创造更多价值。

本书第一版面世之后，国家的创新创业环境和政策变得更加有利于创新创业企业的发展，更多的高校也开设了创新创业财务类的相关课程；不少用书院校的教师对于内容更新提出了相应建议，清华大学出版社也对教材再版给予了鼎力相助。以此为契机，我们系统梳理总结了影响创新创业企业外部环境的变化，更新了适用的法律法规和政策规定，用最新数据支持教材观点，调整了相应模块，提高可读性和应用价值。

每一章增加学习目标，同时梳理其课程思政点，让读者在目标引领下开始阅读，提高学习效果，并提升自己的财务素养，加深了解所学知识在学习、生活和未来工作中的作用，激发学习兴趣。每章以知识导入或故事思考开始，引发读者好奇心，以创业案例和技能训练结束，应用所学知识、检验学习结果，有始有终，形成学习闭环。

全书增加了"知识导入""案例思考""创业案例""课程视频"等模块，帮助读者更好理解书中的知识；将原来的脚注改为尾注的方式，增强教材的易读性；增加"技能训练"模块，方便读者及时自查学习情况，便于后续有针对性开展学习；增加部分扩展阅读二维码，提供更多相关案例和创业故事等内容，扩展知识的获取方式和渠道，为不同学习习惯的学生学习提供便利；增加了纳税筹划的内容，方便广大创业者更好利用国家的税收政策，享受税收减免，将更多资金和利润留在企业继续发展；更新相关案例和章节所用的统计数据，更新相应法律法规和政策规定；按照现行税率对例题进行重新计算。

各章节具体的修订内容如下：

第一章增加了知识经济条件下技术环境对创业企业财务的影响，如大数据和云计算、金税四期、业财融合等与财务管理的关系；财务管理的价值观念部分增加了期权价值的内容，让读者全面了解时间价值、风险价值和期权价值在财务管理中的重要作用；同时作为第五节增加了财务管理中纳税筹划的相关内容。

第二章更新了创业资金计算表的内容，使其更加严谨和完整，便于使用；增加了资本市场创新的内容，如科创板和北交所的相关信息，更好呈现中国资本市场的全貌。

第三章增加了现金流量和决策评价指标计算的例题，第四章增加了思维导图，第七章根据最新企业会计准则调整了报表项目，方便读者对知识的理解和运用，帮助读者更好掌握所学内容。

第六章增加了互联网企业估值方法、股权种类、股权设计生命线等内容，完善了保护控制权的法律条款等信息，并增加了相应股权设计和股权激励、企业估值的案例，让这些对创业企业来说极其重要的知识更便于理解和应用，以期使创始人及其团队的利益得到较好保护；增加了"复利现值/终值系数表"和"年金现值/终值系数表"等附表，便于读者更好利用时间价值进行科学决策。

值此书稿付梓之际，再次感谢参考的文献的作者，感谢为再版优化提出建议的教师和学生，感谢清华大学出版社的支持。书中不足之处，欢迎批评指正。

编　者
2024 年 3 月 8 日

第一版前言

创业教育被联合国教科文组织称为教育的"第三本护照",和学术教育、职业教育具有同等重要地位。2012 年 8 月,教育部出台了《高等学校创业教育教学基本要求》(教高厅〔2012〕4 号),明确了创业教育教学的目标、原则、内容、方法和组织,并在附件《创业基础》大纲中明确其核心课程的地位,要求高校应将其纳入学校教学计划,不少于 32 学时,不低于 2 学分。国务院于 2015 年 5 月出台的《关于深化高等学校创新创业教育改革的实施意见》(国办发〔2015〕36 号),从完善人才培养质量标准等 9 个方面对高校开展创新创业教育提出了指导意见,成为高校开展创新创业教育的行动指南。2015 年 12 月,教育部下发《教育部关于做好 2016 届全国普通高等学校毕业生就业创业工作的通知》(教学〔2015〕12 号),要求从 2016 年起,所有高校都要设置创新创业教育课程,对全体学生开设创新创业教育必修课和选修课,纳入学分管理。2016 年 2 月,教育部印发《教育部 2016 年工作重点》(教政法〔2016〕6 号),明确提出深化推进高校创新创业教育改革。2016 年,教育部组织研究确定了 13 个增补专业,其中一个是"中小企业创业与经营管理",新增设的创业专业对于创业财务的内容必有大量的需求。至此,国家层面的号角已经吹响,院校层面的目标也已经明确,《创业财务》一书不但有利于培养学生的财商和商业思维,提高学生的综合素质,让李克强总理提出的"双创"落地,而且对发展创新型国家具有非常重要的意义。

创业研究在国内时间较短,而创业财务这样的跨学科研究更是稀少。目前市场上能够看到的与创业财务相关的教材主要有两类:一类是主要由从事创业工作的人主持编写,突出创业的特点,但是关于财务管理的知识如蜻蜓点水,缺乏深度且论述较少,缺乏相应的指导意义;另一类是由高校财务管理专业的老师主编,囿于财务管理学科本身的特点,与创业活动结合较少,基本上是传统企业财务管理的翻版或者精简版,而创业企业财务管理有其特殊性,非常有必要切实站在新创企业的视角进行论述。

本书的最大特点就是将创业活动、创业学科和财务管理领域的研究紧密结合,既是一种跨学科的研究,也是编者多年来在财务管理和创业教育第一线授课内容的升华,具有较强的针对性,对创业者而言也有很大的指导意义。本书将编者财务管理专业的教育背景和创业学科的教学经验进行了无缝结合,既能够拓展财务管理理论,也能很好地指导创业实践活动。

本书在写作过程中参阅了大量的文章和著作,已经在书中做了说明,在此向所有的编者致以最诚挚的感谢!同时感谢中国青年政治学院博士生导师李家华教授在构思及成稿环节给予的大力支持,正是李教授的敦促和鼓励才使我有信心和决心完成书稿的撰写!感谢中国人民大学商学院博士生导师孙茂竹教授对本书内容的修改建议,孙老师对于财务管理知识的真知灼见、对于书稿提纲的修订使本书逻辑更加清晰。感谢中国青年政治学院研究生张怡蕾、郑兴、周明在书稿校对时的辛勤付出。感谢清华大学出版社杜星编辑在本书策划及出版过程中作出的努力。

最后，由于时间仓促和编者自身的理论水平及实践经验有限，书中难免存在疏漏或不足，敬请广大读者批评指正，以便对本书做进一步的修改、补充和完善。

王艳茹

2017 年 6 月 24 日

第一章 创业财务管理概述 ... 1

- 第一节 创业与财务管理 ... 1
- 第二节 财务管理环境 ... 7
- 第三节 创业企业财务管理的目标及实现 ... 18
- 第四节 财务管理的价值观念 ... 20
- 第五节 财务管理中的纳税筹划 ... 27
- 注释 ... 29
- 课后讨论 ... 29
- 技能训练 ... 29
- 即测即练 ... 29

第二章 资金筹集是创业成功的基础 ... 30

- 第一节 创业筹资过程 ... 31
- 第二节 创业资金预测 ... 33
- 第三节 创业资金筹集渠道 ... 45
- 第四节 资金筹集决策 ... 60
- 注释 ... 69
- 课后讨论 ... 71
- 技能训练 ... 71
- 即测即练 ... 71

第三章 资金投放是创业成功的核心 ... 72

- 第一节 创业投资选择的标准 ... 73
- 第二节 创业投资决策 ... 82
- 第三节 创业投资评价 ... 92
- 注释 ... 103
- 课后讨论 ... 104
- 技能训练 ... 105
- 即测即练 ... 105

第四章　资金管理是创业成功的重点 ············ 106

  第一节　资金管理的作用 ············ 108
  第二节　资金管理的方法 ············ 111
  第三节　资金管理技巧 ············ 128
  注释 ············ 132
  课后讨论 ············ 133
  技能训练 ············ 133
  即测即练 ············ 134

第五章　收入管理是创业持续的保障 ············ 135

  第一节　收入和成本费用管理 ············ 135
  第二节　成本计算及预测 ············ 143
  第三节　利润分配和纳税筹划 ············ 152
  案例分享 ············ 158
  注释 ············ 158
  课后讨论 ············ 158
  计算题 ············ 159
  技能训练 ············ 159
  即测即练 ············ 159

第六章　股权设计是企业发展的基因 ············ 160

  第一节　企业价值评估 ············ 161
  第二节　股权结构和再融资 ············ 168
  第三节　创业资金退出 ············ 181
  注释 ············ 185
  课后讨论 ············ 185
  技能训练 ············ 186
  即测即练 ············ 186

第七章　财务报表是得到认可的桥梁 ············ 187

  第一节　财务报表的作用和编制 ············ 187
  第二节　财务报表的解读和分析 ············ 195
  第三节　内部财务报表及其解读 ············ 207
  注释 ············ 214
  课后讨论 ············ 215
  案例讨论 ············ 215
  技能训练 ············ 218
  即测即练 ············ 218

第八章　财会制度建设是企业发展的基础 ·· 219

　　第一节　会计制度 ··· 220

　　第二节　财务制度 ··· 230

　　注释 ·· 238

　　课后讨论 ·· 239

　　创业实例 ·· 239

　　即测即练 ·· 241

参考文献 ·· 242

第一章 创业财务管理概述

学习目标

知识目标：了解技术环境、法律环境等对企业财务管理的影响；描述货币时间价值、复利、终值和现值、风险及实物期权的概念。

能力目标：掌握经济和金融环境对财务管理工作的主要影响因素；熟练计算货币时间价值。

素养目标：结合企业内外部环境和财务管理目标，做好日常财务管理；形成价值思维，以货币时间价值、风险价值和期权价值为基础进行决策。

课程思政点

故事思考[1]

你的校友小张和小王在毕业5年后都创办了属于自己的企业——甲公司和乙有限合伙企业。甲公司是一家基于C2F（消费者对工厂）模式的服装公司，乙有限合伙企业是一家以管理咨询为主、兼做天使投资的企业。如果甲和乙两家企业在202×年均赚取了100万元的利润，不过甲公司的收入均收回了现金，乙有限合伙企业的收入中有50%的应收账款；甲公司的初始投资为100万元，乙有限合伙企业的初始投资为20万元。

请思考：
1. 哪个企业的财务管理目标实现得更好？你是如何判断的？
2. 你觉得企业的财务管理目标应该如何表述？
3. 哪些因素会影响企业的财务管理工作？

第一节 创业与财务管理

提高创业成功的概率，不仅仅要求创业团队有一个好的项目和可以支配的资源，还要求创业者了解财务管理的基本知识，熟悉创业财务的相应内容。但是，企业在初创期的经营特征不同，使创业企业的财务管理与传统财务管理在管理目标、管理内容、管理方法等方面存在较大区别，因此需要特别予以关注。本章就创业财务的基本概念、基础知识和基本理念进行阐述，以便于对后续章节的理

视频1.1 创业财务概述

解和学习。

一、创业财务的概念

目前理论界对于创业的概念尚无定论，存在广义和狭义两种说法。广义的创业是指更多学者认同哈佛大学史蒂文森教授的定义：创业是不拘泥于当前的资源约束、寻求机会、进行价值创造的行为过程。狭义的创业是指创办新企业的行为。尽管从广义的角度探讨创业，所有的突破资源约束、寻求机会、创造价值的过程均会涉及理财的行为，但是，这些过程涉及的财务内容或者过于庞杂，或者不够独立，难以成为一个研究体系，因此，本书只讨论创办新企业的狭义创业所涉及的财务问题。但是，这些问题对于创办一项新事业，或读者自身的财务规划也有着非常重要的意义。

由于创业过程大致可划分为机会识别、资源整合、创办新企业、新企业生存四个主要阶段，本书对创业财务的阐述也就只涉及从创业者产生创业动机、识别创业机会开始，到整合和利用所需资源将新企业创办起来，然后再到新企业生存为止的期间，即只研究新企业从 0 到 1、从无到有过程中涉及的财务问题；至于新企业从 1 到 100 再到 1 000 的成长过程，则属于传统财务管理的研究范畴，不在本书中进行讨论。综上所述，创业财务是指新企业从识别机会开始到实现盈亏平衡之间所涉及的组织财务活动、处理财务关系的一系列财务问题。这些财务问题包括资金的筹集、投放和日常管理，也包括利润管理、纳税筹划，以及财务会计制度建设和简单的财务报表等内容。

二、创业财务的重要性

创业的过程，也是理财的全过程。从开始的资金筹集，到项目的选择和投放，企业经营过程中的管理，获利之后的利润分配等都涉及财务管理的基础知识。因此，作为创业者或者和创业相关专业的学生，即便是以后要去创业企业工作的人，都需要学习相应的创业财务知识。财务管理尽管是企业管理的职能之一，但是对创业企业来说却有着无比重要的作用，具体表现在如下方面。

（一）资金筹集是创业成功的前提

所有企业在生产经营过程中都需要资金的支持，创业企业尤甚。能够筹集到开发创意所需资金，往往是决定项目是否可以从创意变成创业机会的关键。

由于新创企业的不确定性大，资金的安全性难以评估，新创企业和资金提供者之间信息不对称及资本市场不健全等，创业初期筹资会比较困难。另外，与一般企业相比，创业企业往往缺少相应的抵押和担保，加上筹资规模小导致的单位筹资成本较高、筹资渠道较少，以及创业者的人力资本定价困难等，所以企业在筹资方面具有明显的劣势。因此，对绝大多数白手起家的创业者来说，能够筹集到所需资金便成为创业成功的首要条件。

（二）资金投放是创业成功的核心

筹集资金的目的是使用，创业者只有将资金投放到能够给创业企业带来盈利的项目上，对筹集的资金进行合理的配置和投放，才有可能实现盈利，使企业顺利度过生存期，实现可持续发展。

对初创企业来说，其资金投放和一般企业有着较大的不同。虽然投资项目都有一定的风险，具有不确定性，但在位企业往往是进行序列产品的研发或多元化投资，有着相对成熟的评判标准。而初创企业初期筹资困难，且创业者是看到自己识别的创业机会才去进行投资的，这就意味着资金投放会相对集中于既定项目，难以通过多元投资分散经营风险。而且对于初期投资也缺乏可供比较的标准，或难以找到可比项目或评价标准进行判断。加上市场需求难以判断计算，往往缺乏传统评价指标所需数据，需要采取创新的方法进行决策，且承担决策的全部后果。可见，只有资金投放成功，创业者才可能创业成功，实现自己的创业梦想。

（三）资金管理是创业成功的关键

任何企业的生产经营活动都需要资金支撑。资金的流动性对企业的盈利能力，以及偿还债务的能力都有很重要的作用。鉴于此，需要采用科学的方法进行资金管理。

对新创企业来说，在企业的销售活动产生现金流之前，企业不仅需要技术研发，为购买和生产存货支付资金，进行广告宣传，支付员工薪酬，还需要对员工进行培训；另外，要实现规模经济效应，企业需要持续地进行资本投资；产品或服务的开发周期一般比较漫长；加上现金流入和流出的不匹配，使得创业企业在创业初期对资金的管理更加重要，甚至可以说，资金管理在企业具有很强的战略地位。

（四）利润管理是创业持续的保障

很多创业企业失败的原因是由于创业团队之间的利益分歧。因此，在企业开办起来之后，进行利润的管理就成为企业可持续发展的保障之一。

由于创业财务仅研究企业实现盈亏平衡之前的财务管理活动和财务管理关系，所以，做好初创期相当长时期内的利润（亏损）管理，既可以稳定创始人的信心，也有利于在适当的时候吸引外部资金。创业初期的股权设置和纳税筹划是利润管理非常重要的内容，创业者应予以充分重视。

（五）财务制度建设是企业发展的基础

科学的管理制度和规范的管理流程是企业顺利发展的基础，尤其是财务会计制度的建设，更是企业做好资金和利润管理的关键。

规范的财务会计制度不但可以使企业的经营全貌得以真实完整地呈现，而且可以使创业团队了解经营过程中存在的问题，从而有针对性地进行改善。即便是委托代理记账公司进行账务核算的企业，依然需要有一套自己的费用支出标准、报销规范、奖惩机制等。所以，在创业初期，创业者一定要重视财务制度的建设。

（六）财务报表是创业企业得到社会认可的桥梁

财务报表是对企业财务状况、经营成果和现金流量的结构性表述，是创业团队明晰企业经营状况的主要途径，也是外界了解企业的桥梁。与一般企业比较成熟的核算流程不同，创业初期由于人手不足、业务较少等原因，很多企业可能会忽略相关的核算和财务管理工作，甚至连财务报表都不曾编制。但是，与在位企业相同，财务报表对创业企业也有着非常重要，甚至更重要的地位，是企业向外界传递信息、让外界了解企业的桥梁。

当创业企业需要从外部筹集资金时，往往需要向投资者提供财务报表；企业进行纳税申报时也需要以财务报表做依据；每年的1月1日至6月30日，企业还应该通过企业信用信息公示系统向市场监督管理部门报送上一年度的年度报告，其中就包括财务报表的主要内容。因此，无论是企业内部的财务人员，抑或是委托外部代理机构来登记账簿记录，企业均需要按照规定编制财务报表。创始人可以不会编制报表，但一定要能够看懂和分析报表，看到报表背后所反映的信息。

三、创业财务的主要内容

创业财务的主要内容包括如上所说的相关部分：资金管理（包括资金筹集、资金投放和日常营运资金管理）、利润管理、财务制度建设、财务报表编制和分析。

（一）资金管理

由于创业企业筹资困难，加上初创期较少的现金流入和较大的经营风险，使初创期的资金管理显得更为重要。这包括资金筹集管理、资金投放管理和日常营运资金管理三个方面。

1. 资金筹集管理

企业从事经营活动，首先必须解决的是通过什么方式、在什么时间筹集资金的问题。与在位企业不同的是，初创企业筹资的渠道可能比较狭窄，在资本市场筹资比较困难。初创期主要的筹资方式往往是通过私人资金，如个人积蓄、亲友款项、天使投资等，从银行等金融机构取得贷款比较困难，通过发行股票或债券筹资等更是绝大多数初创期企业难以采用的方法。在通过私人资本或者金融机构筹资时，表现为资金的流入；在支付利息、归还本金及支付各种筹资费用时表现为资金的流出。这种因为资金筹集而产生的资金收支，是由企业筹资引起的筹资活动。

在进行资金筹集时，需要创业团队相关人员首先预测可能的资金需求量，然后根据对控制权的态度及可能获得资金的方式选择筹资渠道，并且需要就投资者的相应权利进行讨论。除此之外，还要考虑筹资的成本，以及所筹资金的控制权对于日后经营的影响。筹资管理的目的是要在能够满足企业生产经营所需的基础上，尽可能降低筹资成本、控制筹资风险。

2. 资金投放管理

筹集资金的目的是将所筹资金用于企业的生产经营活动，以尽快实现盈利。创业企业的资金投放主要是内部投资，将其用于购置固定资产、无形资产等经营性资产，以便从经营过程中获得更多的资金流入。当企业将资金投资于固定资产或无形资产时，或个别企业将其用于对外投资、进行联合经营或并购时，形成资金的流出；投资的实物资产带来销售收入，或者从被投资企业收回分得的利润时，或者变卖对内投资的各种资产或收回对外投资时，形成投资活动的现金流入。

在进行投资决策时，最好采用集中投资的策略，专注于开发创业团队发现的创业机会，先在一种产品或服务某个特定客户群，或者某一处地址获得一定的现金流，再考虑多元化投资或商业模式的复制问题。另外，由于货币具有时间价值，对于投资的项目在进行财务分析时，不但要考虑不同时点现金流量的流入和流出，还要将其折算在投资时点进行考虑。一般来说，当其他条件相同时，获得回报越早的项目越好。除此之外，在将现金流量进行折算时，需要根据项目的风险判断折算率的高低。鉴于资源的有限性，当同一笔资金用于某个项目时，便无法将其用于其他项目，于是投资于其他项目可能产生的最大利益便是投资于某项目的机会成本。可以将机会成本作为折现率，也可以将投资者要求的必要报酬率作为折算的利率。项目的风险越大，投资者要求的报酬率会越高，相应的折算利率就会越高。

3. 日常营运资金管理

企业在日常的生产经营过程中也会发生一系列的现金收支。首先，为保持生产经营活动的正常进行，不仅需要采购一定的原材料或商品，还要支付员工一定的工资费用和其他营业费用，这导致了资金的流出；其次，通过销售产品或服务也会带来一定的营业收入，形成企业的现金流入；最后，如果日常经营过程中的现金流入无法满足持续发展的需求，就需要从外部筹集资金。一般来说，企业在实现盈亏平衡之前很难通过正常的生产经营活动来提供满足企业发展所需的资金，因此，筹集资金成为初创期企业的常态。

日常营运资金管理的重点主要是通过制定合理的信用政策，采用恰当的收款方式，减少客户对于赊销资金的占用；通过科学的存货管理方法，降低库存对于资金的占用；通过良好信用的建设及信用关系的维护，保障短期资金的筹集等。总之，要在保障生产经营正常进行的前提下尽可能降低资金占用额，加速资金周转，提高资金的利用效率。

（二）利润管理

如上所述，本书的研究范围是从企业创办之日到企业实现盈亏平衡的时间段，因此这一期间利润管理的主要任务就是成本费用的管理。

1. 利润管理

初创企业的利润管理主要是各种成本费用的管理。在初创期，企业的财务制度还没有建设完成，对于可以列支的费用项目尚未形成一致的观点，加上初创期主要是资金的支出和各种费用的花费，如果不做好利润管理就会导致大量的资金使用效率低下，甚至形成浪费。

进行利润管理时，要做到该花的钱不能吝啬，如员工的工资和社保，一定要按照《中华人民共和国民法典》和《中华人民共和国劳动合同法》的规定进行支付；同时，能节约的绝不浪费，如可以通过 OEM［定点生产，俗称代工（生产）］委外加工的方式，利用生产方的规模经济优势降低成本，做到在保证产品或服务质量的同时花费最小化。

2. 纳税筹划

税收是国家为满足社会公共需要，依据其社会职能，按照法律规定，强制地、无偿地参与社会产品分配的一种形式。企业应该按照税法的规定依法纳税，履行社会公民的义务。因此，纳税筹划也是利润管理的内容之一。由于创业财务部分基本不涉及企业盈利之后的时间，所以，此处的纳税筹划主要是指流转税的纳税筹划问题。在全面实施营改增之后，企业的流转税主要就是增值税，做好增值税的纳税筹划是创业财务的内容之一。

在进行纳税筹划时，首先应遵循相关的法律法规，做守法的公民；同时可以根据相应规定申请税费减免；并通过在会计核算时的合理规划，使税费的缴纳从时间分布来说更加合理。

3. 股权设计

股权结构是企业健康成长的基因，涉及企业的生产经营决策和未来的利润分配。合理的股权结构不仅可以使投资各方通力合作，还会影响企业的可持续发展。在进行股权设计时，首先，应遵循股权设计的基本原则，给企业一个健康发展的初始基因；其次，还应该熟悉创业企业的估值方法，在对企业进行合理估值的基础上，设定一个合适的股权比例。

（三）财务制度建设

企业财务制度是企业组织财务活动、处理财务关系的行为规范。企业财务制度建设是企业财务管理的重要环节，对企业的持续健康发展起着极为重要的作用，完善的财务制度可以为财务管理工作提供组织保障、体系保障、方法保障和质量保障。财务制度按其管理的对象和作用范围，可分为筹资管理制度、投资管理制度、资产管理制度、成本费用管理制度和收入利润管理制度等；按照管理的环节，可分为财务预算和计划制度、财务控制与分析制度、财务考核与评价制度、财务监督与检查制度等。随着知识经济的到来和移动互联网的普及，企业还应建立科学的信息管理制度，加强数据的挖掘和应用。

创业企业应依据国家现行有关法律、法规及财会制度，结合企业具体情况建立健全财务管理制度，认真做好财务收支的计划、控制、核算、分析和考核工作，并加强财务核算的管理、提高会计信息的及时性和准确性，基于"互联网＋"的背景做好财务信息的收集、管理和利用，提高决策效率。

（四）财务报表编制和分析

财务报表是指企业对外提供的反映企业某一特定日期的财务状况和某一会计期间的经营成果、现金流量等会计信息的文件。它是企业向外界传递信息，让外界了解企业的桥梁。

1. 财务报表的内容

一般企业的财务报表应该包括利润表、资产负债表、现金流量表和所有者权益变动表。小企业编制的财务报表，应当包括利润表和资产负债表，小企业也可以根据需要编制现金流量表。

利润表是用来反映企业在某一会计期间的经营成果的财务报表。该表是根据"收入－费用＝利润"的会计等式，按营业利润、利润总额、净利润的顺序编制而成的，是一个时期的、动态的报表。

资产负债表是总括反映企业在某一特定日期全部资产、负债和所有者权益状况的报表。资产负债表是根据"资产＝负债＋所有者权益"这一会计基本等式，依照流动资产和非流动资产、流动负债和非流动负债大类列示，并按照一定要求编制的，是一张时点的、静态的会计报表。

现金流量表是反映企业在一定会计期间现金和现金等价物流入与流出的报表,是沟通资产负债表与利润表的桥梁。向报表使用者提供了企业财务状况变动原因及经营活动中产生的现金及其等价物的信息,从而有助于使用者作出正确决策。所有者权益变动表是一张反映企业在一定期间内构成所有者权益的各组成部分的增减变动情况的报表。当期损益、直接计入所有者权益的利得和损失,以及与所有者的资本交易导致的增减变动,均在表中分别列示。

2. 财务报表分析

财务报表分析是根据企业生产经营活动和财务管理活动的内在关系,以企业的财务报表和其他资料为依据和起点,采用专门的技术和方法,系统分析和评价企业过去和现在的财务状况、经营成果及其变动情况的过程。其目的是了解过去、评价现在、预测未来,为利益相关者提供决策支持信息。创业者也许可以依靠其会计人员来编制财务报表,但必须依靠自己来分析财务报表。从财务报表所提供的信息中发现企业生产经营管理中可能存在的问题,及时寻求解决对策。

财务分析的方法包括比较分析法和比率分析法等。比较分析法是将同一企业不同时期的经营状况、财务状况进行比较,或将不同企业之间的经营状况、财务状况进行比较,揭示其中差异的方法。比较分析法按照比较对象的不同可分为横向比较法和纵向比较法。横向比较法是指将企业数据与行业整体水平或者主要竞争对手进行比较,发现企业在市场占有率、品牌影响力、经营战略等方面与其他企业的差异,或者发现企业在盈利水平、资产质量、现金流量管理等方面与其他企业的差异,从而发现有助于企业增强其核心竞争力的优势和可能会降低其核心竞争力的劣势。纵向比较法是指企业自身不同时期数据的比较。可以运用趋势分析的方法和差异分析的方法开展。比率分析法是将企业同一时期财务报表中的相关项目进行对比,得出一系列财务比率,以此来揭示企业财务状况的分析方法。通常财务比率主要包括三大类:构成比率、效率比率和相关比率。通过比率分析,可以了解企业的偿债能力、盈利能力、营运能力和发展能力,为企业决策提供帮助。

 小测试

1. 创业财务的研究范围是什么?
2. 为什么财务管理对创业企业非常重要?请列出你记住的关键词。
3. 创业财务的内容有哪些?如果你学过"财务管理"的课程,请将二者进行对比,找出其不同的地方。

第二节　财务管理环境

财务管理环境是对企业财务管理活动产生影响的企业内外部条件,是财务管理系统之外的但与财务管理工作有着直接或间接联系的各种因素的综合。在一定的时空范围内,财务管理环境是企业财务决策难以改变的约束条件,只能去适应其要求和变化。所以,创业者一定要熟悉财务管理环境,以增强财务管理工作对环境的适应能力,顺利实现财务管理目标,提升财务管理效率。

企业的财务管理环境可以分为内部环境和外部环境。内部财务管理环境是指企业内部影响财务管理工作的各种因素,如企业的组织形式等;外部财务管理环境是指企业外部影响财务管理工作的各种因素,如经济环境、法律环境、金融市场环境等。

一、创业企业的组织形式和财务管理

企业组织形式不同,开展财务管理工作的难度不同,对财务管理的要求也不同。各种组织形式对财务管理来说均有其相应的优缺点。

(一)个人独资企业

个人独资企业,是指依照《中华人民共和国个人独资企业法》的规定,在中国境内设立,由一个自然人投资,财产为投资人个人所有,投资人以其个人财产对企业债务承担无限责任的经营实体。个人独资企业是最古老也是最简单的企业组织形式。企业本身不缴纳企业所得税,如果在经营过程中实现盈利,则按照生产经营所得对投资者征收个人所得税。一般来说,个人独资企业的规模较小、组织结构较为简单,对财务管理工作的要求不是很严。

以下分别就其对财务管理的有利和不利影响进行分析。

1. 独资企业对财务管理的有利影响

(1)独资企业组结构比较简单,财务管理效率较高。个人独资企业的财务管理工作往往只对出资者个人负责,不用历经复杂的审批程序,财务管理效率较高。

(2)政府对独资企业的管制较少,财务管理相对简单。由于独资企业的业主对企业债务负无限责任,业主会高度关注企业的发展,企业资产所有权、经营权、收益权都属于投资人,不存在代理问题。企业主独资经营,制约因素较少,经营方式灵活,能迅速对市场变化作出反应,决策快速而高效,财务管理工作相对比较简单。

(3)企业利益由业主独享,易发扬投资人的创业精神。企业自负盈亏,经营好坏同投资人的经济利益密切相关,因此投资人会尽心尽力经营。在企业技术和经营方面易于保密,易于充分发扬投资人个人的创业精神。

2. 独资企业对财务管理的不利影响

(1)无限责任增大业主风险。出资者对企业债务承担无限责任,当企业财产无法全部偿还对外负债时,企业主须以自己的其他财产承担清偿责任,由此会导致业主风险增大,使其在进行投资决策时更加谨慎,有可能会刻意规避高风险但很可能高收益的项目,影响企业的未来发展。我国东南部沿海很多地区,在创业者成功创办企业并经营之后,仅限于维持原有产品和规模,而没有追求规模经济效应,一定程度上与此有关。

(2)外部筹资较为困难。多数独资企业规模小、资本薄弱,一旦经营不善容易导致清算，给债权人带来损失；创业者个人投入企业的资金有限，难以对外部资金的归还形成隐形担保；独资企业的信用积累可能较弱，使其从外部筹集债权资金变得比较困难；其采用个人独资企业的法律形式，使其无法通过转让股权的方式筹集外部的股权资金。

（3）企业寿命有限，影响其发展战略和前景。独资企业从属于业主，企业的寿命和创业者的自身寿命紧密相关，一旦业主出现健康问题或者死亡，独资企业将会被迫清算，从而导致企业难以获得外部关联企业的长期战略性支持，从而影响其发展战略和前景。

（4）所有权难以转移，影响企业可持续发展。独资企业的所有权不能进行分割，若要转移必须先将企业清算，再将资产转移给其他主体。因此，独资企业所有者一旦企业经营遇到困难，就必须承受损失，而无法将企业股权转让出去，这在很大程度上影响投资人的积极性和企业的可持续发展。

（二）合伙企业

合伙企业，是指自然人、法人和其他组织依照《中华人民共和国合伙企业法》的规定，在中国境内设立的普通合伙企业和有限合伙企业。合伙企业本身也不缴纳企业所得税，对于企业的生产经营所得或其他所得，按照国家有关税收规定，由合伙人分别缴纳个人所得税。合伙企业的规模比独资企业稍大，资信条件也较好，较容易从外部筹措资金。

以下从和个人独资企业相比的角度分别分析其对财务管理的有利影响与不利影响。

1. 合伙企业对财务管理的有利影响

（1）外部筹资相对容易。出资人较多，可以扩大资本来源和企业信用能力，降低债权人的风险，从而使外部筹资相较个人独资企业容易。

（2）抗风险能力相对较强。合伙企业的合伙人共同出资、合伙经营、共享收益、共担风险，并对合伙企业债务承担无限连带责任。这样就使企业经营的风险分散在众多所有者身上，使企业的抗风险能力较个人独资企业大大提高。

（3）管理能力相对较高。由于合伙人既是合伙企业的所有者，又是合伙企业的经营者，且不同合伙人一般具有可以相互补充的专长和经验，所以能够发挥团队作用，充分使每个合伙人各尽其才，这就有利于提高合伙企业的决策水平和管理水平。

（4）企业信誉较高。普通合伙企业的合伙人对企业债务承担责任无限连带责任，有限合伙企业也必须至少有一个普通合伙人对企业债务承担无限责任，这样有助于增强合伙人的责任心，提高企业信誉。

2. 合伙企业对财务管理的不利影响

（1）增加股权资金的能力受限。合伙企业是根据合伙人之间的契约建立的，如果一个合伙人离开或者有意接纳新的合伙人，都必须确立一种新的合伙关系，造成法律上的复杂性，从而使通过接纳新合伙人，增加资金的能力也受到了限制。

（2）普通非经营合伙人承担风险较大。由各合伙人用其在合伙企业出资以外的个人财产承担无限连带清偿责任，从而使那些不控制企业的合伙人面临很大风险。

（3）决策迟滞，易延误投资时机。合伙企业的所有合伙人都有权代表企业从事经营活动，重大决策须得到所有合伙人的同意，因此很容易造成决策迟滞，延误决策时机。

（三）公司制企业

公司制企业是指依照《中华人民共和国公司法》的规定在中国境内设立的有限责任公司和股份有限公司。公司是企业法人，有独立的法人财产，享有法人财产权。其中，有限责任公司，是指股东以其出资额为限对公司承担责任，公司以其全部资产对公司的债务承担责任的企业法人。一人有限责任公司，是指只有一个自然人股东或者一个法人股东的有限责任公司。股份有限责任公司，是指其全部资本分为等额股份，股东以其所持股份为限对公司承担责任，公司以其全部资产对公司的债务承担责任的企业法人。

1. 公司制企业对财务管理的有利影响

（1）无限寿命有利于长期发展战略的制定。公司制企业是独立的法人，并不因为个别股东的死亡或股票转让而停业或歇业，只要公司不破产清算，就能够持续经营下去。由此给公司带来了财务管理上的巨大优势：公司可以制定长期发展战略，或与合作伙伴建立战略联盟。

（2）有限责任提高了股东的投资积极性。公司的股东只对公司承担有限责任，与个人的其他财产无关。如果公司破产清算，股东的损失以其在公司的投资额为上限。这一特点使股东可以将风险限定在一个合理的范围之内，从而投资时更具有安全感，增加了其投资的积极性。

（3）产权流动性强，筹资更加灵活。在公司制制度下，所有者对企业的投资被划分成若干股份，股东可按持有股份的任意数额在资本市场上进行转让，增强了产权的流动性，通过转让股份筹资也变得更加容易；而且，公司制企业可以公开发行股票、债券，在社会上借助直接融资的渠道广泛筹集资金；另外，公司制企业的资本一般来自多个股东，资本量较独资企业或合伙企业要大，对债权人的保障更多，便于公司采用债权的方式筹集资金。

（4）两权分离，决策更加科学。公司所有权与经营管理权分离的特征，使公司制企业可以聘任专职的经理人员来管理公司，因而管理水平较高，决策机制更加科学，能够较好适应竞争激烈的市场环境，提高企业的经济效益。

2. 公司制企业对财务管理的不利影响

（1）公司设立有较大难度。由于公司制企业的有限责任，企业破产损失的风险可能会有一部分转移到债权人或潜在投资者身上。为保护债权人或潜在投资者的利益，国家对公司制企业成立的条件规定得较为严格。尽管中国现在进入了1元钱创办公司的时代，实行了认缴制，但是投资者认缴和实际到位的资本数额需要在企业信用公示系统公示，依然要和企业的经营规模相适应。

（2）存在双重征税问题，税收负担重。《中华人民共和国公司法》规定，公司首先需要就其生产经营所得缴纳企业所得税；在税后利润向个人股东分配时，股东还需要根据分得的股利缴纳个人所得税，双重征税无形中增加了企业的税收负担。

（3）政府对公司的管制较多。由于公司是从社会吸纳资金，为了保护利益相关者，政府对公司的限制较多，法律法规的要求也较为严格。如对股份有限公司设立了增发股票的限制条件，对上市公司增加了财务报告审计、财务信息公开和公司治理建设等方面的要求，这直接限制了公司的财务管理行为，也使公司的经营信息公开化，不利于保护商业机密，还可能会影响公司的盈利能力。

（4）代理成本大，财务管理内容较多。两权分离带来益处的同时，也会增加公司的代理成本，包括股东和债权人之间、股东和经营者之间、大股东和中小股东之间的代理成本等，导致公司制企业财务管理的内容还应包括公司治理结构和委托代理关系的管理问题，从而增加财务管理工作的内容和难度。

（四）其他企业形式

大学生可以创办的企业类型还有个体工商户和农民专业合作社。

个体工商户是指有经营能力，依照《中华人民共和国个体工商户条例》的规定，经工商行政管理部门登记，从事工商业经营的公民。个体工商户可以个人经营，也可以家庭经营。个体工商户一般规模较小，需要对企业债务承担无限责任，其对财务管理的有利影响和不利影响与独资企业类似。

农民专业合作社是在农村家庭承包经营的基础上，同类农产品的生产经营者或者同类农业生产经营服务的提供者、利用者，自愿联合、民主管理的互助性经济组织。农民专业合作社依照《中华人民共和国农民专业合作社法》登记，取得法人资格。农民专业合作社成员以其账户内记载的出资额和公积金份额为限对农民专业合作社承担责任。农民专业合作社规模较大，社员对合作社的债务承担有限责任，国家对于农民专业合作社的成立要求较为严格，治理较为规范，其对财务管理的有利影响和不利影响与公司制企业类似。

小测试

请列表说明不同法律形式的企业对财务管理的有利影响和不利影响。

项　　目	公司制企业	合　伙　企　业	个人独资企业
财务工作效率			
工作复杂度			
抗风险能力			
所有权转移			
所得税义务			
出资评估			
筹资难度			
连续性			
责任形式			
解散后义务			
其他			

第一章　创业财务管理概述

进一步阅读

《中华人民共和国个人独资企业法》
《中华人民共和国合伙企业法》
《中华人民共和国个体工商户条例》
《中华人民共和国公司法》
《中华人民共和国农民专业合作社法》
《中华人民共和国市场主体登记管理条例》
中华人民共和国司法部官网，http://www.moj.gov.cn/pub/sfbgw/index.html

二、经济环境和财务管理

财务管理的经济环境是指影响企业财务管理的各种经济因素，如经济周期、经济发展状况、通货膨胀状况、政府的经济政策等。对初创企业来说，行业生命周期、政府的经济政策、通货膨胀状况的影响更大。本书只对这三种因素进行阐述。

（一）行业生命周期

每个行业都有其自身的生命周期，从导入期开始，依次进入成长期、成熟期和衰退期。对创业者来说，在行业的成长期进入是最好的选择：一方面，行业的机会窗口已经打开，企业可以免费乘坐行业发展的快车，享受行业成长带来的销售增长；另一方面，还会借行业之势形成企业自身的增长。另外，快速成长的行业往往也是资本的关注点，较容易筹集到资金，对于创业企业的规模扩张比较有利。

尽管在不同周期的行业中都有做得比较成功的企业，但是对初创者来说，一般资金、精力等会比较有限，不像大型的进行多元化投资的企业那样有足够的资源支持，难以做起培育新市场或者在衰退的市场中开拓新需求的事情，因此，为了使企业的筹资、投资等财务管理工作能够顺利开展，建议初创者在作出开发创意的决策之前，先行分析行业的生命周期。

（二）政府的经济政策

一个国家的经济政策，如经济发展规划、国家的产业政策、财税政策、金融政策、外汇政策、外贸政策、货币政策及政府的行政法规等，对企业的理财活动都有重大影响。如果企业的项目选择或经营能够顺应经济政策的导向，就会在各个方面得到大量的支持和优惠，对初创期企业的生存有较大帮助。

当前，新一轮科技革命和产业变革深入发展，辐射范围之广、影响程度之深前所未有。"互联网+""AI+"的很多创意，高端芯片和轴承、新材料、3D打印、无人机、产业和空间互联网、文化创意产业等都是国家大力倡导和支持的行业，如果能在这些领域进行创意开发，则会在资金筹集、税费减免等方面得到支持、享受到优惠待遇。

（三）通货膨胀状况

通货膨胀既可以降低消费者的购买力，也可以给企业理财带来困难。当通货膨胀发生时，会给企业的财务管理带来如下影响：引起资金占用增加，从而增加企业的资金需求；引起利率上升，加大企业的资金成本；引起资金供应紧张，增加企业的筹资难度。创业企业虽然对通货膨胀本身无能为力，但是可以通过分析通货膨胀对资本成本的影响以及对投资的报酬率影响，来相应调整预期的收入、成本，对财务工作作出事先安排，将通货膨胀的不利影响降到最低。

三、法律环境和财务管理

法律环境是指影响企业财务活动的各种法律、法规和规章。一般来说，对财务管理影响较大的法律法规（以下简称法规）主要有三类：企业组织法规、财务会计法规和税法。

（一）企业组织法规

企业组织必须依法成立，不同类型的企业在组建的过程中要依据不同的法规。在中国，对学生创业来说，企业组织方面的法规主要有《中华人民共和国个人独资企业法》《中华人民共和国合伙企业法》《中华人民共和国公司法》《中华人民共和国个体工商户条例》和《中华人民共和国农民专业合作社法》。这些法规详细规定了不同类型市场主体设立的条件、程序、组织机构、组织变更及终止条件和程序等。创业之初选择企业的法律形式时，一定要认真研究。因为这不但会影响企业名称的设计，还会影响相应的财务管理事宜，如筹资、投资、税费及投资者的法律责任等。

（二）财务会计法规

影响企业财务管理的财务会计法规主要有《企业财务通则》《企业会计准则》《企业会计制度》《小企业会计准则》等。我国第一个《企业财务通则》于1994年7月1日起施行，修订之后的《企业财务通则》于2007年1月1日起实施。新通则围绕企业财务管理环节，明确了资金筹集、资产运营、成本控制、收益分配、信息管理、财务监督六大财务管理要素，并结合不同的财务管理要素，对财务管理的方法和政策要求作出了规范。

《企业会计准则》是针对所有企业制定的会计核算规则，分为基本准则和具体准则，实施范围是大中型企业，自2007年1月1日起在上市公司中实施，2008年1月1日在国有大中型企业实施。2014年7月23日修改之后的会计准则，适用范围为在中华人民共和国境内设立的企业。

《小企业会计准则》于2011年10月18日由中华人民共和国财政部印发，对小企业的资产、负债、所有者权益、收入、费用、利润及利润分配、外币业务、财务报表等相关内容进行了规范，自2013年1月1日起施行，适用于在中华人民共和国境内依法设立的、符合《中小企业划型标准规定》所规定的小型企业标准的企业。

除此以外，与企业财务管理有关的经济法规还包括会计法规、结算法规等。企业应在守法的前提下完成财务管理工作，实现企业的理财目标。

（三）税法

税法是国家制定的，用以调整国家与纳税人之间在征税方面权利义务关系的法律规范的总称。税法是国家法律的重要组成部分,是保障国家和纳税人合法权益的法律规范。税法按照征收对象的不同,可以分为:对流转额课税的税法,以企业的销售所得为征税对象,主要包括增值税、消费税、关税等;对所得额征税的税法,包括企业所得税、个人所得税等;对自然资源课税的税法,目前主要以矿产资源和土地资源为课税对象,包括资源税、城镇土地使用税等;对财产课税的税法,以纳税人所有的财产为征税对象,主要有房产税;对行为课税的税法,以纳税人的某种特定行为为征税对象,主要有印花税、城市维护建设税等。

企业在经营过程中有依法纳税的义务,财务人员可以通过理财过程中的精心安排、仔细筹划调整纳税时间或金额,但不应该逃避缴纳税款。目前,对于创业企业,国家有许多税收优惠政策,创业者可以在了解的基础上充分利用,为企业减少不必要的支出。因此,熟悉税收法规,不但可以促使创业企业依法经营,还可以为企业节约资金的流出。

四、金融市场环境和财务管理

金融市场是资金融通的场所。企业资金的取得与投放都与金融市场密不可分,金融市场发挥着金融中介以及资金调节余缺的功能。创业企业的相关人员需要了解金融市场的构成、金融工具、利率测算等知识。

视频1.2 金融市场和财务管理

(一)金融市场和企业理财

对创业企业来说,金融市场的作用主要表现在以下方面。

(1)为企业筹资提供场所。初创期的企业往往需要筹集大量资金用于创意开发、产品研发、市场培育、员工培训等,这时就需要依靠金融市场筹集资金。

(2)为资金投放提供参考。创业者将资金投资于既定项目取决于对项目未来报酬率的评估,或者投资者要求的必要报酬率,二者均与资本市场上的平均报酬率,或相应风险的风险报酬率紧密相关。因此,通过资本市场,可以对创业者要求报酬率的合理性进行评估。

(3)为企业理财提供相关信息。金融市场的利率变动和各种金融资产的价格变动,都反映了资金的供求状况、宏观经济状况,这些信息对企业理财有着重要的意义。比如,企业在吸引外部股权资本时,要确定投资者的股权比例,就需要对企业的价值进行评估,折现率的确定需要依靠资本市场的信息;从外部筹集债权资金时,资金成本的确定也需要参考市场利率。

(二)金融市场的构成

金融市场由主体、客体和参加人组成。主体是指银行和非银行金融机构,它们是连接投资人和筹资人的桥梁;客体是指金融市场上的交易对象,如股票、债券、商业票据等;参加人是指客体的供应者和需求者,如企业、政府部门和个人等。

金融机构主要包括商业银行、投资银行、证券公司、保险公司、基金公司、小额贷款公司等。创业企业在需要资金时,可以从这些金融机构寻求帮助,筹集一定的债权资金。

(三)金融工具

由于初创企业极强的不确定性,在创业企业的股权结构中,核心团队会持有大部分股权,一般来说,企业管理层持有普通股,投资人持有优先股。对创业企业来说,其可以运用的金融工具主要有优先股、附购股权公司债券、可转换优先股等。

优先股是一种所有权证券,它兼具普通股和债券的特点,是一种复合式证券工具,一般有着不变的股息率,该股息率是每股面值的一个百分比,不受创业企业经营状况和盈利水平的影响;但是,优先股不具有企业的控制权,优先股股东无权参与企业的经营决策;如果创业企业破产清算,优先股股东会先于普通股股东分得创业企业的剩余财产。随着投资实践的发展,现代意义上的优先股可以附加更多的优先权,创业企业可以通过章程或投资合同约定优先股的一些优先条件,如优先股股东的权利、义务,股东行使表决权、控制权的优先条件、顺序和限制,股息分配的顺序、方式和定额,参与剩余资产分配的顺序、定额,以及优先股回售、转让的条件等。

附购股权公司债券是指风险资本以债权资本形式进入被投资企业的同时,被投资企业同时给予风险投资人一项长期选择权,即允许风险投资人在未来按某一特定价格买进既定数量股票的权利。对风险投资人来说,附购股权公司债券允许其分享被投资企业未来增长带来的收益,在企业前景看好时,债权人有权按照一个比较低的价格购买普通股。购股权的潜在价值和锁住投资风险的特点将使债权人同意接受一个较低的利率与较宽松的贷款限制。对创业企业来说,附购股权公司债券的利率会低于正常的水平,而且未来投资人执行购买权时能给企业带来额外的资本。

由于可转换优先股在优先股的基础上附加了允许其持有人在一定的条件下把优先股转换成普通股的期权,因而便具有了债券、普通股、优先股、期权的多重属性,是一种彼此利益均衡、激励相容的交易工具,也成了风险投资家投资创业企业最常用的投资工具。对风险投资家而言,一方面可转换优先股可以使投资得到较为稳定的回报,避免初期投资失败带来的损失;另一方面又可将优先股转换为普通股分享企业的成长潜力。对创业企业而言,可转换优先股在带来资金的同时,其日后可能引起资本结构的变化但不会影响后续融资,而且能确保创业团队对企业的经营管理权。

(四)利率及其测算

企业的财务活动均与利率有关,离开利率这一基本要素,就无法作出正确的筹资和投资等决策。因此,利率是进行财务决策的基本依据。

1. 利率的概念和构成

利率是衡量资金增量的基本单位,是资金的增值与投入资金的价值之比。从资金流通的借贷关系来看,利率是特定时期运用资金这一资源的交易价格。资金融通实际上是资金资源通过利率这一价格体系在市场机制的作用下进行的再分配。在一般情况下,资金从高报酬项目到低报酬项目的依次分配,就是由市场机制通过资金的价格——利率的差异来决定的。所以,利率在企业财务决策和资金分配方面具有非常重要的作用。了解利率的构成和测算,有助于创业者在筹集资金时进行理性的决策,作出合理的判断。

一般而言,资金的利率由三部分构成:纯利率、通货膨胀补偿率和风险报酬。其中,

风险报酬包括违约风险报酬、流动性风险报酬和期限风险报酬三种。因此，利率的一般计算公式为

$$K = K_0 + IP + DP + LP + MP$$

其中，K 为利率（名义利率）；K_0 为纯利率；IP 为通货膨胀补偿率；DP 为违约风险报酬；LP 为流动性风险报酬；MP 为期限风险报酬。

2. 利率的确定

纯利率是指没有风险和没有通货膨胀条件下的均衡利率。影响纯利率的基本因素是资金供应量和需求量。因为，纯利率会随着资金的供需而变化，准确测定比较困难，在实际工作中，通常以无通货膨胀情况下的无风险证券的利率来代表纯利率。

通货膨胀已成为目前许多国家难以治愈的顽症，持续的通货膨胀会导致货币的实际购买力下降，使项目的投资报酬率上升，以弥补相应的购买力损失。所以，无风险的利率，除纯利率外还应加上通货膨胀因素。政府发行的短期无风险债券（如国库券）的利率就是由这两部分内容组成。其表达式为

$$短期无风险证券利率 = 纯利率 + 通货膨胀补偿$$

即

$$R_F = K_0 + IP$$

违约风险是指借款人无法按时支付利息或偿还本金而给投资人带来的风险。国库券等证券由政府发行，可以视为没有违约风险，其利率一般较低；企业的违约风险则取决于其信用程度，信用等级越高违约风险越小，利率水平越低。初创企业一般来说经营时间较短，往往缺乏信用等级的信息，债权人为弥补违约风险一般都会提高利率，从而使企业的资金成本提高。

流动性是指某项资产迅速转化为现金的可能性。政府债券、大公司的股票与债券，由于信用等级好、变现能力强，流动性风险较小。创业企业由于其产生的时间较短，其信用难以得到外界的认可，因此其债务流动性较差，债权人由此往往会提高借出款项的利率。

一项负债到期日越长，债权人承受的不确定因素就越多，承担的风险就越大，为弥补这种风险而增加的利率就是期限风险报酬率。创业企业从外部筹集债务资金时，长期负债的利率一般会高于短期负债的利率。

五、技术环境和财务管理[2]

技术环境是影响创业企业财务管理过程及其效率的科技要素以及与该要素相关的社会现象。"大智移云物区"等技术引领的第四次工业革命对企业组织结构、业务流程、管理模式等产生了颠覆性影响，给企业财务管理带来了根本性变革。在这一时代背景下，大数据、云计算、金税四期、业财融合等对创业企业的财务管理工作提出了新的要求和挑战。

（一）大数据和云计算

随着大数据技术的持续发展，科技化水平逐步深入，数据在处理的同时能够同步保存，这有助于使用者管理与使用多样化、高增长率的海量资产，为大数据技术的使用者提供更

多洞察发现力、数据决策力的输出意见;同时,大数据非结构化或结构化数据代表的"所有用户的行为、服务级别、安全、风险、欺诈行为等更多操作"的绝对记录,要求所有数据在创建之初便需要获得安全保障。鉴于此,创业企业首先需要从数据产生之初就确保自身及客户数据的安全性,规避潜在安全风险;其次可以利用大数据挖掘形成的对重要用户的洞察力,制定营销战略规划,向客户提供低成本、虚拟化、按需定制的弹性服务;最后还要能够通过追踪和记录网络行为,轻松识别业务影响,做好业财融合。

(二)金税四期

1994年金税一期,建成了增值税防伪税控系统,实现了利用计算机网络对增值税专用发票进行交叉稽核。1998年开启"金税二期"工程建设,到2001年基本完成并实现了全国联网运行,做到了发票数据的自动采集,同时把海关增值税完税凭证纳入金税工程进行管理,并推广至全国。2008年9月24日,国家发展与改革委员会正式批准"金税三期"工程的初步设计方案和中央投资预算;2013年2月22日,"金税三期"工程的重大阶段性成果开始运行;2016年10月,金税三期工程在全国上线。[①]金税三期实现了网络硬件和基础软件的统一平台,税务系统的数据信息在总局和省局集中处理,覆盖税收、各级税务机关和有关部门联网,征收,行政管理,决策支持和外部信息等系统。

金税四期系统2021年8月1日测试上线,构建了更强大的现代化税收征管系统,实现全国范围内税务管理征收业务的通办,实现税费全数据、全业务、全流程,为智能办税、智慧监管提供条件和基础。金税四期的主要特点有四个:第一,建立了指挥决策系统,通过建立总局端指挥台,开创税务云化时代,实施企业信息联网核查系统,实现公安部门经侦部门与税务银行大数据共享机制,打击虚假开户,打击涉税犯罪;第二,开发了综合画像功能应用,为企业精准画像;第三,完善了抵账库穿透数规则;第四,开发了智慧系统功能,利用机器学习、RPA(机器人流程自动化)、语义理解的现代技术,自动采集、全面分析、固定归档、质量自检,同时还能实现自动取数、自动分析、自动算税、自动生成文书报告的功能。

因此,创业企业必须增强全体人员的法治意识,提高对业财税一体化的重视程度;利用发票异常预警、税负预警、所得税与增值税弹性系数预警等信息,及时发现管理中的漏洞或流程中的问题,及时改进、调整、完善、更新,规避财务风险;同时,企业的工作人员要懂税、懂信息化、懂经营管理,最大限度发挥业财税一体化的作用,持续增强风险防控能力。

(三)业财融合

业财融合是企业财务与业务借助现代化信息技术手段实现业务流、信息流、资金流等数据信息及时共享,实现企业有效资源配置的过程。将财务理念融入业务,用财务管理工具及风险控制办法,对所处业务流程的控制点一一剖析,可以达到业务量化支撑考核的目的;便于财务人员通过对财务和业务的把握,更好地承担企业内部计划、控制、决策和评价工作;还可以促使财务人员在掌握财务目标的同时,了解企业的运作状况,帮助企业实现有效资源配置。基于此,要求创业企业在实际发展过程中,应通过业财融合促使业务与

[①] 靳东升. "金税四期"推动企业高质量发展[J]. 《国企管理》,2023(5): 94-96.

价值链之间的密切融合，将财务管理范围拓宽，将企业业务部门与财务部门紧密结合，使二者的优势得以充分发挥，达到数据信息共享互通，为企业创造出更多、更大的价值。

小测试

1. 请回顾财务管理的内部环境和外部环境。
2. 创业企业可以使用的主要金融工具有哪些？

第三节　创业企业财务管理的目标及实现

财务管理目标是企业理财活动希望实现的结果，是评价企业理财活动合理性的基本标准。创业企业的整体理财目标应该和企业的总体目标保持一致，就是通过生产经营活动创造更多的财富，不断增加企业价值。

视频 1.3　创业企业财务管理目标

一、创业企业的财务管理目标

创业企业的财务管理目标和其他企业一样，都应该是实现"股东财富最大化"。

（一）股东财富最大化的含义

股东财富最大化是指通过财务上的合理运作，为股东创造更多财富。创业者或创始人团队创办新企业的目的之一一定是改变自己的财务状况，希望通过提供满足社会需求的产品和服务，为顾客创造价值，为自己创造财富，因此，股东财富最大化符合创始人的初衷，也符合社会对于创业成功的评判标准。当创始人通过自己的创业活动实现了自身的财富增长，说明创业企业提供了满足社会需求的产品或服务，说明创业者的创意具有较大市场，对客户具有一定的吸引力。

（二）股东财富的衡量

从理论上说，股东财富的表现形式是在未来获得更多的净现金流量。不过，股东财富除了和现金流量的多少有关以外，还取决于现金流量取得的时间，以及与现金流量相关的风险。因此，股东财富应该是未来获得的现金流量按照与其风险相对应的利率折合到决策时点的现值。由此可见，在项目风险既定的情况下，增加日后获得的现金流量、缩短现金流量的流入时间都有利于增加股东财富。

由于企业在创办初期很难满足上市的要求，所以，对非上市的创业企业来说，其股东财富的市场价值就难以衡量。一般来说，如果不涉及接受外部的股权投资，创业企业的股东财富就可以通过企业全部资产的价值减去对外负债的价值来衡量，在考虑了通货膨胀因素和风险因素之后，期末净资产的价值如果超过期初，则股东财富增加；否则，股东财富减少。如果要接受外部的股权投资，则需要采用一定的方法对企业价值进行评估，只要评估的企业价值超过原始股东的投资额，就可以认为股东财富实现了增加。

二、创业企业财务管理目标的实现

为实现股东财富最大化的财务管理目标，需要企业的各项财务活动均以财务管理目标为基础开展。对创业企业来说，其财务管理目标的实现与在位企业有一定的不同，需要予以充分关注。

（一）不同财务管理活动的目标

为实现股东财富最大化的财务管理目标，企业不同的财务管理活动都要考虑总体目标的要求。创业企业的财务活动主要有资金筹集、资金投放、日常资金管理和利润管理等。不同财务活动的具体目标又有所不同。

筹资活动的财务管理目标主要是及时筹集创业所需资金，满足企业投资与经营活动的需要；并在筹资额既定的情况下尽可能降低资金成本，同时保证企业的可持续筹资能力，合理控制筹资风险，避免由于无法偿债导致企业陷入破产清算的境地。

投资活动的财务管理目标主要是在既定的投资项目下，努力增加未来可能的现金流量，将现金流量流入的时间提前，并且控制好风险，使项目可以成功投资运作。

日常资金管理的目标是采用步步为营的方式，在满足日常生产经营需要的前提下，尽可能减少资金的占用，加速资金的周转，提高资金利用效率；并且在出现临时的资金需求时，可以筹集合适的资金。

利润管理的目标是将成本费用的管理制度化，通过成本效益分析的方法，严格控制成本费用开支，减少浪费；对于能够带来更大效益的支出则予以支持，提高资金的使用效益。

（二）财务管理目标的实现条件

为了能够使创业企业顺利渡过生存危机期，迈过盈亏平衡的门槛，创业企业的财务管理需要做到以下几点。

1. 以生存为第一要务

企业创办是一个从无到有、从 0 到 1 的过程，在这个过程中，一切都具有很大的不确定性，企业随时会面临破产清算的风险。因此，如何生存下来便是每一个创业者每天要思考的问题。企业的一切会围绕生存运作，任何危机生存的做法都应该避免。为此，企业应尽量做到以收抵支、及时偿债，以产品或服务销售取得的现金抵补日常的经营支出，并且及时偿还到期债务。

2. 充分重视现金流的管理

创业初期较高的不确定性带来的高风险，以及企业缺乏相应可抵押资产的状况，使得创业企业从外界取得债权资金比较困难；另外，初创企业的估值与既有企业相比难度较大，缺乏可资参考的经营信息和投资报酬率的参考数据，外部的股权融资难以取得。创业企只能依靠企业自身创造现金流，靠产品或服务的销售产生现金流入。但是，创业初期有着各种现金的需求，产品研发、市场开拓、员工培训，还有大量维持企业正常运转的日常开支。因此，要将从有限来源获得的资金与无限支出需要的现金进行匹配，就需要充分重视对现金流的管理。

步步为营：步步为营是指在缺乏资源的情况下，创业者分多个阶段投入资源，并在每个阶段或决策点投入最少的资源。步步为营活动包括：创业者在资源受限的情况下寻找实现理想目标的途径；最大限度降低对外部融资的需要；最大限度发挥创业者投在企业内部资金的作用；实现现金流的最佳使用等。习惯于步步为营的创业者会形成一种审慎控制和管理的价值理念，在日常经营管理中会设法降低资源的使用量、降低成本、让所占用的资源发挥更大效益，为投资者带来更高的投资回报。

生存危机期：按照格雷纳的企业成长模型，企业成长可以分为四个阶段，分别是创业阶段、成长阶段、成熟阶段和再生/衰老阶段。创业阶段是企业的生存危机期，此时企业的资本缺乏，管理不规范，在管理的时候应节省一切开支，尽快取得市场认可。

什么是股东财富最大化？创业企业如何实现其财务管理目标？

第四节 财务管理的价值观念

[3]

毕业时你准备用在校期间赚来的 100 000 元进行为期 5 年的投资，以便 5 年之后可以用作住房首付款的一部分。以下是 5 种投资及取得回报的方式：

（1）购买到期日为 5 年的国库券，国库券的报酬率为 8%；

（2）甲机构愿意以 10%的报酬率将投资及收益在第 5 年末全部给你；

（3）乙机构愿意在 5 年内每年末给你 8 000 元，到第 5 年末归还全部投资款；

（4）丙机构愿意在 5 年内每年初给你 8 000 元，到第 5 年末归还全部投资款；

（5）丁机构愿意从第 3 年开始每年末给你 15 000 元的报酬，到第 5 年末归还全部投资款。

请思考：

你会选择哪种方式进行投资？请给出理由。

相同金额的货币在不同时间具有不同的价值,不同项目的风险不同,提供的报酬率也应该不同。任何企业的财务活动都是在特定的时空中进行的,创业企业也不例外,这就需要在进行决策时考虑货币的时间价值;财务活动的开展具有一定的风险,进行财务管理时还需要考虑风险价值。

视频 1.4 货币时间价值概述

一、货币时间价值

货币时间价值确切地揭示了不同时点上资金之间的换算关系,是财务决策的基本依据。

(一)货币时间价值概述

货币时间价值是指货币经历一定时间的投资和再投资所增加的价值。

企业资金循环和周转的起点是投入货币,企业用货币购入所需的资源,然后生产出新的产品或服务,待产品或服务售出后得到大于初始投资的货币量,实现货币增值。每完成一次资金的循环,货币就增加一定的数额;周转的次数越多,增值额也就越大。所以,货币的时间价值根源于其在再生产过程中的运动和转化,货币时间价值的实质是资本投入周转使用而形成的增值。

货币时间价值从量的规定性来看,是没有风险和通货膨胀条件下的社会平均资本利润率。由于竞争的存在,市场经济中各部门投资的利润率趋于平均化,致使每个企业的投资项目至少要取得社会平均的利润率才能筹集到所需资金。所以,货币时间价值是评价投资项目的基本标准。

货币时间价值有两种表现形式:绝对数和相对数。绝对数的货币时间价值是资本在使用过程中产生的真实增值额;相对数的表现形式是扣除风险报酬和通货膨胀补偿后的社会平均资本利润率。

银行存款利率、贷款利率、各种债券利率、股票的股利率都可以看作投资报酬率,这些投资报酬率除了货币的时间价值因素外,还包括风险价值和通货膨胀因素。作为货币时间价值表现形态的利率,应以社会平均资金利润率或平均投资报酬率为基础,在利率不断资本化的条件下,按复利的方法计算。

(二)现金流量时间线

为计算货币时间价值,需要清楚资金运动发生的时间和方向,了解现金流量的时间线,以及不同特征的现金流量计算时间价值的方法。

现金流量时间线是反映每笔资金流入和流出的方向及其时点的工具,如图 1.1 所示。

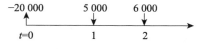

图 1.1 现金流量时间线

图中横轴为时间轴,箭头所指方向表示时间的增加,横轴上的坐标代表各个时点,$t=0$ 表示现在,$t=1,2,\cdots$,分别表示从现在开始的第 1 期期末、第 2 期期末,以此类推;

同时，$t=1$ 还可以表示第 2 期期初。

图 1.1 的时间线表示在 $t=0$ 的时刻有 20 000 元的现金流出，在 $t=1$ 和 $t=2$ 时刻分别有 5 000 元和 6 000 元的现金流入。

现金流量时间线对于更好地理解和计算货币时间价值很有用处，希望读者能够很好掌握这一工具。

（三）复利终值和复利现值

为更好地计算货币时间价值，需要了解利息的计算方法，以及不同现金流量时间价值的计算方法。

1. 利息计算方法

利息的计算有单利和复利两种。单利是指一定期间内只计算本金的利息的计算方法。与此相反，复利是指在一定期间内，不仅仅本金计算利息，利息也要计算利息的方法。如本金 1 000 元，年利率 10%时，两年后如果按照单利的方式来计算本息和，就等于 1 000 元的本金加两年的利息 200（1 000×10%×2）元，合计 1 200 元；如果按照复利计算，第一年的利息 100 元也要并入第二年计算利息，第二年的利息为 110（1 100×10%）元，两年的利息合计为 210 元，加上本金 1 000 元，则第 2 年年末的本利和为 1 210 元，比单利情况下多了 10 元。因为资金可以再投资，理性的投资者也总是尽可能地将资金投入合适的方向以赚取报酬，因此，复利的概念更能充分体现资金时间价值的含义，在讨论资金时间价值时，一般均按复利计算。

2. 复利终值

终值（future value，FV）是指当前的一笔资金在若干期后所具有的价值。其计算公式为

$$FV_n = PV(1+i)^n \tag{1.1}$$

式中，FV_n 为复利终值；PV 为复利现值（资金当前的价值）；i 为利息率；n 为计息期数。$(1+i)^n$ 称为复利终值系数（future value interest factor，FVIF），可以表示为 $(F/P, i, n)$。于是，复利终值的计算公式还可以表示为

$$FV_n = PV(1+i)^n = PV \cdot FVIF_{i,n} = PV \cdot (F/P, i, n) \tag{1.2}$$

为便于计算，书后附有复利终值系数表，可以直接查取有关系数。

3. 复利现值

现值（present value，PV）是指未来年份的现金流量在当前的价值。由终值求现值称为折现，折现时使用的利率叫作折现率。复利现值的计算公式为

$$PV = \frac{FV_n}{(1+i)^n} = FV_n \cdot \frac{1}{(1+i)^n} = FV_n \cdot (1+i)^{-n} \tag{1.3}$$

式中，$(1+i)^n$ 称为复利现值系数（present value interest factor，PVIF）或折现系数，可以写成 $PVIF_{i,n}$，或者 $(P/F, i, n)$。于是，复利现值的计算公式还可以表示为

$$PV = FV_n \cdot PVIF_{i,n} = FV_n \cdot (P/F, i, n) \tag{1.4}$$

为便于计算，书后附有复利现值系数表，可以直接查取有关系数。

【例 1.1】 创业者投入资金 10 000 元，要求的报酬率为 10%，请问 3 年后应该得到多少资金才能实现自己投资的初衷？

$$FV_3 = PV \cdot (1+i)^3 = 10\,000 \times (1+10\%)^3 = 10\,000 \times 1.331 = 13\,310（元）$$

【例 1.2】 若创业者希望 5 年后可以得到 20 000 元现金，其要求的投资回报率为 12%，请问现在应该投入多少资金？

$$PV = FV_5 \times (1+12\%)^{-5} = 20\,000 \times 0.567 = 11\,340（元）$$

（四）年金终值和年金现值

年金（annuity）是指一定时期内每期相等金额的款项收付。固定资产折旧、借款利息、租金、保险费等均表现为年金的形式。年金按照收付款方式的不同，可以分为后付年金（普通年金）、先付年金、递延年金和永续年金。

1. 后付年金终值和后付年金现值

后付年金是指一定时期内每期期末等额收付款的年金。现实社会中这种年金最为常见，被称为普通年金。

后付年金终值是一定时期内每期期末等额收付款项的复利终值之和。其计算公式为

$$FVA_n = A\sum_{t=1}^{n}(1+i)^{t-1} \tag{1.5}$$

式中，$\sum_{t=1}^{n}(1+i)^{t-1}$ 称为年金终值系数，通常写作 $FVIFA_{i,n}$ 或 $(F/A, i, n)$；A 是年金；其他符号的含义同前。因此，年金终值的计算公式还可以表示为

$$FVA_n = A \cdot FVIFA_{i,n} = A \cdot (F/A, i, n) \tag{1.6}$$

式中的符号含义同前。为便于计算，书后附有年金终值系数表，可以直接查取有关系数，表中各期年金终值系数可按下列公式计算：

$$FVIFA_{i,n} = \frac{(1+i)^n - 1}{i} \tag{1.7}$$

后付年金现值是一定时期内每期期末等额收付款项的复利现值之和。其计算公式为

$$PVA_n = A\sum_{t=1}^{n}\frac{1}{(1+i)^t} \tag{1.8}$$

式中，$\sum_{t=1}^{n}\frac{1}{(1+i)^t}$ 称为年金现值系数，通常写作 $PVIFA_{i,n}$ 或 $(P/A, i, n)$；其他符号的含义同前。因此，年金现值的计算公式还可以表示为

$$PVA_n = A \cdot PVIFA_{i,n} = A \cdot (P/A, i, n) \tag{1.9}$$

式中的符号含义同前。为便于计算，书后附有年金现值系数表，可以直接查取有关系数，表中各期年金现值系数可按下列公式计算：

$$PVIFA_{i,n} = \frac{(1+i)^n - 1}{i(1+i)^n} = \frac{1-(1+i)^{-n}}{i} \tag{1.10}$$

【例1.3】 为了项目的成功开发,创业者希望在以后的3年内每年年末投入20 000元资金,创业者要求的投资报酬率为15%,如果项目研发成功,第3年年末投资的价值是多少?

$$FVA_3 = A \cdot (F/A, 15\%, 3) = 20\,000 \times 3.473 = 69\,460(元)$$

【例1.4】 为了项目的成功开发,创业者希望在以后的3年内每年年末投入20 000元资金,创业者要求的投资报酬率为15%,求相当于在创业开始时一次性投入多少资金?

$$PVA = A \cdot (P/A, 15\%, 3) = 20\,000 \times 2.283 = 45\,660(元)$$

2. 先付年金终值与先付年金现值

先付年金是指在一定时期内,每期期初等额收付的系列款项。其与后付年金的区别仅仅是付款时间的不同,所以其终值和现值可以根据后付年金计算。

n期先付年金和n期后付年金的付款次数相同,但是付款时间不同,在计算终值时,由于其每一期收付款项均比后付年金多计算一期利息,因此,先付年金终值可以在后付年金终值的基础上再乘以$(1+i)$计算求得,其计算公式为

$$XFVA_n = A \cdot FVIFA_{i,n} \cdot (1+i) \tag{1.11}$$

在计算现值时,由于其每一期收付款项均比后付年金少计算一期利息,因此,先付年金现值可以在后付年金现值的基础上再乘以$(1+i)$计算求得,其计算公式为

$$XPVA_n = A \cdot PVIFA_{i,n} \cdot (1+i) \tag{1.12}$$

【例1.5】和【例1.6】 例1.3和例1.4中的投资如果不是在每年年末而是在每年年初,分别计算其在第3年年末时的投资价值以及相当于期初一次性投入的资金金额。

$$XFVA_3 = A \cdot FVIFA_{i,n} \cdot (1+i) = 20\,000 \times 3.473 \times (1+15\%) = 79\,879(元)$$

$$XPVA_n = A \cdot PVIFA_{i,n} \cdot (1+i) = 20\,000 \times 2.283 \times (1+15\%) = 52\,509(元)$$

3. 递延年金现值

递延年金又叫延期年金,是指前若干期没有收付款项,后面若干期有定期等额收付款项的年金。假定最初m期没有收付款项,后面n期有定期等额的系列收付款项,则该年金的终值即n期年金的终值;但该年金的现值,却相当于后n期年金先折现至m期期末后,再折现至第一期期初的现值,如图1.2所示。

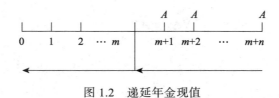

图1.2 递延年金现值

从图1.2中可以看出,先求出递延年金在n期期初(m期期末)的现值,再将其作为终值折现至第一期期初,便可求出递延年金的现值。其计算公式为

$$V_0 = A \cdot PVIFA_{i,n} \cdot PVIF_{i,m}$$

式中,V_0表示递延年金的现值;其他符号含义同前。

【例1.7】 企业用融资租赁的方式租入设备一台,出租方规定前2年企业不用支付租金,

从第 3 年开始连续的 5 年内每年年末支付租金 30 000 元，出租方要求的报酬率为 12%，问相当于企业在开始时一次性支付了多少租金（或相当于企业用多少元购入了该设备）？

$$V_0 = A \cdot \text{PVIFA}_{i,n} \cdot \text{PVIF}_{i,m} = 30\,000 \times \text{PVIFA}_{12\%,5} \times \text{PVIF}_{12\%,2}$$
$$= 30\,000 \times 3.605 \times 0.797 = 86\,195.55（元）$$

4. 永续年金现值

永续年金是指期限为无穷的年金。永续年金因为没有到期日，所以不用计算终值。现值的计算公式为

$$V_0 = A/i$$

式中，V_0 表示永续年金的现值；其他符号含义同前。

绝大多数优先股因为有固定的股利但无到期日，其股利可以视为永续年金。

【例 1.8】 创业企业在接受某风险投资机构投资时，约定其投入资金为优先股，每年可以得到 30 000 元的现金股利，若风险投资机构要求的报酬率为 15%，求这笔投资的市场价值。

$$V_0 = A/i = 30\,000/15\% = 200\,000（元）$$

二、风险价值

对大多数的投资者而言，其投入资金的目的都是获利。但投资是有风险的，尤其是创业投资，因此，在进行投资决策时还需要考虑风险的价值。

（一）风险价值的概念

财务管理中的风险是指发生财务损失的可能性。风险可以用不同结果出现的概率来描述。结果可能是好的也可能是坏的，坏结果出现的概率越大，风险也越大。

在投资组合理论出现之后，风险常指投资组合的系统风险，即来自整个经济系统影响企业经营的、没有有效方法可以消除的、影响所有资产的风险。创业企业在进行投资时，可以根据企业的实际情况在做好主业的同时，适当进行相关多元化投资，分散非系统风险。

（二）风险价值的应用

由于风险是客观存在的，因此，在进行筹资、投资及生产经营决策时均不应该忽略风险对于决策的影响。

（1）筹资时应关注财务风险。财务风险是债务资金可能给企业带来的无法按时还本付息的风险，企业可以通过合理安排企业长短期债务资金的结构控制财务风险。如果企业要引进外部的风险投资，则需要根据自身风险的大小确定合适的折现率对企业进行估值。

（2）投资时要考虑风险对投资项目必要报酬率的影响。投资项目的风险越大，企业要求的报酬率会越高，对于项目未来现金流量折现时的折现率也会相应提高，折现率需将风险价值包括在内。

（3）生产经营决策时需关注不同的资产结构对企业流动性的影响。一般来说，流动资产流动性较好、风险较低，同时收益性会较差；长期资产的收益性较好，但是由于流动性差、变现的风险也较大；企业需要根据自身的资金来源状况，合理配置资产。

综上所述，货币的时间价值和风险价值是财务决策的基础，创业者一定要对其有所了解，充分考虑其对企业创办及未来经营活动的影响，以取得相应的风险报酬。

三、期权价值[4]

创业企业现金流的非线性特征决定了其波动率是关于风险的函数，这就使风险溢价的计算非常困难，往往采用较高的折现率，从而使一些具有潜在成长价值的创业项目被排斥在外。但是，期权理论认为，不确定性是有价值的，在一定的范围内，不确定性越高，其投资机会的价值也就越高。

（一）期权和实物期权

期权是一种合约，源于18世纪后期的美国和欧洲市场，该合约赋予持有人在某一特定日期或该日之前的任何时间以固定价格购进或售出一种资产的权利。尽管期权的概念最早产生于金融期权交易，但近些年越来越多的理论和实务工作者认识到，期权在实物投资中起着更加重要的作用，尤其是对创业投资。

实物期权是管理者对所拥有实物资产进行决策时具有的柔性投资策略，是创业企业在进行创业投资时对投资项目未来的选择权。

（二）实物期权的种类

实物期权包括扩张期权、时机选择期权和放弃期权等。

扩张期权是后续投资机会的一种选择权利。当一期投资项目本身的净现值加上后续扩张选择权的价值大于零时，一期项目就可行。创业企业的扩张期权包括许多具体类型。例如，制造业企业小规模推出新产品，抢先占领市场，以后视市场的反应再决定是否扩充规模；医药公司控制药品专利，不一定马上投产，而是根据市场需求推出新药；共享单车一开始只是在某一个区域试点经营，模式成熟后再扩大到其他地区等。如果它们事先不投资，就会失去未来扩张的选择权。

从时机选择来看，任何投资项目都具有期权的性质。如果一个项目在时间上可以延迟，它就是未到期的看涨期权。项目具有正的净现值，并不意味着立即开始（执行）总是最佳的，也许等一等更好。对于前景不明朗的项目，大多值得观望，看一看未来是更好还是更差。如果一个项目在时间上不能延迟，只能立即投资或者永远放弃，它就是马上到期的看涨期权。

放弃期权是指在实行某个项目后又放弃该项目，是一项看跌期权。如果创业企业或投资项目的清算价值大于继续经营价值，就应当终止。在评估投资项目或创建创业企业时，应当事先考虑中间放弃的可能性和由此带来的选择权价值，以获得更全面的信息，减少决策失误。

（三）期权价值的应用

创业者应从实物期权的角度进行决策，将创业项目的价值视作静态的净现值与实物期权（投资机会）的价值之和。

对创业企业的创新产品来说，市场不确定性越大，不确定带来的期权价值就越高，因为一段时间的等待不一定是对创业机会的放弃，反而可能是为帮助创业者更好地理顺思路，更仔细分析项目的可能性提供思考的时间，减少盲目上马带来失败的可能。

1. 什么是货币的时间价值？为什么应该采用复利的方式计算货币时间价值？
2. 什么是风险价值？风险价值在企业的哪些领域中得到应用？

第五节　财务管理中的纳税筹划

企业要想在市场中生存，做好纳税筹划工作非常重要，好的纳税筹划能够在降低企业风险的前提下，为企业降低税负，提高企业投资回报率，实现企业利益最大化的目标。同时，纳税筹划能够提高财务管理人员的专业水平，为企业节省经营成本，提高经济效益。纳税筹划在企业财务管理中占据着举足轻重的地位，可以推动企业实现可持续发展。

一、纳税筹划在企业财务管理中的作用

（一）纳税筹划有利于提升企业的财务管理水平

企业日常经营受到诸多因素的影响，外在因素来源于市场环境因素，而内在因素则主要取决于资金、成本、利润及管理，这些内在因素直接关系到财务管理结果。企业纳税筹划是以资金为基础展开的，最终目的是能够实现企业利益最大化。企业在经营中会出现各种风险，对这些风险的预测一方面需要企业内控制度；另一方面则需要进行纳税筹划提前预知并规避风险，进而规范企业经营过程，指导企业向有利于享受税收优惠的方向发展，使企业经营更加合规合法。

（二）纳税筹划有助于实现企业的财务管理目标

企业经营的最初目标是实现股东利益最大化，反映股东利益的最根本数据则是企业净利润，而净利润来源于企业税后利润。因此，经营利润以及缴纳的各种税收是决定股东利益的最直接条件，合理进行纳税筹划是实现股东利益的最有效措施。通过纳税筹划可以约束企业经营行为，保证所有经营行为合规合法，享受国家现行税收政策，指导企业向有利于自身的方向发展，从而最大限度地减轻企业税负，进而提升净利润；还能够优化企业结构，改变企业经营理念，推动企业向规模化发展，最终实现企业的财务管理目标。

二、纳税筹划在财务管理中的应用

（一）纳税筹划在企业资金筹集中的应用

企业经营活动离不开资金支持，资金周转率是维持企业生存发展的重要指标，一旦企

业资金出现问题,就要依靠筹集资金来解决。企业资金筹集主要通过权益性资金和负债类资金两方面进行。权益性资金主要通过发行股票和留存收益等方式来实现,这些方式较其他筹集方式不同,企业所承担的税负依然很高,风险性大,不适合于纳税筹划。负债类资金,企业可以通过向银行等金融机构申请贷款或者发行债券等方式来筹集资金,这种方式所发生的利息支出可以在所得税前全额扣除,如果出现税息率小于税前利率的情况,财务杠杆效应就会产生,税负明显减小,使企业实现减税的目的。

企业还可以通过租赁的方式实现减税,可以将租金分摊到每个年度内,直接计入相关费用,从而实现所得税税前扣除。

(二)纳税筹划在企业经营活动中的应用

企业经营活动中每个环节都与税收息息相关,从企业产品的采购、销售,到货物计价方法的选择、固定资产折旧方式等,企业要在经营活动中针对自身特点制定符合本企业需要的纳税筹划方案。科学的进销存管理可以使企业税负得以降低,而固定资产折旧年限、折旧方式的选择,也会影响企业利润。企业要将纳税筹划合理地应用到日常管理中,使企业应纳税所得额实现最少,间接提高企业利润。企业在法律法规允许的范围内可以通过纳税筹划,将经营业务期限延后,使税款缴纳时间后延,从而使企业的资金利用率得以提高,使资金在延缓缴纳税款的时间内使用率增加,为企业带来更高的经济收益。

(三)纳税筹划在企业投资活动中的应用

企业生产经营中,除了维持原有的经营局面外,还会进行一系列的投资活动,如用现金直接投资、厂房设备投资、技术投资等。大型企业还涉及产权或者土地使用权投资,每种类别的投资所涉及的税种均不同,企业要根据自身特点对这些投资作出相应的纳税筹划,具体从四个方面来实施。一是选择投资地区及行业。我国不同地区、不同行业所适用的税率都不相同,例如国家规定企业所得税税率是 25%,而针对小型微利企业的税收优惠是对应不同级别核算不同税率;对于高新技术行业来说,国家为了鼓励行业发展,企业享受 15% 的所得税税率,研发费用则享受加计扣除的优惠政策。在我国西部地区,企业所得税还享受地区优惠政策。二是选择合理的组织形式。我国现阶段组织形式很多,最具特色的是总分公司与母子公司。国家规定总分公司增值税的缴纳方式是分别核算,企业所得税则在总公司汇算清缴。而母子公司则不同,无论是增值税还是企业所得税,都需要独立核算,企业可以通过顺流、逆流交易来实现合理避税。三是选择企业及产品类别。近年来,国家大力扶持农业及高新技术企业发展,企业可以将经营范围偏向于这些行业,而企业购入的一些国内不能满足的设备,则可以享受国家免除关税及增值税的优惠。四是选择适合的投资时间。我国在企业投资时间和期限上,都有相应的税收优惠,这是国家对产业发展的扶持,着力于加大企业的长期投资,企业在投资时间的选择上要将可享受的税收优惠考虑清楚。

(四)纳税筹划在企业利润分配的应用

企业经营的最终目的是股东利润分配,每年年终,企业都会核算净利润对股东进行年终利润分配,因此,企业利润分配也是纳税

创业案例 瑞幸咖啡的得与失

筹划的关键一环。企业所采用的分配方式不同，分配所产生的税款缴纳方式、税率都会不同，而纳税筹划可以对企业利润分配进行调整，实现减轻企业税负的目的，保障股东利益最大化。

注释

[1] 王艳茹，应小陆，杨树军. 创业企业财务管理[M]. 北京：中国人民大学出版社，2022：7.
[2] 王艳茹，应小陆，杨树军. 创业企业财务管理[M]. 北京：中国人民大学出版社，2022：21-23.
[3] 王艳茹，应小陆，杨树军. 创业企业财务管理[M]. 北京：中国人民大学出版社，2022：39-40.
[4] 王艳茹，应小陆，杨树军. 创业企业财务管理[M]. 北京：中国人民大学出版社，2022：53-57.

课后讨论

1. 如果创业你会采用何种法律形式？请从财务管理的角度予以说明。
2. 财务管理的内外部环境是如何影响企业财务管理活动的？
3. 如何保障创业企业财务管理目标的实现？
4. 货币时间价值概念对企业和你自身的生活有什么影响？
5. 风险价值给你何种启发？
6. 企业可以从哪些环节或方面进行纳税筹划？

技能训练

1. 某人在5年中每年年底存入银行2 000元，年存款利率为8%，复利计息，计算第5年年末的年金终值。

2. 某人准备在今后5年中每年年末从银行取2 000元，如果年利息率为10%，则现在应存入多少元？

3. 某企业向银行借入一笔款项，银行贷款的年利息率为8%，银行规定前10年不需还本付息，但从第11年至第20年每年年末偿还本息2 000元，计算这笔款项的现值。

即测即练

自学自测 扫描此码

第二章 资金筹集是创业成功的基础

学习目标

知识目标： 了解创业所需资金的种类，以及资金筹集的渠道和风险。

能力目标： 能够运用工具计算创业所需资金的数量，作出筹资决策。

素养目标： 形成对资金重要性的认识，可以对创业所需资金进行全面估计。

日本创业家中田修说："有钱谁都会创业，关键在于没有钱怎么创业。"

没钱创业，恐怕是大多数创业者状况的写照。要在没钱的情况下创业成功，需要创业者了解创业所需资金的分类，并能够较为准确地估算出创业所需资金，做好创业筹资的准备工作。

新《中华人民共和国公司法》的实施大大降低了创业门槛，创业率大幅提升。2023年，我国新设经营主体3 273万户，同比增长12.6%。其中，新设企业1 002.9万户，增长15.6%；新设个体工商户2 258.2万户，增长11.4%。截至2023年年底，登记在册经营主体达1.84亿户，同比增长8.9%。其中，企业5 826.8万户，个体工商户1.24亿户，农民专业合作社223万户；民营企业超过5 300万户，占企业总量的92%以上。[1]

课程思政点

随着大量市场主体的创办，创业筹资问题重新被提上了议事日程，创业筹资也受到了理论和实务界的广泛关注。尽管新《中华人民共和国公司法》放宽了注册资本的限制，将传统的实收资本制改为认缴资本制，在中国出现了1元钱注册公司的局面，但不意味着可以不花钱就能够成功创办并经营企业，因为任何企业的正常运作都需要资金的支持。创业者首先要学会分析创业所需资金的预测和计算，了解筹资的渠道和方法，知晓不同筹资的成本高低，要能够根据不同情况作出正确的筹资决策。本章便以创业筹资过程为起点，对资金筹集的相关问题进行探讨。

故事思考

谢文斌出身阿里巴巴，曾负责天猫的无线产品工作，在还未离职时就获得了云游控股董事会主席汪东风的投资。在离职后，拿着汪东风的100万元，谢文斌招募到了爱奇艺、百度、360和阿里巴巴的员工，成立了蜜淘网的核心团队。在蜜淘网未上线之前，经汪东风介绍，谢文斌获得老乡蔡文胜的100万元投资。2013年10月，蜜淘网（前身是CN海淘）

成立，2014年3月蜜淘网正式上线。

蜜淘网初期采用的是海外代购和导购的模式，入驻海淘商家并接入国外购物网站，将与购物相关的服务（包括第三方支付）集成到后台，用户可自行完成购物过程。之后，蜜淘转型B2C自营海淘电商（之前的模式退单率达到60%），每天上线一款爆品，期望能够打造一个跨境电商版的"唯品会"。

转型之后，谢文斌的蜜淘网在2014年7月获得经纬创投的500万美元A轮融资，同年11月获得了祥峰投资、经纬创投等3 000万美元B轮融资（当时进口电商领域最大的一笔投资）。

有了钱的谢文斌，开始在线下疯狂刷广告。每次大促之前，谢文斌都会拿出几千万元用于广告宣传。经过频繁的大促和广告宣传，蜜淘客户端激活用户接近100万人，累计递送包裹近20万个，月交易流水突破1 000万元，员工数量发展到60人。随后，蜜淘更是举办"520激情囤货节"和"618电商大促"宣称是保税区最低价，公开叫板京东、天猫、聚美等电商平台，自此之后，跨境电商进入价格战。这些玩家中，有些是有资金、渠道、流量作支撑的巨头，有的是新晋获得融资的创业公司（蜜芽网获得1亿美元B轮融资）。但此时蜜淘网的C轮融资却迟迟未见动静。谢文斌经常说的一句话就是，"就算我再融一亿元美金，我也不可能成为巨头打价格战的对手，巨头可以通过渠道与补贴的方式把价格压到很低，但是创业公司没有办法这样长时间消耗下去"。2016年3月，蜜淘网因为步子过快、过度烧钱、融资难而倒下。

资料来源：蜜淘已死？谁下的"黑手"，搜狐网 https://www.sohu.com/a/67335298_354958.

请思考：

1. 资金筹集在蜜淘的快速发展中起什么作用？
2. 蜜淘网主要采用的筹资渠道是什么？你还知道哪些筹资渠道？
3. 蜜淘网倒下的原因有哪些？你认为最重要的原因是什么？给出你的理由。

第一节　创业筹资过程

创业筹资不只是一个技术问题，还是一个社会问题。创业者需要熟悉创业筹资过程，以顺利筹集资金。

一、做好筹资前的准备

尽管创业企业筹资较为困难，但创业筹资却是创业企业顺利成长的关键。因此，创业者一定要在筹资之前做好充分的准备工作：对筹资过程有一定了解，建立和经营个人信用，积累自己的人脉资源，学习估算创业所需资金的方法，知晓筹资的渠道，熟悉创业计划书的结构和编写策略，提高自己的谈判技巧等，以提高筹资成功的概率。

视频2.1　创业筹资过程

创业所需资金的计算，筹资渠道等内容，其他部分会详细讲到，这里略过。

人脉资源是一种潜在的无形资产，是永不破产的银行。很多成功的商界人士都深深意识到人脉资源对自己事业成功的重要性。斯坦福大学研究中心的一份调查显示：一个人赚的钱，12.5%来自知识，87.5%来自人脉关系——基于正常社会经历建立的关系。在投资界里面 95%的企业都是人家介绍来的，不是自己瞎撞上的。[2]由此可见积累和经营人脉对创业成功的重要性。

个人信用是指基于信任、通过一定的协议或契约提供给自然人及其家庭的信用，使接受信用的个人不用付现就可以获得商品或服务。它不仅包括用作个人或家庭消费用途的信用交易，也包括用作个人投资、创业及生产经营的信用。个人信用记录包括以下四个方面的内容：一是个人的基本身份信息，包括姓名、婚姻及家庭成员状况、收入状况、职业、学历等；二是信用记录，包括信用卡及消费信贷的还款记录，商业银行的个人贷款及偿还记录；三是社会公共信息记录，包括个人纳税、参加社会保险、通信缴费、公用事业缴费及个人财产状况及变动等记录；四是特别记录，包括有可能影响个人信用状况的涉及民事、刑事、行政诉讼和行政处罚的特别记录。在中国，通过信用卡的方式建立信用是有效积累个人信用的主要方式。

市场经济是一种信用经济，信用对国家、社会、个人都是一种非常重要的资源，信用在创业筹资过程中起着很重要的作用。无论是从何种渠道筹集资金，投资者都会比较关注创业者个人的信用状况。因此，为保证筹资的顺利进行，创业者应尽早建立起良好的个人信用记录，做一个信用卡的诚信持卡人，同时注意在日常生活中按时缴纳各项税费，遵纪守法，保持良好的个人信用记录。

二、计算创业所需资金

创业者必须明白，企业所使用的资金都是具有一定成本的。这并不是说，筹集的资金越少越好，因为任何一家顺利经营的企业都需要基本的周转资金，如果筹集的资金不足以支持企业的日常运转，则企业会面临资金断流，进而导致破产清算；但这也不意味着筹集的资金越多越好，很多创业企业都是在开始的时候被一下子获得的大笔资金"撑死的"，何况，资金都是具有成本的，如果在资金使用过程中不能够创造出高于其成本的收益，创业企业就会发生亏损。因此，创业者在筹集资金之前，要能够运用科学的方法，准确地估算资金需求数量。

三、编写创业计划书

创业企业对资金的需求，需要通盘考虑企业创办和发展的方方面面，要对企业有全面筹划。编写创业计划书是一种很好地对企业未来进行规划的方式，在创业计划书中，创业者需要估计未来可能的销售状况，以及为实现销售需要配备的资源，并进而计算出所需要的资金数额。

一般来说，创业计划书应包括分析和确定创业机会、创业团队、项目的商业模式等内容，说明创业者计划利用这一机会发展新的产品或服务所要采取的方法，分析和确定企业成功的关键因素，确定实现创业所需要的资源，以及取得这些资源的方法（财务资源是创业资源中最重要的内容之一）。

四、确定筹资来源

确定了创业企业需要的资金数额之后，创业者需要进一步了解可能的筹集渠道、不同筹资渠道的优缺点、创业企业自身的特征、创业企业所处的生命周期阶段等，各种筹资机会的大小，以及创业者对企业未来的所有权规划，充分权衡利弊，确定所要采用的筹资来源。

五、展开筹资谈判

选定所拟采取的筹资渠道之后，创业者就需要和潜在的投资者进行筹资谈判。要提高谈判获胜的概率，要求投资者首先对自己的创业项目非常熟悉，充满信心，并对潜在投资者可能提出的问题作出猜想，事先准备相应的答案。另外，在谈判时，要抓住时机陈述重点，做到条理清晰；如果可能的话，向有经验的人士进行咨询，会提高谈判成功的概率。

第二节　创业资金预测

创办企业的规模不同，创业企业所在的行业不同，创业所需要的资金数量就会不同。尽管不同创业企业对于资金的需求会有很大差异，但是对于创业企业所需资金的预测却有着其内在的规律性。当创业者了解了预测资金的方法之后，便可以较为科学地预测创办并运营企业所需要的资金数量，规避资金不足而导致清算的风险。

一、创业资金分类

创业资金按照不同的标准可以进行不同分类，对于创业资金不同种类的认识有利于创业者在估算创业资金时充分考虑可能的资金需求。

（一）按照资金占用形态和流动性的分类

按照资金的占用形态和流动性，可以分为流动资金和非流动资金。占用在原材料、在制品、库存商品等流动资产[3]，以及用于支付工资和各种日常支出的资金，称为流动资金；用于购买机器设备、建造房屋建筑物、购置无形资产等的资金，称为非流动资金。

流动资金的流动性较好，极易使用和变现，一般可在一个营业周期内收回或耗用，属于短期资金的范畴，创业者在估算创业资金需求时须考虑其持续投入的特性，选择短期筹资的方式筹集相应资金；非流动资金占用的期限较长，不能在短期内回收，具有长期资金的性质，能够在1年以上的经营过程中给企业带来经济利益的流入，创业者在进行创业资金估算时，往往将其作为一次性的资金需求对待，采用长期筹资的方式筹集相应资金。

（二）按照资金投入企业时间的分类

按照资金投入企业的时间可分为投资资金和营运资金。投资资金发生在企业开业之前，是企业在筹办期间发生各种支出所需要的资金。投资资金包括企业在筹建期间为取得原材料、库存商品等流动资产投入的流动资金；购建房屋建筑物、机器设备等固定资产，购买或研发专利权、商标权、版权等无形资产投入的非流动资金;以及在筹建期间发生的人员工资、办公费、培训费、差旅费、印刷费、注册登记费、营业执照费、市场调查费、咨询费和技术资料费等开办费用所需资金。营运资金是从企业开始经营之日起到企业能够做到资金收支平衡为止的期间内,企业发生各种支出所需要的资金,是投资者在开业后需要继续向企业追加投入的资金。企业从开始经营到能够做到资金收支平衡为止的期间叫作营运前期,营运前期的资金投入一般主要是流动资金,既包括投资在流动资产上的资金,也包括用于日常开支的费用性支出所需资金。

创业企业在开办之初,企业的产品或服务很难在短期内得到消费者的认同,企业的市场份额较小且不稳定,难以在企业开业之时就形成一定规模的销售额;而且,在商业信用极其发达的当今,很多企业会采用商业信用的方式开展销售和采购业务。赊销业务的存在,使企业实现的销售收入的一部分无法在当期收到现金,从而现金流入并不像预测的销售收入一样多。规模较小且不稳定的销售额,以及赊销导致的应收款项的存在,往往使销售过程中形成的现金流入在企业开业后相当长的一段时间内,无法满足日常的生产经营需要,从而要求创业者追加对企业的投资,形成大量的营运资金。

营运前期的时间跨度往往依企业的性质不同而不同。一般来说,贸易类企业可能会短于一个月;制造企业则包括从开始生产之日到销售收入到账这段时间,可能要持续几个月甚至几年;不同的服务类企业其营运前期的时间会有所不同,可能会短于1年,也可能会比1年要长。

在很多行业,营运资金的资金需求要远远大于投资资金的资金需求。对营运资金重要性的认识,有利于创业者充分估计创业所需资金的数量,从而及时地筹集足额资金。

(三)按照资金的属性分类

按照资金的属性,创业资金可以分为股权资金和债权资金。股权资金是投资者投入企业的资金;债权资金则是从各种渠道借入的资金。股权资金和债权资金对企业权益的要求权不同,其筹资比例的设定便会影响企业以后的经营决策,因此,创业者一定要知晓两种资金来源的区别,以便作出合理的筹资决策。

二、创业资金计算

据国外文献记载,破产倒闭的企业中有85%以上的企业是盈利情况非常好的。1998年,亚洲金融危机来临之时,新加坡一家有着几亿新元的建筑公司,仅仅因为欠另一家建筑公司35万新元的债务,缺少现金无法支付,结果被告上法院而导致破产清算,印证了商界一句话:"最后一根稻草压死一峰骆驼。"

《中华人民共和国破产法》第二条明确规定:"企业法人不能清偿到期债务,并且资产不足以清偿全部债务或者明显缺乏清偿能力的,依照本法规定清理债务。"所以,企业可能不会由于经营亏损而破产清算,却常常会因为资金断流而倒闭。

但由于创业者对自己能力的过分自信和对企业经营的乐观估计,常将营运前期的时间估计过短,或干脆忽略掉营运前期,导致对创办企业所需的资金数额估计过小,引起企业经营初期的资金断流,并最终导致企业终止经营。可见,资金对企业尤其是初创期的企业来说有着至关重要的地位。

创业资金的计算可以通过以下三步来实现。

（一）测算投资资金

如上所述，投资资金包括创业企业开业之前的流动资金投入、非流动资金投入，以及开办费用所需要的资金投入。一般来说，在估算投资资金时，大部分创业者均能想到购置厂房、设备及材料等的支出，以及员工的工资支出、广告费，但常常会忽略诸如机器设备安装费用、厂房装饰装修费用、创业者的工资支出、业务开拓费、营业税费等开业前可能发生的其他大额支出，因此，采用表格的形式，将投资资金的项目予以固定化，是合理估算创业资金的有效方法。表 2.1 是投资资金估算常用的表格。

表 2.1　投资资金估算　　　　　　　　　　单位：元

行次	项目	数量	金额	行次	项目	数量	金额
1	房屋、建筑物			11	广告费		
2	设备			12	水电费		
3	办公家具			13	电话费		
4	办公用品			14	保险费		
5	员工工资			15	设备维护费		
6	创业者工资			16	软件费		
7	业务开拓费			17	开办费		
8	房屋租金			18	风险储备资金		
9	存货的购置支出			…	…		
10	营业税费				合　计		

表 2.1 中有关项目的内容说明如下。

表格中第 1～3 项投资资金的支出属于非流动资金支出，一般在计算创业资金时作为一次性资金需求予以考虑。其中，房屋、建筑物的支出包括房屋建筑物的购置及其装饰装修费用，若企业拟在租来的房屋中办公，则将相应的支出填写在第 8 项房屋租金中，而且应关注房租的支付形式，房屋租金可能采用"押一付三"的方式支付，也可能采用"押一付一"的方式，但基本上是采用先付租金的形式，这样房屋租金的支出起码应相当于 4 个月或 2 个月的租金数额；若房租支付采用按半年付费，或按年付费的方式，则房屋租金的支出会更多；机器设备的支出包括机器设备的购置费用和安装调试费用，而且应考虑安装调试的时间对企业生产经营的影响。

表格中第 4～16 项投资资金的支出属于流动资金支出，在计算创业资金时需要考虑其持续性投入问题，这将在下文估算营运资金时讲到。创业者在估算投资资金时，一定不要忽略了其自身的工资支出、业务开拓费、营业税费、设备维护费等项目。

表格中的第 17 项是创业企业的开办费用。开办费用是企业自筹建之日起，到开始生产经营（包括试生产、试营业）之日止的期间（即筹建期间）内发生的费用支出。开办费用的发生不形成特定资产，企业可以在开始经营之日的当月一次性从利润中扣除，也可以在一定的期间内分期摊销，计入不同期间的利润之中。不同行业所需要的开办费用不同，如高科技行业筹建期间员工的工资和人员的培训费可能较高，有较高进入门槛的行业筹建期可能较长等。

第18项的风险储备资金需要创业者根据企业风险的大小和所处行业的特点进行估计。

不同行业所需要的资本支出不同，创业者应通过市场调查，将本行业所需的资本支出项目予以补充，填写在第19项及以下相应的表格中，并在最后一行计算所需要的投资资金的合计数。如创业项目需要特定技术的话，则要支付购买技术的费用，若采用加盟的方式进行创业，则需要支付加盟费用。

需要说明的是，创业者在估算投资资金时，一方面要尽可能考虑所需要的各种支出，避免漏掉一些必需的项目，以充分估算资金需求；另一方面由于创业资金筹集的困难性，及创业初期资金需求的迫切性，创业者应想方设法节省开支，减少投资资金的花费，如采用租赁厂房、采购二手设备等方法节约资金。

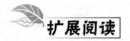

初创企业如何节省开支

舍尔·霍洛维茨是一位节约型企业经营方面的专家，曾著有《草根营销：在喧闹世界里赢得瞩目》，他给初创企业的建议是坚持不懈地为企业经营节约资金，而要实现节约资金，有以下五种简单方法。

（1）购买二手设备。很少有企业真正需要崭新昂贵的家具、档案柜或者其他设备，创业者可以通过二手家具店、企业资产拍卖商，甚至是网站上的帖子，来购买二手办公家具设备，节省大量资金。

（2）节省办公室租金。虽然不是每个企业都能从车库或者餐桌上起步，但是除非必要，特别是你的客户并不经常拜访的情况下，不要租用昂贵的场地。

（3）根据经营需要寻求帮助。如果你找到了真正懂行的人，用咨询的方式聘请他们服务几小时，应该是不错的主意，这样你既可以获得自己需要的建议，又不用支付全职薪水。

（4）以物易物。鲍勃经营了一家比萨店，他在重新装修时通过某易货机构采购了广告服务。他估计，每年交易价值约20 000美元的食品和服务，平均每年节约4 000美元。

（5）坚持节约型经营。明智的企业在采购时通常会"货比三家"，因为节省下来的每一分钱，都可以重新放到公司当中成为投资。这样可以推动增长，带来更多机会，使现金流有更大的灵活性。

摘编自《中国经营报》2012年9月24日第69版。

（二）测算营运资金

营运资金主要是指流动资金，是新创企业开始经营后到企业取得资金收支平衡前，创业者需要继续投入企业的资金。营运资金的估算需要根据企业未来的销售收入、成本和利润情况来确定，通过财务预测的方式实现。

1. 测算新创企业的营业收入

营业收入是指企业在从事销售商品,提供劳务和让渡资产使用权等日常经营业务过程中所形成的经济利益的总流入。对新创企业营业收入的测算是制订财务计划与编制预计财务报表的基础,也是估算营运资金的第一步。在进行营业收入测算时,创业者应立足于对市场的研究和对行业营业状况的分析,根据其试销经验和市场调查资料,利用推销人员意见综合、专家咨询、时间序列分析等方法,以预测的业务量和市场售价为基础估计每个会计期间[4]的营业收入。创业者可通过表2.2来进行营业收入预测。

表 2.2 营业收入预测　　　　　　　　　　　　　　　单位:元

		1	2	3	4	5	6	…	n	合计
产品一	销售数量									
	平均单价									
	销售收入									
产品二	销售数量									
	平均单价									
	销售收入									
…	…									
合计	销售收入									

2. 编制预计利润表

利润表是用来反映企业在某一会计期间经营成果的财务报表。该表是根据"收入-费用=利润"的会计等式,按营业利润、利润总额、净利润的顺序编制而成的,是一个时期的、动态的报表。创业者在编制预计利润表时,应根据测算营业收入时预计的业务量对营业成本进行测算,根据拟采用的营销组合对销售费用进行测算,根据市场调查阶段确定的业务规模和企业战略,对新创企业经营过程中可能发生的管理费用进行测算,根据预计采用的筹资渠道和相应的筹资成本对财务费用进行测算,根据行业的税费标准对可能发生的营业税费进行测算,以此计算新创企业每个会计期间的预计利润。营业成本预测和预计利润表的格式分别如表2.3和表2.4所示。

单位成本根据创业企业存货的计价办法确定,可以采用先进先出法、移动加权平均法、月末一次加权平均法等方法对销售产品的成本进行计量。[5]

表 2.3 营业成本预测　　　　　　　　　　　　　　　单位:元

		1	2	3	4	5	6	…	n	合计
产品一	销售数量									
	单位成本									
	销售成本									
产品二	销售数量									
	单位成本									
	销售成本									
…	…									
合计	销售成本									

表 2.4　预计利润表[6]　　　　　　　　　　单位：元

项　目	1	2	3	4	5	6	…	n	合计
一、营业收入									
减：营业成本									
税金及附加									
销售费用									
管理费用									
研发费用									
财务费用									
二、营业利润（损失以"－"填列）									
加：营业外收入									
减：营业外支出									
三、利润总额（损失以"－"填列）									
减：所得税费用									
四、净利润（损失以"－"填列）									

由于新创企业在起步阶段业务量不稳定，在市场上默默无闻，营业收入和推动营业收入增长所付出的成本之间一般不成比例变化，所以，对于新创企业初期营业收入、营业成本和各项费用的估算应按月进行，并按期预估企业的利润状况。一般来说，在企业实现收支平衡之前，企业的预计利润表均应按月编制；达到收支平衡之后，可以按季、按半年，或者按年度来编制。

3. 编制预计资产负债表

资产负债表是总括反映企业在某一特定日期全部资产、负债和所有者权益状况的报表。资产负债表是根据"资产＝负债＋所有者权益"这一会计基本等式，依照流动资产和非流动资产、流动负债和非流动负债大类列示，并按照一定要求编制的，是一张时点的、静态的会计报表。通过编制的预计资产负债表，根据会计等式恒等的特性，创业者可以据此确定需要的外部筹资数额。预计资产负债表的格式如表 2.5 所示。

表 2.5　预计资产负债表　　　　　　　　　　单位：元

项　目	1	2	3	4	5	6	7	…	n
一、流动资产									
货币资金									
应收款项									
存货									
其他流动资产									
流动资产合计									
二、非流动资产									
固定资产									
无形资产									
非流动资产合计									
资产合计									

续表

项　目	1	2	3	4	5	6	7	…	n
三、流动负债									
短期借款									
应付款项									
应付费用									
应交税费									
其他应付款									
流动负债合计									
四、非流动负债									
长期借款									
其他非流动负债									
非流动负债合计									
负债合计									
五、所有者权益									
实收资本									
资本公积									
盈余公积									
未分配利润									
负债和所有者权益合计									
六、外部筹资额									

表中各个项目的来源如下。

货币资金取决于第四章第二节"日常资金管理"中现金预算表部分，是现金预算表中每期的期末数额；应收账款取决于前面所预测的收入以及第四章第二节中确定的企业信用政策；存货取决于第四章第二节中关于存货管理的假设以及材料或产品的进、销、存情况；固定资产取决于投资预算和折旧计提的假设；无形资产取决于无形资产投资及摊销的假设；短期借款取决于企业筹资计划中短期借款的预算；应付款项取决于行业状况、企业对供应商信用政策的估计及应付账款管理的假设（见第四章第二节"资金管理的内容"部分）；应付费用来自企业关于工资薪金的假设；应交税费则和企业的收入与采购预算，以及估算的收入和行业税费标准有关，并和利润表预算的"所得税费用"金额相关；实收资本取决于筹资计划中投资的假设，盈余公积来源于利润表预算（法定盈余公积是根据当期实现净利润的10%提取的，是期末余额的概念，不是每一期间提取的盈余公积）；未分配利润来自利润表及利润分配的假设（是企业实现的利润中未分配出去留存在企业用于继续经营的金额）。当来源于应付款项、应付费用、应交税费和盈余公积、未分配利润增加的资金无法满足企业经营发展所需时，需要从外部融集资金。外部筹资额＝预计资产合计－负债和所有者权益合计。

与预计利润表相同的道理，一般来说，预计资产负债表在企业实现收支平衡之前也应该按月编制，在实现收支平衡之后可以按季、按半年或按年编制。

4. 通过盈亏平衡分析计算所需资金

在创业初期，盈亏平衡分析有利于创业者知道企业可以何时实现利润，帮助其进一步洞察企业的财务潜力，还可以帮助创业者进行营运资金需求量的预测。创业者可以通过计算资金的盈亏平衡点来确定营运前期需要的时间，然后据以计算创业所需的营运资金数额。资金收支平衡点的计算公式为

$$资金收支平衡点 = \frac{每月固定的资金支出}{单位业务的资金净流入}$$

根据计算的资金盈亏平衡点数量，以及市场调查得出的营业量的变化情况，可以确定实现盈亏平衡的时间，计算所需营运资金的数量。

$$营运资金 = 达到盈亏平衡的时间 \times 每月的资金支出$$

在很多行业中，营运资本的资金需求要远远大于投资资本的资金需求。

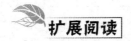

帮助创业者估算创业启动资金的途径

视频2.2　营运资金计算

除了看书学习之外，还有很多途径可以帮助创业者来了解所需资金的估算问题。诸如请教同行、咨询供应商和行业协会、请退休的企业高管帮忙等都是不错的方法。

（1）同行。管理咨询集团（Management Analysis Group，西雅图一家低成本运作的咨询公司）的老板斯蒂芬·贝茨（Stephen Bates）介绍道："经营和你类似业务的企业家，是计算创业初期运营成本的最佳信息来源。"你未来的竞争对手可能不想帮助你，但是只要不在同一区域，他们都是非常乐意帮忙的。

（2）供应商。供应商也是一个研究创业成本不错的信息来源。洛杉矶南加州大学格雷夫创业中心（Greif Entrepreneurship Center）的凯瑟琳·艾伦（Kathleen Allen）教授说："创业者可以给直接供应商打电话，告诉他因为你打算创业，所以想了解某个行业的费用。他们通常都非常乐意帮助，因为他们也想从你身上寻找生意机会。"

然而艾伦也警告大家不要过分相信初次接触的供应商，她建议"做些比较，你会发现创业成本会有很大的差异"。要向供应商询问设备租赁、大量购买的折扣额、信用条件、启动的库存量以及可能降低前期成本的其他选择。

（3）行业商会。艾伦说："和同行和贸易商一样，商会是一个非常好的信息来源，因为你可以直接跟特定的市场打交道。"根据不同的行业，商会可以提供启动费用明细和财务报表的样本、行业内相关的企业家和供应商名单、市场调研的数据和其他有用的信息。供应商的行业商会也是好的信息来源。

（4）退休企业高管。在美国，由小企业协会赞助的SCORE（美国退休经理人服务公司）也是对创业非常有价值的资源。除了出版创业的相关刊物外，SCORE还可以为创业者推荐非常有经验的退休企业家，指导创业者完成公司启动的整个过程，指明方向，并建议使用创业者可能忽视的资源，当然创业者需要自己进行实际操作。

除了提供顾问指导服务外，SCORE还提供便捷的网络服务，为全美用户提供超过12 400位创业辅导员。弗莱德·托马斯（Fred Thomas）是SCORE前任总裁，也是佛蒙特

州SCORE塞特福德中心的一名辅导员,据他介绍:"无论你想要一位拥有销售、餐饮、特许经营,还是其他任何经验的辅导员,只要输入详细说明,就能得到拥有相应资格的辅导员名单。"

(5) 创业指南。创业者可以从一些独立的出版社和商会获得创业启动指南。这些指南,尤其是信誉卓著的行业指南是研究创业启动资金的有利资源。要确保指南没有过时,也要记得不同地区的费用会相差很大。在阅读的过程中,注意那些能帮你降低启动成本的小提示。

(6) 连锁加盟机构。如果你想购买特许经营权,特许经营权拥有者会给你启动费用的相关数据。然而,不要把这些数据当作绝对值,因为费用会因为地区不同有所变化。贝茨建议:"要通过自己的努力来检验特许经营权拥有者的结论对不对。"创业者可以给现有的特许经营商打电话,问问他们实际的启动费用是否符合特许经营权拥有者的预测值。

(7) 创业相关文章。报纸和杂志的文章很少会为一个特定地区的特定业务逐项列出创业所需的费用。然而,创业相关的文章可以让你大致估算所需的启动成本,并帮助你列出需要调查的费用清单、经常使用可靠的信息来源,同时请记得查阅相关的行业杂志,了解供应商信息、行业所需成本和最新行业动态。

(8) 创业顾问。一个合格的创业顾问既可以提供关于启动资金的相关建议,甚至为创业者做很多调查,也可以帮创业者将自己的调查变成有用的财务预测和具体方案。

但是聘用专家需要费用。如果创业者决定要与顾问合作,记得要找熟悉自己所处行业的有创业经验和实际运营经验的人。

单一的途径并不能帮助创业者了解具体创业成本的所有信息。但是通过不断努力研究估算启动资金,创业者应能最终找到需要的具体数字。艾伦建议使用一个她称为"三角测量"的步骤,也就是对于每项费用,从三个不同途径获取三个数字,然后"权衡3个数字,最后得出一个你认为正确的数字"。

科学细致的调研可以帮助创业者验证其创业想法是否实际可行,并且为创业者提供建议,从而提升创业成功的概率。只有创业者完成了创业启动成本估算,并且根据这个数字制作出相应的商业计划,才能说创业者已经为创业准备好了一切。

摘编自应届毕业生求职网,http://chuangye.yjbys.com/zhidao/ruhechuangye/442567.html.

要点案例[7]

小王是一名会计学专业2005届的毕业生,毕业时想自己开办一家会计公司。会计公司主要办理代理记账、工商注册、税务代理及纳税筹划等业务,而财务软件和税控机是企业开展业务必备的条件。在开办公司前,他进行了简单的市场调查,觉得这个行业有很大的市场空间,他对开办公司的必要支出进行了如下估算:

在北京市海淀区苏州街租一间20平方米左右的办公室,每月需要3 000元左右租金。

购置两台电脑,每台5 000元;一套最基本的财务软件,大约需要3 000元;两台打印机,一台针式打印机用来打印输出的会计凭证和账簿,另一台打印一般的办公文件,两台打印机大概需要3 500元;一台税控机(用于帮助客户进行纳税申报),价格3 000元;一台传真机,价格1 000元。

第二章 资金筹集是创业成功的基础

购置三套办公桌椅，每套300元。

购置饮水机一台，需要500元，每月大约需要4桶水，每桶水15元。

事先须置办一些办公用品及办公耗材，需支出1 000元，大约可以使用一个月；电话费、网费每月320元左右；水电费每月200元；同类会计服务公司的广告费一般每月1 200～2 000元，小王准备每月花费1 500元。

公司开业初期需雇用1名会计和1名外勤人员，两人的工资每月合计为3 500元，社会保险费合计每月1 000元。

开户、刻章直至办完整套开业手续，大约需要一个月的时间，需要的开业前的基本费用为1 000元。

每家客户每月可以收取250元的服务费，为每个客户服务的基本支出大约为20元/月。另外，客户在60户以内时基本上不用增加会计和外勤人员。

于是，小王简单算了一下，他创办会计公司所需要的资金为33 480元。由于开办公司的资金需要不是太多，而每一户的利润也较为可观，加上小王对自己的专业知识和开拓市场的能力非常自信，他觉得自己的公司一定会开办得很红火。

但是，为了以防万一，怕哪些项目考虑不周全，小王在筹集资金时还准备了一些风险资金，共筹集了50 000元。可是，令小王没想到的是，公司刚刚经营了几个月资金就出现了断流，连支付房屋租金的钱都不够了。

你能帮小王分析一下公司资金断流的原因吗？请帮小王计算一下开办这样的会计公司大概需要多少资金。

【案例解析】

本案例中小王公司资金断流的原因主要是其对创业所需资金的计算有误。小王只考虑了开业前的基本支出，但忽略了营运前期的可能支出，尽管其按照自己的计算多筹集了部分资金（16 520元），但由于其对营运前期时间的乐观估计，或者由于其对营运前期支出的忽略，导致了其最终的资金断流。

第一，小王的失误在于对营运前期支出的忽略或乐观估计。对小王的会计公司来说，其计算的资金需求仅仅是其开业筹备阶段（1个月时间）的支出，这些支出又可以继续分为两类：开办费和构成资产的支出。其中：电脑、软件、办公桌椅、打印机、税控机、传真机等的支出构成企业的固定资产；开业前支付的房租、办公用品、第1个月的饮用水、电话费网费、水电费、广告费及注册登记等开业前的基本费用的支出为开办费的支出。而且，这些支出均在开业之前已经支付，开业之后，多长时间能够做到资金的收支平衡，能够不再继续追加投资，小王却未予以充分估计。

第二，在计算创业所需资金时，小王忽略了自己基本的生活支出。这也是大部分创业者可能忽略的一项支出。一般来说，创业者在开始创办企业之前会有一份工作，其在筹办企业期间，相当于原来工资收入的部分是其创业的机会成本，应当作为一项潜在支出考虑；或者最起码，创业者每月基本的生活和劳保支出应计算在创业所需的资金之内。

第三，小王的市场调查不充分。应在创业之前，再开展一项市场调查，分析其开业初期的业务量情况，根据其市场调查的结果确定业务量大小，并据此估算可能产生的现金流入量，从而计算资金收支的平衡点。资金的收支平衡点须根据每月固定的支出项目，以及每月能够形成的资金流入来计算。

资金的收支平衡点可用图 2.1 进行形象的说明。

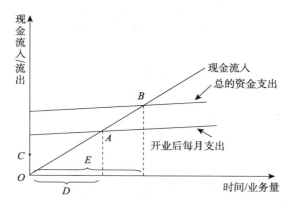

图 2.1 资金的收支平衡点

图中：A——资金收支平衡点；B——投资资金回收点；C——营运前支出；
D——营运前期；E——投资资金回收期。

对小王的会计公司来说，其每月固定的支出项目包括：房租 3 000 元、办公用品 1 000 元、每月的饮用水 60 元、电话费网费 320 元、水电费 200 元、广告费 1 500 元、雇员工资及社保费 4 500 元以及创业者基本的生活及劳保支出——按雇员的平均水平来算每月 2 300 元左右，由此，企业每月的基本支出为以上各项之和 12 880 元；对会计公司来说，主要的资金流入是客户交纳的服务费用，该例中每项业务——客户带来的资金流入为 230 元。因此，收支平衡点的计算应为

$$收支平衡点业务量 = \frac{12\ 880}{230} = 56(户)$$

通过计算可以发现，小王的会计公司要想实现资金的收支平衡最少需要有 56 家客户。小王需要根据自己从市场调查中得到的客户增加情况来计算其营运前期所需时间，假定通过调查，类似的会计公司每月可以增加 6 家客户，则小王公司的营运前期为 10 个月（56 户/6）。

第四，营运前期支出的重要性。通过上述案例可以发现，小王的会计公司要达到资金的收支平衡需要 10 多月的时间，这就意味着小王在企业开始经营后依然需要在前 10 个月继续向企业追加投资，营运前期支出金额为 128 800（12 880×10）元。可见，对很多企业来说，营运前期支出远比营运前支出要大得多，所以，在计算创业所需资金时一定要充分考虑营运前期的资金投入。

第五，营业税费。现代服务业的增值税税率为 6%，加上企业应该承担的城市维护建设税和教育费附加，企业的综合税率大约为 6.6%，这就意味着，如果该会计公司月度收入为 10 000 元的话，其营业税费在 550 元左右。所以，在计算创业所需资金时，应该考虑营业税费的支出需求。[8]

第六，业务开拓或公关费用。小王还应根据其所在城市类似企业业务经费的开支状况及其调查的结果，估计一部分业务开拓或用于公关的费用，以尽快增加客户，缩短营运前

期的时间，使企业在较短的时间内获得利润。

第七，节约资金与风险储备。企业在创立初期面临的不确定性很大，风险较大，为应对各种意外的发生，需要企业在初期保留较多的货币资金，并准备一定的风险储备资金。另外，创业初期的资金较为紧张，创业者应尽可能地减少各项支出项目，本着厉行节约的原则办企业。

第八，小王创办的会计公司最少需要筹集的资金数额为

营运前支出 33 480（元）＋营运前期支出 128 800（元）＋税费、业务开拓和公关费＋风险储备资金 > 162 280（元）

为保证创业者能够较准确的计算创业企业所需资金，可以通过表 2.6 来进行创业资金的计算。

表 2.6　创业资金计算　　　　　　　　　　　单位：元

项目/时间	开业前	开业后				风险储备金	资金合计
		1	2	…	合计		
房屋（投资支出）							
设备							
办公家具							
办公用品（管理费）							
创业者支出							
软件费							
营业税费							
员工工资（区分）							
水电费、电话费							
保险费							
广告费（销售费）							
业务开拓费							
设备维护费（制造费）							
…							
现金流出合计							
现金流入							
投资数额	A				B	C	D

表 2.6 直接将创业所需资金划分成开业前和开业后的营运前期两个阶段，有利于创业者规避忽略开业后继续投入资金的风险；从行的设计上用省略号的方式提醒创业者考虑创业企业的独特项目；这样可以帮助创业者更好地估计所需资金数量，为顺利筹资做准备。开业后的现金流出合计大于现金流入合计的金额，为最后一行的投资数额。A 是投资资金的数额，B 是营运资金的数额，C 是预测的资金需求量，D = A + B + C。

（三）测算风险准备资金

即便是投资者可以按照上述方法，通过列表或计算的方式得出创业所需的投资资金和

营运资金数量,也不是说只准备计算出来的能够预测到的资金就行。因为,创业是一项有很大不确定性的工作,创业项目的未来情况很难准确预测,总会有意想不到的事情可能发生,所以,创业者需要进行创业项目的风险分析,并尽可能预测应付各种不同风险的方法,准备好用以应付风险的资金,这部分用于应付意外事件发生所需的资金叫作风险准备资金,见表2.6的第4列。对不同行业来说,风险准备资金的数量可能不同,对于基础设施、服务等行业,风险准备资金的数量可能较低,高科技和制造类企业的风险准备资金可能较高。创业者可咨询同行业不存在竞争关系的经营者,或者向同行业的专家寻求建议。

(四)计算创业所需资金

对投资资金、营运资金、风险储备资金测算完成之后,就可以将其进行加总计算创业所需资金了。一般来说,创办并使企业达到盈亏平衡所需的资金数量是上述四者的合计数。

小测试

1. 按照资金的占用形态,创业资金如何进行分类?这种分类的意义何在?
2. 按照资金投入企业的时间,创业资金是怎样分类的?
3. 什么是营运资金?你如何理解其重要性?
4. 按照资金的来源,创业资金如何分类?其在筹资过程中的作用是什么?
5. 如何进行盈亏平衡分析?

第三节 创业资金筹集渠道

嵇晨的调查结果显示,大学生创业者最需要学校提供的创业帮助是"资金支持"和"创业导师"。无论是在校大学生、创业者还是有创业经历者都将这两点列在前两位。[9]由此可见,大学生筹集资金的渠道较少,筹资方式较为单一,大部分资金还是来源于创业团队,对风险投资和政府创业资金的使用较少。很多调查表明,这和大学生不了解国家的支持政策、不熟悉相关的筹资渠道有关。因此,创业者在创业之前一定要了解资金筹集的渠道,合理安排资金的筹集方式,在较低资金成本的基础上提高成功筹集资金的概率。

视频2.3 股权筹资渠道

一、股权资金筹集渠道

股权资金既可以是私人资本,也可以是机构资金。私人资本包括创业者个人积蓄、亲友资金、天使投资等,机构资金则主要是风险投资,同时,创业企业的留存收益也是一种重要的筹资渠道。

据世界银行所属的国际金融公司(IFC)对北京、成都、顺德和温州四个地区的私营企业的调查,我国私营中小企业在初始创业阶段几乎完全依靠自筹资金,其中,90%以上的

第二章 资金筹集是创业成功的基础

初始资金是由主要的业主、创业团队成员及家庭提供的，银行和其他金融机构贷款所占的比例很小，私人资本在创业筹资中具有不可替代的作用。美国《公司》杂志调查的 Inc500 企业的创业资金来源也得到了类似的数据，如图 2.2 所示。

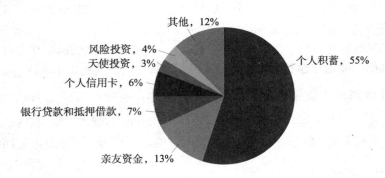

图 2.2　发展最快 500 强企业（Inc500）的创业资金来源

资料来源：阿玛尔毕海德. 新企业的起源与演进[M]. 魏如山，等译. 北京：中国人民大学出版社，2004.

本书从个人积蓄、亲友资金、天使投资、风险投资和留存收益展开描述。

（一）个人积蓄

个人积蓄是创业筹资最根本的渠道，几乎所有的创业者都向他们新创办的企业投入了个人积蓄。这不仅因为从资金成本或企业控制权的角度来说，个人资金成本最为低廉，而且还因为创业者在试图引入外部资金时，外部投资者一般都要求企业必须有创业者的个人资金投入其中。

个人积蓄的投入对创业企业来说具有非常重要的意义：首先，创业者个人积蓄的投入，表明了创业者对于项目前景的看法，只有当创业者对未来的项目充满信心时，他才会毫无保留地向企业中投入自己的积蓄；其次，将个人积蓄投入企业，是创业者日后继续向企业投入时间和精力的保障，投入企业的积蓄越多，创业者越会在日后的生产经营过程中对企业更加关注；再次，个人积蓄的投入是对债权人债权的保障，由于在企业破产清算时，债权人的权益优于投资者的权益，所以，企业能够融到的债务资金一般以投资者的投入为限，创业者投入企业的初始资金是对债权人债权的基本保障；最后，个人积蓄的投入有利于创业者分享投资成功的喜悦。因此，准备创业的人，应从自我做起，较早地将自己收入的一部分储蓄起来，作为创业储备资金。

创业者可以通过转让部分股权的方式从合伙人那里取得创业资金，创办合伙企业；或通过公开或私募股权的方式，从更多的投资者那里获得创业资金，成立公司制企业。将合伙人或股东纳入自己的创业团队，利用团队成员的个人积蓄是创业者最常用的筹资方式之一。

就中国现状而言，家庭作为市场经济的三大主体之一，在创业中起到重要的支持作用。以家庭为中心，形成的亲缘、地缘、商缘等为经纬的社会网络关系，对包括创业筹资在内的许多创业活动产生重要影响，因此，创业者及其团队成员的家庭储蓄一般归入个人积蓄的范畴。

对许多创业者来说，个人积蓄的投入虽然是新企业筹资的一种途径，但并不是根本性的解决方案。一般来说，创业者的个人积蓄对新创企业而言，总是十分有限，特别是对新创办的大规模企业或资本密集型的企业来说，几乎是杯水车薪。

（二）亲友资金

对新创企业来说，除了个人积蓄之外，身边亲朋好友的资金是最常见的资金来源。亲朋好友由于与创业者个人的关系而愿意向创业企业投入资金，因此，亲友资金是创业者经常采用的筹资方式之一。

根据提供资金的亲友的想法以及资金筹集过程中的谈判，从亲友处筹集的资金可能是债权资金，也可能是股权资金。无论筹集资金的性质如何，在向亲友筹资时，创业者必须用现代市场经济的游戏规则、契约原则和法律形式来规范筹资行为，保障各方利益，减少不必要的纠纷。第一，创业者一定要明确所筹集资金的性质，据此确定彼此的权利和义务。若筹集的资金属于亲友对企业的投资，则属于股权筹资的范畴；若筹集的资金属于亲友借给创业者或创业企业的，则属于债权筹资。由于股权资本自身的特性，创业者对于亲友投入的资金可以约定其在创业企业所占股权及收益权比例，不必承诺日后经营过程中形成利润的分配比例和具体的分红时间；但对于从亲友处借入的款项，一定要明确约定借款的利率和具体的还款时间。第二，无论是借款还是投资款项，创业者最好都能够通过书面的方式将事情确定下来，以避免将来可能的矛盾。

除此之外，创业者还要在向亲友筹资之前，仔细考虑这一行为对亲友关系的影响，尤其是创业失败后的艰难困苦。要将日后可能产生的有利和不利方面告诉亲友，尤其是创业风险，以便将未来出现问题时对亲友的不利影响降到最低。

（三）天使投资

天使投资（angel investor）是指个人出资协助具有专门技术或独特概念而缺少自有资金的创业者进行创业，并承担创业中的高风险和享受创业成功后的高收益；或者说是自由投资者或非正式风险投资机构对原创项目构思或小型初创企业进行的前期投资，是一种非组织化的创业投资形式。

新罕布什尔大学创业研究中心（CVR）和 Pitchbook 发布的数据显示，2018 年美国天使投资和创业投资基金投资天使/种子期的投资案例数为 65 353 起，涉及投资金额为 2 004.80 亿元人民币；天使投资人/团队在种子期的平均投资规模为 2.62 百万元人民币，同比上升 19.2%；美国创业投资市场在种子期的平均投资规模为 11.16 百万元人民币，同比上升 22.8%。我国天使投资起步较晚。20 世纪 90 年代末，随着互联网创业浪潮兴起、创业投资在中国萌芽，一批企业家和互联网企业创始人成了国内最早的天使投资群体。2018 年我国天使投资市场投资案例数为 2 832 起，涉及投资金额为 252.92 亿元人民币，天使投资市场天使投资人/团队在种子期的平均投资规模为 2.53 百万元人民币，同比上升 163.54%；创业投资基金在种子期的平均投资规模 9.33 百万元人民币，同比上升 26.7%。[10]你就是自己最大的天使，你身边的人就是你最大的天使，天使投资是熟人道德经济。[11]所以，想获得天使投资的创业者首先要对自己和创业项目充满信心，并且要有能获得该资金的人脉关系。

（四）风险投资

风险投资（venture capital，VC）也常被翻译为创业投资。经济合作发展组织将其界定为"凡是以高技术与知识为基础,对生产经营技术密集的高技术或服务的投资,均可视为风险投资"。在我国,对风险投资尚未形成统一的定义,比较普遍的看法是:风险投资是由专业机构提供的投资于极具增长潜力的创业企业并参与其管理的权益资本。

风险投资一般以股权方式投资,积极参与所投资企业的创业过程,以整个创业企业作为经营对象,更看重"人"的因素,具有高风险、高收益的典型特征,一般是一种组合投资。

风险投资对目标企业的考察较为严格,一般来说,其所接触的企业中,只有 2%~4% 能够最终获得筹资。[12]因此,创业者要提高获得风险投资的概率,需要了解风险投资项目选择的标准。有人将风险投资选项的原则总结为创业投资的三大定律。[13]第一定律:绝不选取含有超过两个以上风险因素的项目。对于创业投资项目的研究开发风险、产品风险、市场风险、管理风险、创业成长风险等,如果申请的项目具有两个或以上的风险因素,则风险投资一般不会予以考虑。第二定律:$V = P·S·E$。其中:V 为总的考核值;P 为产品或服务的市场大小;S 为产品或服务的独特性;E 为管理团队的素质。第三定律:投资 V 值最大的项目。在收益和风险相同的情况下,风险投资将首先选择那些总考核值最大的项目。

根据风险投资的潜规则,一般真正职业的风险资金是不希望控股的,只占 30%左右的股权,他们更多地希望创业管理层能对企业拥有绝对的自主经营权。因此创业者在创业初期选择风险投资时要拿适量的钱,以便未来在企业需要进一步筹资时,不至于稀释更多的股份而丧失对企业的控制权。[14]前面提到的天使投资也是广义的风险投资的一种,但狭义的风险投资主要指机构投资者的投资。

风险投资在中国虽然起步较晚,但发展迅速。根据清科创业旗下清科研究中心数据,2022 年中国股权投资市场新募集基金数量达 7 061 支,同比微升 1.2%;披露募集金额为 21 582.55 亿元人民币,同比小幅下滑 2.3%。单支基金的平均募资规模为 3.06 亿元人民币,延续下滑趋势,相比 2021 年同期下降 3.6%,市场的募资结构两极化趋势仍然显著。[15]2021年以来中国股权投资市场新增募资和投资下滑明显,市场进入新一轮退出周期,行业竞争愈发激烈,格局或将洗牌重塑。从行业整体发展来看,我国 VC/PE 私募股权投资机构长期高度聚焦科技创新,不断发掘和培育新的经济增长点,但整体投资体量与美国股权投资市场仍有较大差距,且差距在逐年扩大,我国 VC/PE 行业仍然需要国家的鼓励与支持。[16]虽然如此,对创业者来说,如果所创企业符合风险投资家的项目选择标准,则风险资本是一种比较好的筹资方式。通过风险资本不但可以筹集资金,还可以得到风险投资家们专业的帮助和指导。创业者可通过给投资人发邮件,参加相关的行业会议或者创业训练营,请朋友帮忙介绍,以及聘用投行帮助等渠道来筹集风险资金。[17]

(五)留存收益

盈余公积和未分配利润是企业在经营过程中增加的留存收益,是资金的一种来源方式,属于内部筹资的范畴,取决于企业当期实现的利润和利润留存的比率。一般来说,初创期的企业为筹集企业发展需要的资金,利润分配率会很低,甚至为零,于是,企业实现利润的大部分都能够留存下来,构成企业资金来源的一个部分。[18]创业者在创业初期一定要意识到留存收益对筹集股权资金的重要性,将其作为首选的筹资方式之一。

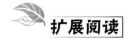

著名的风险投资者

1. IDG 技术创业投资基金：最早引入中国的 VC，也是迄今国内投资案例最多的 VC，成功投资过腾讯，搜狐等公司。投资领域：软件产业、电信通信、信息电子、半导体芯片、IT 服务、网络设施、生物科技、保健养生。

网址：http://www.idgvc.com.cn。

2. 软银中国创业投资有限公司：日本孙正义资本，投资过阿里巴巴、盛大等公司。投资领域：IT 服务、软件产业、半导体芯片、电信通信、硬件产业、网络产业。

网址：http://www.sbcvc.com。

3. 红杉资本中国基金：美国著名互联网投资机构，投资过甲骨文、思科等公司。

网址：http://www.sequoiacap.com。

4. 高盛亚洲：著名券商，引领世界 IPO 潮流，投资过双汇集团等。

网址：http://www.gs.com。

5. 摩根士丹利：世界著名财团，投资过蒙牛等公司。

网址：http://www.morganstanley.com。

6. 美国华平投资集团：投资过哈药集团、国美电器等公司。

网址：http://www.warburgpincus.com。

7. 鼎晖资本：投资过南孚电池、蒙牛等企业。

网址：http://www.cdhfund.com。

8. 君联资本：国内著名资本。投资领域：软件产业、IT 服务、半导体芯片、网络设施、网络产业、电信通信。

网址：http://www.legendcapital.com.cn。

9. 浙江浙商创业投资股份有限公司。投资领域：关注（但不限于）电子信息、环保、医药化工、新能源、文化教育、生物科技、新媒体等行业及传统行业产生重大变革的优秀中小型企业。

网址：http://www.zsvc.com.cn。

10. 深创投。主要投资中小企业、自主创新高新技术企业和新兴产业企业，涵盖信息科技、生物技术及健康、智能制造、新能源、新材料、互联网、消费品及现代服务等行业领域，覆盖企业全生命周期。经典案例有：腾讯音乐、西部超导、宁德时代、华大九天、迈瑞医疗等。

网址：https://www.szvc.com.cn/。

更多关于中国风险投资的信息，请参考风险投资网，网址：http://www.vcinchina.com/。

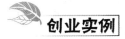

广东久邦数码科技有限公司筹资记

广州久邦的两位创办人邓裕强和张向东曾是北京大学信息管理系的同班同学。两个人在上大学时就是好朋友，都不是"安分"的人，上大二时两个人就曾一起卖过羽绒服。大学毕业后的邓裕强回到广东，因为在编程方面的突出才能，很顺利地成了东莞电信部门的一员，但是不甘居于人下的他不久就偷偷创办了一家为互联网提供内容服务的SP公司。这家公司为邓裕强带来了不错的收入，好的时候，一个月有10多万元的利润，而张向东毕业后，则进入广东的一家杂志社当了一名编辑。

2003年的时候，邓裕强感觉做SP已经没有太大的前途，一是竞争太激烈；二是政府管制越趋严厉。他想转向做网络游戏，但是觉得自己在做网络游戏方面并无优势，而且开发网络游戏的巨大投入亦非他的小本投资所能胜任。于是，他将目光瞄向了无线上网和无线增值服务。当年9月，他在原有那家SP公司之外，又成立了一家新公司。这时候，大学时代的好朋友张向东亦厌倦了传媒人的生活，投奔而来。

邓裕强做事很细致，在他和张向东成立久邦科技以后，一直过了半年多时间，直到2004年3月16日，邓裕强觉得万事俱备，他们的"3G门户网站"才正式宣布开张。两个人的目标都很宏伟，想做国内最大的一个无线互联网门户网站，想做国内最出色的一家无线互联网服务运营商。

然而，他们的钱实在太少，根本不足以支撑他们雄心勃勃的创业计划。两个人只能在广州石牌西的一个简陋的商住两用楼里租两间屋子办公。公司成立后很长的一段时间里，只能靠邓裕强原来的那家SP公司产生的现金流维持公司运转。

在媒体待过的张向东将目标瞄准了风险投资，并动用了在媒体工作时结识的一些朋友，为他介绍关系，但是所有的风险投资商几乎都不愿听完他们的介绍，一听到只是那么小的一家公司，无一例外都将脸转了过去，没有人对他们感兴趣。那时候几乎没有人看好他们的生意，大家共同的结论就是"烧包"，等着看他们失败的下场。对于邓裕强和张向东来说，事情到了这份儿上，两个人也没了办法，靠着一份热爱，勉强将他们的"3G门户网站"维持下去。

虽然从生意上来说，两个人是"赔本赚吆喝"，但从情感上来说，两个人都从自己的"3G门户网站"获得了许多意外的快乐。因为是自己的网站，也没想着赚钱（事实上当时也赚不着钱），两个人随心所欲地发展网站。他们的"3G门户网站"，免费向用户提供新闻阅读，免费提供图片下载，免费提供铃声下载，免费提供手机游戏下载，免费提供手机电子图书下载……和其他网站到处都要钱的做法迥然不同。在邓裕强和张向东的"3G门户网站"上，一切都是免费的。他们还在网站上为用户建了庞大的虚拟社区，用户可以在这个移动的模拟世界里聊天交友，请客吃饭，甚至结婚生子。

不循常规的营销带来了意想不到的结果，有一天，两个人突然发现他们的"3G门户网站"同时在线的人数超过了10 000人。而一年后，他们的"3G门户网"已经成为继中国移动和中国联通国内两大电信运营商站点外最大的一家无线互联门户网站，其注册用户已经接近200万人，而且还在以每天超过万人的速度增长。而据估计，整个国内，活跃的移动互联网用户不超过800万人。2004年在有关机构主办的"中国移动互联网第一次大型调查"中，邓裕强和张向东的"3G门户网"成了国内"最受欢迎的WAP网站"。

就在两个人沉迷于自娱自乐，不再想着怎么赚钱，怎么筹资，能撑一天是一天，撑不下去再说的时候，忽然有一天，风险投资商却不请自来。先是一个两个，然后越来越多，最后IDG出面了。

IDG来自美国,是国内最活跃,同时也是经验最丰富、对项目最为挑剔的风险投资商之一。两个人都听过IDG的鼎鼎大名,既然人家邀请,希望见面谈一谈,那就去吧。两个人到了IDG,谈了20多分钟,把自己的想法说了,把网站的情况说了,两个人特别声明网站目前尚未盈利,暂时亦无盈利计划。他们也没有提交商业计划书,没有提交任何书面的东西,更没有作出任何承诺或许诺,会谈就结束了。但是,两个人刚回到公司,就接到IDG的电话,说下午公司有两个负责人想到他们的公司看看。当天下午,IDG的两个负责人来到久邦,随身带着一台可以上网的手机,问他们的网站能提供什么样的服务。他们一边说,IDG的两个负责人就一边试,试完了,又与两个人简单谈了几句。2004年12月30日,IDG与久邦签订了投资协议。随后钱就投了过来,这是IDG对广州久邦的第一笔投资,金额折合人民币是1 000多万元。而且IDG放下话,邓裕强和张向东随时需要钱,IDG愿意随时增加投资,金额可以由他们定。

想起这些事,邓裕强和张向东至今都觉得好像在做梦。在他们日思夜想寻找投资,千方百计追求风险投资商的时候,那些风险投资商连正眼也不愿看他们一眼。当他们放弃追逐,对风险投资不再抱希望的时候,风险投资商却争先恐后地挤上门来。他们不太明白,现在的风险投资商们是怎么了?

其实,要解答邓裕强和张向东心里的疑问很容易,那就是一句话,"风险投资在中国已经转向了"。

随着中国经济的进步,经济形势的好转,风险投资在中国的选项标准和多年前有所不同,那就是不打无准备之仗,不投无根基之项目,很少在创业者项目启动阶段即行介入,而往往是在创业者项目已经做了一段时间,项目经过市场检验,证明是有前途的,非常有希望之后,风险投资才会积极介入,有时为了争抢一个好项目,即使纡尊降贵也在所不惜。邓裕强和张向东的久邦碰到的就是这样一种情况。换句话说,风险投资更趋向于只做成长期投资,已甚少做种子期投资。风险投资看中的是"3G门户网站"巨大的、仍在不断增长中的用户流量,这种用户流量预示着某种盈利潜质。否则,他们是不会轻易打开钱包的。所以,现在如果还想挟着一个皮包,里面搁上一纸商业计划书,或者仅仅只是脑子里带着一个绝妙的"IDEA",就想获得风险投资商的青睐,获得大笔的风险投资,基本上是不太可能的事。有些朋友不了解风险投资的这种变化,仍旧在幻想着空手套白狼,或者听信某些不良中介的话,以为在项目毫无基础的情况下,凭着自己的项目好和中介的三寸不烂之舌就可以自己获得风险投资,只能是白白浪费时间。一些朋友甚至为此付出不菲的中介费,使自己本就不多的创业资金更加捉襟见肘,雪上加霜。

对某些正在寻找风险投资的创业者来说,如果你真的认为自己的项目是一个好项目,真的对自己的项目有信心,那不妨先将项目做起来。如果情况真的如你所预料的那样,到时候即使你不去找风险投资,风险投资也会来找你。与其徒劳无功地在那里张望,眼巴巴盼着天上掉馅饼,不如先静下心来,踏踏实实做些事情,给风险投资作出个模样来。行动胜于言语,这样成功的把握会更大一些。下围棋的人都讲势。投资、筹资亦讲"势"。顺势而为,可以事半功倍,逆势而作,很可能徒劳无功。现在,风险投资的"势"就是这样:投成长性而不投可能性,我们为什么不顺势而为?

摘编自中国经济网,http://book.ce.cn/read/economy/bbwy/04/200607/06/t20060706_7630849.shtml.

小测试

1. 个人积蓄投入的意义何在？其具体方式有哪些？
2. 亲友资金进入企业的方式有哪些？筹集亲友资金时需要注意什么？
3. 什么是天使投资？你怎样看待天使投资的性质？
4. 风险投资的选项标准有哪些？获得风险投资有哪些渠道？

二、债权资金筹集渠道

创业者可以通过银行贷款、非银行金融机构贷款、交易信贷和租赁、从其他企业借款等方式筹集债权资金。

（一）银行贷款

2006年，孟加拉国格莱珉银行的创立者穆罕默德·尤努斯因以银行贷款的方式帮助穷人创业而获得诺贝尔和平奖。中国也有很多银行推出了支持个人创业的贷款产品。如2003年8月，中国银行、光大银行、广东发展银行、中信银行等金融机构相继推出"个人创业贷款"项目，而中国农业银行早在2002年9月就推出了《个人生产经营贷款管理办法》并一直在运行中。比较适合创业者的银行贷款形式主要有抵押贷款和担保贷款两种。缺乏经营历史从而也缺乏信用积累的创业者，比较难以获得银行的信用贷款。

1. 抵押贷款

抵押贷款是指借款人以其所拥有的财产作为物品保证向银行取得的贷款。在抵押期间，借款人可以继续使用其用于抵押的财产。抵押贷款有以下几种：①不动产抵押贷款。不动产抵押贷款是指创业者可以土地、房屋等不动产作抵押，从银行获取贷款。②动产抵押贷款。动产抵押贷款是指创业者可以用机器设备、股票、债券、大额可转让定期存单等银行承认的有价证券，以及金银珠宝首饰等动产作抵押，从银行获取贷款。③无形资产抵押贷款。无形资产抵押贷款是一种创新的抵押贷款形式，适用于拥有专利技术、专利产品的创业者，创业者可以用专利权、著作权等无形资产向银行作抵押或质押获取贷款。

2. 担保贷款

担保贷款是指借款方向银行提供符合法定条件的第三方保证人作为还款保证的借款方式。当借款方不能履约还款时，银行有权按照约定要求保证人履行或承担清偿贷款的连带责任。其中较适合创业者的担保贷款形式有：①自然人担保贷款。自然人担保贷款是指经由自然人担保提供的贷款。可采取抵押、权利质押、抵押加保证三种方式。②专业担保公司担保贷款。目前各地有许多由政府或民间组织的专业担保公司，为包括初创企业在内的中小企业提供筹资担保，像北京中关村担保公司、首创担保公司等，其他省、市也有很多此类性质的担保机构为中小企业提供筹资担保服务，这些担保机构大多属于公共服务性非营利组织，创业者可以通过申请，由这些机构担保向银行借款。

3. 信用卡透支贷款

创业者可以采用两种方式取得信用卡透支贷款。一种方式是信用卡取现；另一种方式是透支消费。信用卡取现是银行为持卡人提供的小额现金贷款，在创业者急需资金时可以帮助其解决临时的筹资困难。创业者可以持信用卡通过银行柜台或 ATM 机提取现金灵活使用。透支取现的额度根据信用卡情况设定，不同银行的取现标准不同，最低的不超过信用额度的 30%，最高的可以将信用额度的 100% 都取出来；另外，除取现手续费外（各银行取现手续费不一），境内外透支取现还须支付利息，不享受免息待遇。创业者还可以利用信用卡进行透支消费，购置企业急需的财产物资。

4. 政府无偿贷款担保

根据国家及地方政府的有关规定，很多地方政府都为当地的创业人员提供无偿贷款担保。例如，上海、青岛、南昌、合肥等地的应届大学毕业生创业可享受无偿贷款担保的优惠政策，自主创业的大学生，向银行申请开业贷款的担保额度最高可为 100 万元，并享受贷款贴息；浙江省对持《再就业优惠证》的人员和城镇复员转业退役军人，从事个体经营自筹资金不足的，由政府提供小额担保贷款。

5. 中小企业间互助机构贷款

中小企业间的互助机构是指中小企业在向银行融通资金的过程中，根据合同约定，由依法设立的担保机构以保证的方式为债务人提供担保，在债务人不能依约履行债务时，由担保机构承担合同约定的偿还责任，从而保障银行债权实现的一种金融支持制度。信用担保可以为中小企业的创业和筹资提供便利，分散金融机构的信贷风险，推进银企合作。

从 20 世纪 20 年代起，许多国家为支持中小企业发展，先后成立了为中小企业提供筹资担保的信用机构。目前，全世界已有 48% 的国家和地区建立了中小企业信用担保体系。我国从 1999 年开始，已经形成了以中小企业信用担保为主体的担保业和多层次中小企业信用担保体系，各类担保机构资本金稳步增长。

6. 其他贷款

创业者可以灵活地将个人消费贷款用于创业，如因创业需要购置沿街商业房，可以用拟购置房子作抵押，向银行申请商用房贷款；若创业需要购置轿车、卡车、客车、微型车等，还可以办理汽车消费贷款。除此之外，可供创业者选择的银行贷款方式还有托管担保贷款、买方贷款、项目开发贷款、出口创汇贷款、票据贴现贷款等。

尽管银行贷款需要创业者提供相关的抵押、担保或保证，对白手起家的创业者来说条件有些苛刻，但如果创业者能够提供银行规定的资料，能提供合适的抵押，得到贷款并不困难。

（二）非银行金融机构贷款

非银行金融机构是指以发行股票和债券、接受信用委托、提供保险等形式筹集资金，并将所筹资金运用于长期性投资的金融机构。根据法律规定，非银行金融机构包括经银监会批准设立的信托公司、企业集团财务公司、金融租赁公司、汽车金融公司、货币经纪公司、境外非银行金融机构驻华代表处、农村和城市信用合作社、典当行、保险公司、小额贷款公司等机构。创业者还可以从这些非银行金融机构获得借款，筹集生产经营所需资金。

1. 保单质押贷款

保险公司为了提高竞争力，也为投保人提供保单质押贷款。保单质押贷款最高限额不超过保单保费积累的 70%，贷款利率按同档次银行贷款利率计息。比如，中国人寿保险公司的"国寿千禧理财两全保险"，就具有保单质押贷款的功能：只要投保人缴付保险费满 2 年，且保险期已满 2 年，就可以凭保单以书面形式向保险公司申请质押贷款。

2. 实物质押典当贷款

当前，有许多典当行推出了个人典当贷款业务。借款人只要将有较高价值的物品质押在典当行就能取得一定数额的贷款。典当费率尽管要高于银行同期贷款利率，但对急于筹集资金的创业者来说，不失为一个比较方便的筹资渠道。典当行的质押放款额一般是质押品价值的 50%～80%。

3. 小额贷款公司

小额贷款公司由自然人、企业法人与其他社会组织投资设立，不吸收公众存款，经营小额贷款业务的有限责任公司或股份有限公司，发放贷款坚持"小额、分散"的原则。小额贷款公司发放贷款时手续简单，办理便捷，当天申请基本当天就可放款，可以快速地解决新创企业的资金需求。截至 2023 年 12 月末，全国共有小额贷款公司 5 500 家，贷款余额 7 629 亿元，已经成为缓解小微企业筹资难的新渠道。[19]

（三）交易信贷和租赁

交易信贷是指企业在正常的经营活动和商品交易中由于延期付款或预收货款所形成的企业间常见的信贷关系。企业在筹办期以及生产经营过程中，均可以通过商业信用的方式筹集部分资金。比如，企业在购置设备或原材料、商品过程中，可以通过延期付款的方式，在一定期间内免费使用供应商提供的部分资金；在销售商品或服务时采用预收账款的方式，免费使用客户的资金等。

创业者也可以通过融资租赁的方式筹集购置设备等长期性资产所急需的资金。融资租赁是集融资与融物、贸易与技术更新于一体的新型金融业务，在办理筹资时对企业资信和担保的要求不高，所以非常适合中小企业筹资。据统计，西方发达国家 25% 的固定资产几乎都来自租赁。[20]企业在筹建期，通过融资租赁的方式取得急需设备的使用权，解决部分资金需求，获得相当于租赁资产全部价值的债务信用，一方面可以使企业按期开业，顺利开始生产经营活动；另一方面又可以解决创业初期资金紧张的局面，节约创业初期的资金支出，将用于购买设备的资金用于主营业务的经营，提高企业现金流量的创造能力；同时融资租赁分期付款的性质可以使企业保持较高的偿付能力，维持财务信誉。

（四）从其他企业借款

尽管在大多数情况下，企业是资金的需求者而不是提供者，但是对于不同行业的企业，或者在企业发展的不同时期,部分企业还是会有暂时的闲置资金可以对外提供,尤其是一些从事公用事业业务的企业,或者已经发展到成熟期的企业,现金流一般会比较充足,甚至会有大量资金需要通过对外投资的方式实现较高的收益。对于有闲置资金的企业,创业者可以向这些企业借款,形成债权资本;还可以吸收其资金作为股权资本投入企业,将其变成企业的股东。

三、政府资金筹集渠道

创业者还可以利用政府扶持政策,从政府方面获得资金支持。

政府的资金支持是中小企业资金来源的一个重要组成部分。综合世界各国的情况,政府的资金支持一般占中小企业外来资金的10%左右,资金支持方式主要包括税收优惠、财政补贴、贷款援助、风险投资和开辟直接筹资渠道等。[21]

随着我国经济实力的增强,政府对创业的支持力度,无论从产业的覆盖面,还是从政府对创业者的资金支持额度都有了很大进展,由政府提供的扶持基金也在逐年增加。如专门针对科技型企业的科技型中小企业技术创新基金,专门为中小企业"走出去"准备的中小企业国际市场开拓资金,众多的地方性优惠政策等。创业者应善于利用相关政策的扶持,以达到事半功倍的效果。

(一)再就业小额担保贷款

根据中发〔2002〕12号文件精神,为帮助下岗失业人员自谋职业、自主创业和组织起来就业,对于诚实守信、有劳动能力和就业愿望的下岗失业人员,针对他们在创业过程中缺乏启动资金和信用担保,难以获得银行贷款的实际困难,由政府设立再担保基金。通过再就业担保机构承诺担保,可向银行申请专项再就业小额贷款。该政策从2003年年初起陆续在全国推行,并不断扩大小额担保贷款的范围,目前再就业小额担保贷款的适用范围包括:年龄在指定范围内(一般为60岁以内,地方政策可能有所不同),有创业愿望和劳动能力,诚实守信,有《下岗证》或者《再就业优惠证》的国企、城镇企业下岗职工;退役军人;农民工;外出务工返乡创业人员;吸纳下岗失业人员达到地方规定的小企业、合伙经营实体或劳动密集型企业;大中(技)专毕业生;残疾人员;失地农民等符合条件的人员。

(二)科技型中小企业技术创新基金

科技型中小企业技术创新基金是1999年经国务院准设立的,为扶持、促进科技型中小企业技术创新,用于支持科技型中小企业技术创新项目的政府专项基金,由科技部科技型中小企业技术创新基金管理中心实施。创新基金重点支持产业化初期(种子期和初创期)、技术含量高、市场前景好、风险较大、商业性资金进入尚不具备条件、最需要由政府支持的科技型中小企业项目,并将为其进入产业化扩张和商业性资本的介入起到铺垫和引导作用。创新基金以创新和产业化为宗旨,以市场为导向,上连"八六三""攻关"等国家指令性研究发展计划和科技人员的创新成果,下接"火炬"等高技术产业化指导性计划和商业性创业投资者。根据中小企业和项目的不同特点,创新基金通过无偿拨款、贷款贴息和资本金投入等方式扶持与引导科技型中小企业的技术创新活动,促进科技成果的转化。[22]

（三）中小企业国际市场开拓资金

中小企业国际市场开拓资金是由中央财政和地方财政共同安排的专门用于支持中小企业开拓国际市场的专项资金。市场开拓资金用于支持中小企业和为中小企业服务的企业、社会团体和事业单位组织中小企业开拓国际市场的活动。该资金的主要支持内容包括：举办或参加境外展览会；质量管理体系、环境管理体系、软件出口企业和各类产品的认证；国际市场宣传推介；开拓新兴市场；组织培训与研讨会；境外投（议）标等方面。市场开拓资金支持比例原则上不超过支持项目所需金额的 50%，对西部地区的中小企业，以及符合条件的市场开拓活动，支持比例可提高到 70%。[23]

（四）天使基金

政府有关部门和社会各界有识之士还纷纷出资，设立了鼓励和帮助大学生自主创业、灵活就业的一些天使基金。如北京青年科技创业投资基金由北京科技风险投资股份有限公司出资设立，与共青团北京市委、北京市青年联合会和北京市市场监督管理局共同管理的一项基金。其特点之一是以个人为投资主体，孵化科技项目的快速成长，凡在电子信息产业、新材料、生物医药工程及生命科学领域拥有新技术成果，45 岁以下的自然人均可申请创投基金，资金投资区域为北京地区。2005 年 3 月，上海市政府批准设立了上海市大学生科技创业基金，由财政专项资金每年支出 1 亿元，支持大学生科技创业，高校毕业生以科研成果或者专利发明创办企业的，可申请享受这一政策。

（五）其他基金

科技部的"863"计划（http://www.863.gov.cn/）、火炬计划（http://program.most.gov.cn/）等，连同科技型中小企业技术创新基金一起，每年都有数十亿元资金用于科技型中小企业的研发、技术创新和成果转化；财政部设有利用高新技术更新改造项目贴息基金，国家重点新产品补助基金；国家发展和改革委员会设有产业技术进步资金资助计划、节能产品贴息项目计划；工业和信息化部设有电子信息产业发展基金（http://www.it-fund.gov.cn/）等。[24]

人力资源和社会保障部设立了开业贷款担保政策、小企业担保基金专项贷款、中小企业贷款信用担保、开业贷款担保、大学生科技创业基金，共青团中央为解决青年创业资金缺乏问题，与各省（区、市）团委分两个层次建立了"青年就业创业基金"等。其中，"青年就业创业基金"采用社会化方式募集资金，为专项公益基金，由地市级以下团组织使用，支持青年就业创业，同时鼓励有条件的地市级团委成立基金。

各省市等为支持当地创业型经济的发展，也纷纷出台政策，支持创业。创业者应结合自身情况，利用好相关政策，获得更多的政府基金支持，降低筹资成本。

四、知识产权筹资[25]

知识产权筹资也是创业者值得关注的筹资方式，在国内外已有诸多成功案例。知识产权筹资可以采用知识产权作价入股、知识产权质押贷款、知识产权信托、知识产权证券化等方式。

（一）知识产权作价入股

于2014年3月1日实施的新《中华人民共和国公司法》取消了公司设立时股东（发起人）的首次出资比例以及货币出资比例的限制，使创业者知识产权筹资的比例进一步增大。而在此之前，许多地方出台的法律法规已对知识产权筹资作出了明确的规定，如上海市市场监督管理局在2006年印发了《知识产权投资入股登记办法》，浙江省在2008年年初出台了《知识产权投资入股登记办法》等。用知识产权入股，首先需要对知识产权的价值进行评估，然后知识产权人依据设立公司的合同和章程，到知识产权局办理知识产权转移与被投资公司的登记和公告手续，市场监督管理部门凭知识产权转移的手续，确定以知识产权技术入股的股东完成股东投资义务的履行。

（二）知识产权质押贷款

知识产权质押贷款是指以合法拥有的专利权、商标权、著作权中的财产权，经评估后向银行申请筹资，是商业银行积极探索的中小企业筹资途径。2006年，全国首例知识产权质押筹资贷款在北京诞生，2008年，国家知识产权局确定了知识产权质押筹资的试点城市；很多地市出台了质押贷款管理办法，如浙江于2009年1月20日出台"浙江省专利权质押贷款管理办法"，为金融机构、企业操作知识产权质押提供了规范指引；2009年9月和11月，广州市知识产权局、武汉市知识产权局分别和有关银行签署了促进知识产权质押筹资的合作协议；2010年，财政部、工业和信息化部、银监会、国家知识产权局、（原）国家工商行政管理总局、国家版权局共同发布了《关于加强知识产权质押筹资与评估管理，支持中小企业发展的意见》通知，进一步推进了知识产权质押筹资工作的开展。[26]

知识产权质押筹资可以采用以下三种形式：质押——知识产权质押作为贷款的唯一担保形式；质押加保证——以知识产权质押作为主要担保形式，以第三方连带责任保证（担保公司）作为补充组合担保；质押加其他抵押担保——以知识产权作为主要担保形式，以房产、设备等固定资产抵押，或个人连带责任保证等其他担保方式作为补充担保的组合担保形式。

知识产权质押贷款仅限于借款人在生产经营过程中的正常资金需求，贷款期限一般为1年，最长不超过3年；贷款额度一般控制在1 000万元以内，最高达5 000万元；贷款利率采用风险定价机制，原则上在人民银行基准利率基础上按不低于10%的比例上浮。质押率为：发明专利最高为40%，实用新型专利最高为30%；驰名商标最高为40%，普通商标最高为30%；质物要求投放市场至少1年以上。根据企业的现金流情况采取灵活多样的还款方式。

（三）知识产权信托

知识产权信托是以知识产权为标的的信托，知识产权权利人为了使自己所拥有的知识产权产业化、商品化，将知识产权转移给信托投资公司，由其代为经营管理，知识产权权利人获取收益的一种法律关系。流动资金少的文化产业公司，在投入制作时，可与银行、信托公司签订信托构思阶段新作品著作权的合同,银行或信托公司向投资方介绍新作品的构思、方案,并向投资方出售作品未来部分销售收益的"信托收益权",制作公司等则以筹集到的资金再投入新作品的创作。2000年9月,武汉市专利管理局、武汉国际信托投资公司联合策划、构架的"专利信托"在武汉市首先推出,推动了金融资本与无形资本的有机结合,引起国内外投资界、企业界的广泛关注。但到目前为止,知识产权信托在我国的发展状况并不理想,还需要在立法完善和政策支持上多加关注。

(四)知识产权资产证券化

知识产权资产证券化是指发起人将能够产生可预见的稳定现金流的知识产权,通过一定的金融工具安排,对其中风险与收益要素进行分离与重组,进而转换成为在金融市场上可以出售的流通证券的过程。知识产权资产证券化的参与主体包括发起人(原始权益人)、特设载体(SPV)、投资者、受托管理人、服务机构、信用评级机构、信用增强机构、流动性提供机构。美国、英国、日本等国家的知识产权资产证券化发展迅速。2004年,中华人民共和国国务院颁布《关于推进资本市场改革开放和稳定发展的若干意见》,强调指出应"建立以市场为主导的品种创新机制,研究开发与股票和债券相关的新品种及其衍生产品,加大风险较低的固定收益类证券产品的开发力度,为投资者提供储蓄替代型证券投资品种,积极探索并开发资产证券化品种"。该政策文件为知识产权资产证券化在我国的探索发展提供了政策支持。

五、融资渠道创新

为了支持创新创业企业的发展,国家出台措施,推出了一些支持双创的金融产品,如创投租赁、文创租赁、双创债、股权众筹等金融工具。

(一)创投租赁

创投租赁,是债权融资与股权融资的有机组合,是租赁公司以租金和认股权作为投资回报,为处在初创期和成长期的企业提供租赁服务的一种创新形式。在满足科技企业融资需求的同时,不会过分稀释创业团队的权益。鉴于我国目前的融资租赁行业,主流模式还是以信贷理念为导向,这样的理念无法满足成长型企业的融资需要,导致大量处于创业期的科技企业得不到发展初期所需的资产,形成市场上的资产错配。于是,在2016年年初的银监会工作会议上,投贷联动被列为银监会支持创新创业的一项重要举措。2016年4月21日,银监会、科技部、央行三部门联合印发《关于支持银行业金融机构加大创新力度开展科创企业投贷联动试点的指导意见》,明确投贷联动业务在全国5地、10家银行中进行小范围试点。

市场上已探索出的创投租赁模式有认股权模式,租赁+股权模式,租赁公司和投资机构联合的创投模式等。[27]

(二)文创租赁

文创租赁是以影视剧版权、著作权、专利权等无形资产为租赁物的租赁模式。在文化无形资产融资租赁被纳入北京服务业扩大开放试点范围后,北京在文化无形资产融资租赁领域打出了组合拳——市商务委推动无形资产融资租赁政策落地，市文资办和市财政局为文化企业融资的租息进行补贴。国内第一家以文化资产融资租赁为主业的融资租赁公司——北京市文化科技融资租赁股份有限公司（简称文化租赁）截至 2016 年 10 月就对 118 家文创企业完成了以影视剧版权、著作权、专利权等为租赁物的融资，融资额达 15.2 亿元。

文创租赁主要采用的方式有版权售后回租、艺术品直租和园区租赁等模式。[28]

（三）双创债

为完善多层次资本市场，为科技类创新创业及绿色环保类公司提供多渠道融资工具，证监会大力支持推动"双创债、绿色债"。2016 年 3 月，在中国证监会的指导下，上海证券交易所发行挂牌了全国首批创新创业公司债券，发行人分别为方林科技、金宏气体及普滤得（三家企业均进入新三板创新层），由东吴证券承销发行，债券规模分别为 2 000 万元、3 000 万元和 1 000 万元，期限均为 1 年，发行利率为 5.35%。此三只公司债券的发行，打响了创新创业公司债券的"第一枪"。2017 年 2 月，北京广厦网络技术股份公司创新创业公司债券（17 广厦债）在上交所成功发行，成为中关村首只试点债券。

由于双创公司债仍处于试点阶段，首批试点区域包括国家级自主创新示范区和"双创"区域示范基地。[29]

（四）股权众筹

股权众筹，顾名思义是向大众筹资或群众筹资模式，并以股权作为回报的方式。它具有门槛低、解决中小企业融资难、依靠大众的力量、对人才的要求比较高、带动社会经济良好发展的特点。在传统投资行业，投资者在新股 IPO（上市）的时候申购股票其实就是股权众筹的一种表现方式。在互联网金融领域，股权众筹是通过网络较早期的私募股权投资，是风险投资的一个补充。股权制众筹在我国有凭证式、会籍式、天使式三大类表现形式。众投邦是国内首家成长期项目股权众筹平台，该平台结合股权投资，推出主跟投模式，共同投资，分散风险。[30]

2011 年，第一家众筹网站——点名时间在我国建立，标志着我国开始进入股权众筹融资阶段；2013 年，正式诞生第一例股权众筹案例——微美传媒股权众筹；2014 年，出现第一个有担保的股权众筹项目——贷帮网袋鼠物流项目。[31] 2014 年，可以说是中国股权众筹的元年，大大小小的众筹平台如雨后春笋般发展。

2015 年 10 月 14 日，股权众筹平台"天使客"发布消息，出境旅游服务公司"积木旅行"完成 A 轮融资，天使轮股权众筹投资人悉数退出，这是国内首个股权众筹全部退出的案例。[32]

案例发展过程为：2014 年 10 月，"积木旅行"在天使客发起融资计划，拟出让 25%的股权，融资 350 万元。以此计算，当时估值为 1 400 万元；2015 年 3 月，41 名股权众筹投资人资金全部到位。其中，时任深圳市德迅投资有限公司董事长的曾李青领投 210 万元；其余 40 人合计投资 140 万元，人均投资 3.5 万元；2015 年 10 月，"积木旅行"获得来自美国风投机构的 A 轮融资，41 名天使轮股权众筹投资人全部退出；据"天使客"透露，41 名投资人获得 5 倍投资回报——以此计算，积木旅行 A 轮融资估值达到 7 000 万元。

六、资本市场创新

为鼓励创新创业,为更多新创企业在资本市场进行直接融资提供便利,2018年设立了科创板,2021年开设了北京证券交易所(简称北交所),使中国资本市场的版图日益完善。

(一)科创板

2018年11月5日在上海举行的首届中国进出口博览会上宣布,在上海证券交易所设立科创板并试点注册制。2019年3月1日上交所对外正式发布了有关科创板的规则和相应制度,3月18日开始受理企业申报。这些企业主要集中在新一代信息技术、高端制造、生物医药等六个大行业领域。6月13日陆家嘴论坛时正式开板。7月22日正式开市,首批企业25家;2019年8月8日,第二批科创板公司挂牌上市。截至2024年6月7日,科创板已有572家上市公司,总市值达到4.99万亿元。

(二)北交所

全国股转系统(俗称"新三板")自2013年正式运营以来,通过不断改革探索,已发展成为资本市场服务中小企业的重要平台,近年来围绕新三板改革的系列措施不断推进。2021年9月2日,国家主席习近平在2021年中国国际服务贸易交易会全球服务贸易峰会上表示,将继续支持中小企业创新发展,深化"新三板"改革,设立北交所,打造服务创新型中小企业主阵地,9月3日北交所注册成立,是经国务院批准设立的我国第一家公司制证券交易所。北交所与沪深交易所、区域性股权市场坚持错位发展与互联互通,与"新三板"现有创新层、基础层坚持统筹协调与制度联动,一方面发挥好转板上市功能;另一方面也有利于维护市场结构平衡,提升多层次资本市场发展普惠金融的能力。截至2024年6月7日,北交所已有249家上市公司,总市值达到3 130.32亿元。

1. 银行贷款的方式有哪些?比较适合创业企业的银行贷款有哪几种?
2. 你了解哪些非银行金融机构?
3. 什么是交易信贷?融资租赁对创业企业有什么作用?
4. 政府资金支持创业企业的方式有哪些?你还了解哪些政府政策资金?
5. 知识产权筹资有哪些方式?
6. 你还了解哪些创新的融资渠道?
7. 科创板和北交所的定位各是什么?企业若申请上市应如何选择?

第四节 资金筹集决策

创业企业在进行筹资决策时,需要考虑筹资的成本、筹资风险、各种筹资渠道的优缺点等,并需要考虑企业所处的行业及生命周期阶段等特征。

一、资金成本概述

在市场经济环境下,资金作为一种特殊商品具有特定的交易价格,资金成本即是其交易价格的体现。无论从何种渠道取得的资金,企业都需要为其使用权支付代价,债权人要求得到的利息是债务资金使用权代价的表现方式,投资者要求得到的利润和分红是股权资金使用权代价的表现形式。

(一)资金成本的概念

资金成本,从使用资金的企业角度来看,是企业筹集和使用资金而付出的代价;从投资者的角度看,是资金提供者要求得到的必要投资报酬率。

(二)资金成本的表现形式

资金成本从绝对量上看,包括用资费用和筹资费用两部分。用资费用是指企业在生产经营和对外投资活动中因使用资金而承付的费用,如向债权人支付利息、向股东分配股利等;筹资费用是指企业在筹集资金活动中为获得资金而付出的费用,如向银行支付的手续费、因发行股票或债券而支付的发行费用等。用资费用是经常性的,是资金成本的主要内容,而且可以在税前扣除,起到一定的抵税作用;筹资费用通常在筹资时一次支付,在获得资金后不再发生,可视为对筹资额的一项扣除。

资金成本率是从相对量的角度对资金成本的一种衡量,是资金成本的相对数。它指企业用资费用与有效筹资额之间的比率,通常用百分比表示,是企业筹资实务中经常采用的指标。资金成本率主要有个别资金成本率和综合资金成本率。个别资金成本率是指各种资金的成本率,如借款的资金成本率、债券的资金成本率、股权资本的资金成本率等;综合资金成本率是企业全部资金的加权平均资金成本率,往往以各种资金占全部资金的比例作为权重。

二、资金成本的计算

筹资方式不同,所产生的资金成本也会不同。创业者应熟悉不同方式筹资成本的计算方法,根据企业的实力及对于控制股权的考虑等进行选择。

(一)资金成本计算的通用公式

视频 2.4 资金成本的计算

由于资金成本由筹资费用和用资费用两部分构成,因此,资金成本可以按如下公式计算:

$$资金成本 = 用资费用 \div 净筹资额$$

其中,

$$净筹资额 = 计划筹资额 - 筹资费用$$

（二）债务资金成本的计算

对公司制企业来说，由于债务的资金成本可以抵税，所以需要计算税后资金成本。债务资金成本计算的公式为

资金成本 = 用资费用 ÷ 净筹资额 × （1 - 企业所得税税率）

（三）股权筹资的资金成本

投资实业的风险比借钱收息的风险更大，按照风险收益对等的原则，进行股权投资所要求的报酬率要高于借钱给他人所能取得的利息率；再加上按照《公司法》的规定，企业只能以税后利润分配给投资者，使企业支付给投资者的利润不具有抵税效应，从而股权筹资的成本会高于债权筹资的成本。

股权资金成本计算的一般公式为

资金成本 = 用资费用 ÷ 净筹资额

按照资金成本实质上是投资必要报酬率的思路，股权筹资的资金成本率从另一个角度看就是投资者投资的必要报酬率。鉴于投资者的必要报酬率等于无风险报酬率加上风险报酬率，股权筹资资金成本也可以用公式表示如下：

股权筹集资金成本 = 无风险报酬率 + 风险报酬率

无风险报酬率是指加上通货膨胀补偿率以后的货币时间价值。一般把投资于国库券的报酬率视为无风险报酬率。

风险报酬率的高低主要取决于投资者对待风险的态度。比较敢于承担风险的投资者会将其定得较低，比较规避风险的投资者则会将风险报酬率定得较高。

创业企业的利润留存也属于股权资本的一部分，可以仿照股权资本的计算公式进行估计，只是留存收益不需要筹资费用，因此其成本比外部股权筹资要低一些。

（四）综合资金成本

综合资金成本率是指企业全部资金的成本率，通常以各种资金的比例为权重，对个别资金成本进行加权平均测算，也称加权平均资金成本。

其计算公式如下：

$$K_W = \sum K_i W_i$$

式中，K_i 为第 i 种筹资的资金成本；W_i 为第 i 种筹资占全部资金的比例。

企业在进行资金筹集的过程中，除了考虑个别筹资方式的资金成本外，还需要同时考虑综合的资金成本，以使企业的资金成本最低。

三、筹资风险和财务杠杆

企业的全部资金由股权资金和债权资金构成。股权资金的资金成本会随着企业经营情况变动，在企业所得税后的利润中支付；而债权资金的资金成本通常是固定的，并在所得税前扣除。因此，不管企业的息税前利润是多少[33]，都要首先扣除利息等债权资金的成本，余下的部分才能归属于股权投资者。当企业发生亏损或者资金不足以支付利息或偿还本金时，可能给企业的声誉带来影响，严重时可能会导致企业终止经营。所以，使用债权资金

具有一定的风险，这种风险叫作财务风险。财务风险也称筹资风险，是企业在经营活动中与筹资有关的风险，尤其指在筹资活动中利用债务资金可能导致的企业投资者收益下降，甚至可能导致企业清算的风险。

但债务资金的合理运用却可以给企业投资者带来更高的投资收益。这种由于使用债务资金而给投资者带来的额外收益叫作财务杠杆利益。由于企业从息税前利润中支付的债务利息负担相对固定，当息税前利润增多时，每1元息税前利润所负担的债务利息会相应降低，扣除企业所得税后可分配给股权资金所有者的利润就会增加，从而给投资者带来额外收益。

 要点案例

张珊从某高校会计专业毕业之后，想利用自己的一技之长创办一家会计公司。通过广泛的市场调查之后，张珊对目前市场上现存的会计公司有一个大概的了解，她相信凭自己的实力可以经营好一家小规模的会计公司。于是，在市场调查和对专业咨询公司进行咨询的基础上，张珊计算出来创业所需要的资金数目，大约需要18.6万元的资金投入。张珊从父母和亲友处筹得了15万元的资金，剩下的3.6万元资金有以下两种方式可以得到：

1）从当地的农村信用合作社借入36 000元的贷款，贷款年利率6%；
2）出售5%的股份吸收其同学李元入股，获得3.6万元的股权资本。
试从筹资成本与收益的角度入手，帮张珊进行筹资决策的分析。

【案例解析】

创业者在进行筹资决策时需要考虑许多因素，筹资的成本收益比较是其中最重要的因素之一。

借款筹资：如果张珊借款筹资，则每年须支付利息2 160（36 000×6%）元，从而减少其税前利润2 160元，如果预计公司的年度息税前利润为30 000元，则支付利息后的利润减少为27 840元。

股权筹资：如果通过转让股份的方式吸收同学入股，则不存在利息的支付事宜，其息税前利润依然为30 000元，但归属于张珊本人的部分只有28 500（30 000×95%）元，其他的1 500元要归新的持股人李元。

由此可见，债权筹资的成本相对较低，而且因为债务的杠杆作用，在企业效益较好时可以给创业者带来更高的经济利益流入。如假定张珊预计的公司年度息税前利润由30 000元变为40 000元，则每年需要支付的利息依然为2 160（36 000×6%）元，支付利息后的利润却变为37 840元，从而给创业者带来杠杆利益。

股权筹资的成本高于债权筹资，但股权筹资无须归还投资，可以减少企业的资金流出，不存在财务风险。如果企业经营初期风险过大，现金流短缺，为避免不能按期还本付息的风险，张珊也可以吸收其同学入股，取得无风险的经营资金。

四、不同筹资方式的优缺点

通过股权筹资方式获得的资金既可以充实企业的营运资金，也可以用于企业的投资活动。通过债权筹资所获得的资金,企业首先要承担资金的利息,其次在借款到期后要向债权人偿还资金的本金。

对创业企业来说,股权筹资和债权筹资有各自的优缺点,以公司制企业为例,其各自的优缺点如表 2.7 所示。

表 2.7 股权筹资和债权筹资的比较

比较项目	股权筹资	债权筹资
本金	永久性资本,保证企业最低的资金需要	到期归还本金
资金成本	根据企业经营情况变动,相对较高	事先约定固定金额的利息,较低
风险承担	低风险	高风险
企业控制权	按比例或约定享有,分散企业控制权	无,企业控制权得到维护
资金使用限制	限制条款少	限制多

债权筹资的资金成本较低,合理使用还能带来杠杆收益,但债务资金使用不当会带来企业清算或终止经营的风险;股权资金的资金成本由于要在所得税之后支付,成本较高,但由于在企业正常生产经营过程中,不用归还投资者,是一项企业可永久使用的资金,没有财务风险。创业者在筹集资金时应对债务资金、股权资金的优缺点进行比较,并考虑企业的资金需要量、资金的可得性、宏观理财环境、控制权分散以及筹资的成本、风险和收益等问题。

五、进行筹资决策

在进行创业筹资决策时,除了考虑不同筹资方式的优缺点、筹资成本的高低外,还要考虑创业企业所处的生命周期阶段、创业企业自身的特征,了解采用不同筹资方式时应该特别予以关注的问题。

(一)创业所处阶段

创业筹资需求具有阶段性的特征,不同生命周期阶段具有不同的风险特征和资金需求,同时,不同筹资渠道能够提供的资金数量和风险程度也不同,因此,创业者在筹资时需要将不同阶段的筹资需求和筹资渠道进行匹配,提高筹资工作的效率,以获得创业所需资金,化解企业筹资难题。

在种子期,企业处于高度的不确定性当中,很难从外部筹集债务资金,创业者个人积蓄、亲友款项、天使投资、风险投资及合作伙伴的投资可能是采用较多的筹资渠道;进入启动期之后,创业者还可以使用抵押贷款的方式筹集负债资金。

企业进入成长期以后,已经有了前期的经验基础,发展潜力逐渐显现,资金需求量较以前有所增加,筹资渠道上也有了更多选择。在早期成长阶段,企业获得常规的现金流用来满足生产经营之前,创业者更多采用股权筹资的方式筹集资金,战略伙伴投资、风险投资等是常用的筹资方式,此时也可以采用抵押贷款、租赁,以及商业信用的方式筹集部分生产经营所需资金;成长期后期,企业的成长性得到充分展现,资产规模不断扩大,产生现金流的能力进一步提高,有能力偿还负债的本息,此时,创业者更多采用各种负债的方式筹集资金,获得财务杠杆收益。

企业生命周期阶段和筹资渠道的对应关系如表 2.8 所示。

表 2.8　企业生命周期和筹资渠道

筹资渠道	种子开发期	启动期	早期成长期	成长后期
个人积蓄	■	▨		
亲友款项	■	■		
天使投资	■	■	▨	
合作伙伴		■	■	▨
风险投资	▨	■	■	■
抵押贷款			■	■
融资租赁			■	■
商业信用			■	■

表中深色的区域为对应于该阶段采用得较多的筹资渠道，浅色的区域为该阶段也可能会采用的筹资渠道。

（二）创业企业特征

创业活动千差万别，所涉及的行业、初始资源禀赋、面临的风险、预期收益等有较大不同，其所要面对的竞争环境、行业集中度、经营战略等也会不同，因此，不同创业企业选择的资本结构会有所不同。对于高科技产业或有独特商业价值的企业，经营风险较大，预期收益也较高，创业者有良好的相关背景，较多采用股权筹资的方式；传统类的产业，经营风险较小，预期收益较容易预测，比较容易获得债权资金。在实践中，创业企业在初始阶段较难满足银行等金融机构的贷款条件，债权资金更多采用民间筹资的方式。创业企业特征和筹资方式的关系如表 2.9 所示。

表 2.9　创业企业特征和筹资方式

创业企业类型	创业企业特征	筹资方式
高风险、预期收益不确定	弱小的现金流 低负债率 低、中等成长 未经证明的管理层	个人积蓄、亲友款项
低风险、预期收益易预测	一般是传统行业 强大的现金流 高负债率 优秀的管理层 良好的资产负债表	债权筹资
高风险、预期收益较高	独特的商业创意 高成长 利基市场 得到证明的管理层	股权筹资

资料来源：[美]布鲁斯·R.巴林格, R.杜安·爱尔兰. 创业管理：成功创建新企业[M]. 杨俊，薛志红，等译. 张玉利，审校. 北京：机械工业出版社，2010：171. 根据作者的理解有所修改.

（三）宏观理财环境

创业者在选择筹资方式和投资商时还应考虑当时的理财环境。如果宏观经济处于繁荣期，则取得债权资金比较容易，不仅各家金融机构乐于放贷，其他债权人也对经济发展较为乐观，此时利率会处于较高水平且有继续上升的可能性，社会平均利润率较高，通货膨胀率也会相对较高，使用债权资金可以收到杠杆效益，且能够分散通货膨胀风险，而且最好使用长期的债权资金，避免利率进一步上升可能增加的资金成本；而如果经济处于衰退期，则借款筹资相对困难，只能采用股权筹资的方式筹集资金，或者借政府拉动经济发展的机会，尽量投资政府支持的项目，获得政府资金的支持。

要点案例

刘博文作为国内某知名高校的高才生，在计算机编程方面颇有天赋。其在大学期间就研究开发了一套电脑内存的优化软件，能够较好地对计算机内存进行管理，优化电脑的使用性能，而且其开发的软件使用便捷，占用电脑空间较小。于是，刘博文便以此软件为契机着手参加了全国创业计划大赛，在大赛进行过程中，刘博文的软件得到了很多人的好评。有家软件公司主动找上门拟以一个较高的价格购买其软件，但刘博文毅然拒绝了，因为他看到了其中的商机，想自己创办企业将项目付诸实施。刘博文在参赛过程中结识的一位风险投资商愿意出800万元资金资助其创办企业，但是要求拥有企业30%的股权，刘博文觉得该投资商想占的股份有些过多，正在其犹豫不决时，另一位看到创业大赛信息的投资商也找上门来，愿意出500万元的资金，但只要求占15%的股份。刘博文觉得后者的出资与所占的股权比例较前者相比具有明显的优势，而且如果公司发展后，另外15%的股份价值肯定会超过300万元，于是就选择了后者作为自己的风险投资商。

但接下来出现的情况却不像刘博文想象的那样顺利：投资商初期投入的500万元资金很快就在广告宣传和相关产品研发方面消耗殆尽，产品初期的销售状况又不太乐观，资金回流不像想象中的那样多。尽管企业的前景依然不错，公司的日常运营也依旧良好，但在企业资金濒于断流的情况下筹集资金却比原来难了许多，而且刘博文也很难在较短的时间内再找到愿意提供资金的合作者，企业只好在开业的半年之后解体。

请思考：

刘博文在进行筹资决策时还应该考虑哪些方面的问题，可以避免以上局面的出现？

【案例解析】

从本案可以看出，刘博文在进行筹资决策时，主要考虑了控制权问题，而忽略了筹资决策过程中需要考虑的其他因素，如企业需要的资金数目、资金的可得性、资本的积累速度等。

1. 对创业所需资金的数量估计不足

由于刘博文过分相信自己的发明和经营能力，对企业创建初期遇到的困难和营运前支出的数目估计严重不足，所以，在面临两个投资商投资时选择了投资较少的后者，导致开业后经营现金流的短缺。

2. 未充分考虑企业资金筹集的难度

由于未创办企业之前就有两家投资商主动找上门来向企业投资，使刘博文对企业筹资的相关问题未进行充分的调查和论证，在其不了解中小企业筹资困难的前提下，其所进行的选择也就顺理成章。

3. 对运营过程中资金的回收速度盲目乐观

刘博文对企业经营过程中资金的积累速度过于乐观，缺乏应有的谨慎。企业在经营初期，由于市场开拓不足及缺乏相关的经营经验，经营活动中的现金流量一般为负数，即为净的现金流出，这就意味着在开业初期的相当长一段时间内，企业内部不会形成资金的积累，相反，还需要投资者继续追加投资，直到资金能够收支平衡的时期。但本案中的刘博文显然对此问题不是十分在行，盲目地估计了创业初期的资金积累状况，致使企业的现金出现断流，影响到项目的进一步发展。

4. 过分关注企业的控制权

一般来说，自己辛苦创办的企业，谁也不愿失去对企业的控制权。但是值得说明的是，股权比例在51%以上投资者便拥有对生产经营决策的绝对控股权，所以，第一家风险投资商30%的股权比例仍然可以接受；另外，控制权的行使需以企业的持续经营为前提，只有企业能够持续经营下去，实现可持续发展，投资者的控制权才有意义。因此，在只有放弃控制权才能够吸引更多的投资，使企业顺利经营的情况下，作为创业者应该很好地在控制权和企业持续发展之间进行权衡，先将企业的生产经营持续下去，以后再寻求增加控制权的途径，而不是紧紧握住控制权不放，影响了企业的发展。当然，如果不放弃控制权也可以筹集足够资金的话，控制权对创业者依然是最主要的考虑因素。

最后，股权比例并不等同于控制权比例，大家需要对此有所了解，详见本书第六章。

（四）不同筹资方式的税负

不同的筹集资金方式所产生的税负不尽相同，取得税后收益也有差别，为创业筹集资金中运用纳税筹划提供了一定空间。

负债筹资能提供财务杠杆作用，提高权益资本收益率。在息税前权益资本收益率大于负债成本率的情况下，负债投资新增的收益减去负债成本后必然会有盈利，这一新增的息后盈利与权益资本的比率就是负债新增的权益资本收益率。一般情况下，息税前权益资本收益率大于负债成本率时，负债越多，负债占总资产的比率越大，新增收益越多，投资收益率也就越大。

为了实现纳税筹划效益最大化，如果企业处在享受减免税优惠期、亏损发生年度等特殊时期，企业借款费用应尽可能予以资本化，以增加资产账面价值，为以后多计提折旧提供基础，减轻以后年度的税收负担。若企业处于营利期间且未享受减免税优惠，企业应尽可能加大筹资利息支出计入财务费用的数额，缩短筹建期和资产购建周期，尽可能少利息资本化，以减轻当前税收负担，获得资金时间价值。

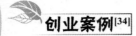

"饿了么"融资记

"饿了么"创立于2009年4月,由张旭豪、康嘉等人在上海创立,隶属于上海拉扎斯信息科技有限公司,公司从上海交大起步,赢得了诸多大学生用户的认可。作为O2O平台,"饿了么"的自身定位是连接"跟吃有关的一切"。2010年,为了解决模式"极重"的问题,"饿了么"上线了餐厅客户端Napos系统,让餐厅可以通过这套系统自行接单、修改菜单、设置某个菜品售罄等。依靠此系统,"饿了么"越发站稳了脚跟,在与上海本土的其他外卖网站的竞争中取得显著优势。

从2009年开始创业,一直到2011年,"饿了么"才接受第一笔天使轮投资,而在拿到这笔投资后,"饿了么"开始进行不断拓展,逐步覆盖大城市,进入校园市场当中,甚至把业务一路扩展到天津、苏州、哈尔滨、福州、长春等十余个非一二线城市。"饿了么"历次融资表见表2.10。

表2.10 "饿了么"融资表

时间	投资方	金额
2011年3月	A 金沙江创投	100万美元
2013年1月	B 经纬中国、金沙江创投	600万美元
2013年11月	C 红杉资本中国、经纬中国、金沙江创投	2 500万美元
2014年5月	D 大众点评	8 000万美元
2015年1月	E 红杉资本、大众点评、中信产业基金、腾讯、京东	3.5亿美元
2015年8月	F 红杉资本、华联股份、中信产业基金、腾讯、京东	6.3亿美元
2015年11月	滴滴出行,战略投资	未透露
2016年4月	G 阿里巴巴、蚂蚁金服	12.5亿美元
2017年6月	H 阿里巴巴领投,战略投资	10亿美元
2018年4月	阿里巴巴、蚂蚁金服,并购	95亿美元

"饿了么"作为一个大学生创业企业,截至2018年被收购前的九年时间内,累计拿到了几十亿美元的融资,同时,"饿了么"每一次融资,都伴随着企业的一次爆发或者成长。

2013年,"饿了么"一共拿了两轮千万美元的融资,因为在这一年,美团外卖上线,阿里旗下的淘点点上线。美团方面认为"饿了么"的短板是管理,如果快速扩张的话,很有可能管理失控。因此美团外卖启动"抢滩"行动,开始发力,目标是全年开设200多个城市,冲击日订单40万单。

2014年全年,美团外卖做到了平均每1.5天就开设一个城市。为了应对美团外卖的冲击,2014年上半年,"饿了么"敲定大众点评的D轮8 000万美元融资。"饿了么"扩张城市力度加大,美团方面推出新的应对方案:补贴。从此时开始,美团外卖和"饿了么"的补贴大战正式打响,此后百度外卖也跟进,外卖行业逐渐形成"饿了么——美团外卖——百度外卖"三足鼎立的格局。补贴刺激下,"饿了么"的订单从10万单飙升到100万单。

在美团巨大的压力之下,"饿了么"遇到了发展史上最命悬一线的时刻,2015年1月,"饿了么"的账上资金仅能再支撑1~2个星期,而美团外卖刚刚获得D轮7亿美元的融资。最终,"饿了么"获得中信产业基金、腾讯、京东、红杉资本、大众点评3.5亿美元E轮投资。在美团压力下,张旭豪决定要正式打入白领市场,在拿到新一轮融资的情况下,

"饿了么"在分众传媒投放近亿元广告，投放之前，日交易额 700 多万元，6 周后，日交易额达到 3 500 万元。

从 2011 年 3 月的 A 轮融资，一直到 2017 年的 H 轮融资，"饿了么"前后融资金额高达 33.42 亿美元之多，而参与"饿了么"融资的投资人都是资本市场各大领袖：金沙江创投、经纬中国、红杉资本中国、大众点评、腾讯、京东、中信基金、阿里巴巴和蚂蚁金服等。

2018 年 10 月 12 日，"饿了么"与口碑合并，成立阿里本地生活服务公司，主要经营生活服务业务。阿里巴巴集团合伙人王磊担任公司总裁，向阿里集团 CEO 张勇汇报，并兼任"饿了么"CEO。

2018 年 11 月，首次全面参与天猫"双 11"的口碑、"饿了么"实现了同比超 100%的增长；一个月后，口碑和"饿了么"首次携手发起"1212 吃喝玩乐节"，全天口碑 App 手机点单的笔数相较于天猫"双 11"当日再增长 34%。其中，上海、北京、杭州成为"双 12"全国手机点单热度最高的 3 个城市。

截至 2018 年 12 月 31 日的 3 个月内，阿里本地生活服务公司每日按需订单与 GMV（网站成交金额）持续快速增长，并已实现超 30 亿美元的独立融资，投资方为阿里、软银及其他三方投资者。

从"饿了么"不同阶段的投资方可以发现，有大众点评、京东、腾讯、阿里巴巴等，我们不难看出，"饿了么"在融资的过程中并不是一味地追求资本，更加看重的是资本背后的资源。大众点评的背后是成千上万家线下商铺，是这么多年线下美食业的积累，而京东的物流配送体系经验和腾讯与阿里的流量，无疑都是比资本本身更加重要的资源投资。

请思考：
"饿了么"是如何选择风险投资方的？对你有何启发？

参考资料

1. "饿了么"的融资历史，覆盖全国 2 000 个城市，织梦财经，网址：http://www.zhimeng.com.cn/news/2018/0804/123959.html.

2. 张文政，"饿了么"、口碑实现超 30 亿美元融资，订单与 GMV 持续增长，天下网商网，网址 http://www.iwshang.com/Post/Default/Index/pid/258645.html.

 小测试

1. 什么是资金成本？资金成本有哪些表现形式？
2. 资金成本计算的通用公式是什么？
3. 如何计算债权资金、股权资金和加权平均的资金成本？
4. 什么叫财务风险和杠杆利益？
5. 债权资金和股权资金的主要优缺点有哪些？
6. 进行筹资决策时需要考虑哪些因素？

注释

[1] 2023 年新设经营主体 3273 万户，中华人民共和国中央人民政府官网，https://www.gov.cn/lianbo/

bumen/202403/content_6939357.htm.

[2] 优米网图书项目组. 创业名人说[M]. 北京：中国民主法制出版社，2011：212.

[3] 流动资产是企业可以在一年或者超过一年的一个营业周期内变现或者运用的资产.

[4] 会计期间是为了会计核算的需要，人为将企业持续不断的生产经营过程，划分成相等的时间单位. 会计期间分为月份、季度、半年度、年度等.

[5] 先进先出法指按照"先入库的产品先发出"的原则对销售产品的成本进行计算；一次加权平均法指在月末计算一次产品的加权平均成本［（期初库存产品总成本+本月入库产品总成本）/（期初库存产品数量+本月入库产品数量）］，用该成本乘以本月销售产品数量来计算本月销售成本的方法；移动加权平均法是在每一次发出产品之前都要计算一次加权平均单价，以计算的加权平均单价乘以本次销售数量计算发出产品成本的方法.

[6] 本表是公司制企业的利润表，个人独资企业和合伙企业由于不交纳企业所得税，所以只计得到利润总额即可.

[7] 王艳茹，应小陆，杨树军. 创业企业财务管理[M]. 北京：中国人民大学出版社，2022：67-69.

[8] 2005年时大学生创业不减免流转税.

[9] 嵇晨，大学生初创企业融资研究，南京信息工程大学硕士学位论文.

[10] 李海涛、邱红星，美国天使投资市场发展对我国的启示，《西部金融》2019年第11期：80-84.

[11] 优米网图书项目组. 创业名人说[M]. 北京：中国民主法制出版社，2011：32.

[12] 王苏生，邓运盛. 创业金融学[M]. 北京：清华大学出版社，2006：225.

[13] 熊永生，刘健. 创业资本运营实务[M]. 重庆：西南财经大学出版社，2006：13-14.

[14] 赵旭. 新视点：VC更看重创业团队[J]. 科技创业，2009，(4)：80.

[15] 清科研究：2022年全国新募基金募资总量达2万亿，市场迎新机遇、新挑战，智通财经，网址：https://www.zhitongcaijing.com/content/detail/866150.html.

[16] 第23届中国股权投资年度论坛在沪举行，央广网，网址：https://www.cnr.cn/shanghai/qqlb/20231218/t20231218_526525177.shtml.

[17] 王艳茹. 创业资源[M]. 北京：清华大学出版社，2014：145-148.

[18] 例如，微软公司1975年成立，1986年上市以来，虽然持续高速发展，但在长达26年的时间里从未向股东支付过现金股利，直到2003年起才开始向投资者支付每股0.08美元的股利. 另外，大家比较熟悉的戴尔、英特尔、康柏、太阳微系统等大家比较熟悉的公司在高速成长期内的现金股利支付率也为零.

[19] 央行：截至6月末全国共有小额贷款公司5688家，和讯网，转引自百家号：https://baijiahao.baidu.com/s?id=1772447443216830504&wfr=spider&for=pc.

[20] 金玮. 我国中小企业融资路径探讨[J]. 当代经济，2012，(11)(上)：125.

[21] 陈乐忧. 中小企业融资它山之石[J]. 财会通讯（综合），2008，(10)：20.

[22] 创新基金网站，http://www.innofund.gov.cn/innofile/se_02.asp.

[23] 中小企业国际市场开拓资金网站，http://smeimdf.mofcom.gov.cn/.

[24] 杜耀华. 中小企业如何获取政府财政支持[J]. 现代乡镇，2003，(9)：43.

[25] 中央政府网站，http://www.gov.cn/zwgk/2010-09/01/content_1693449.htm.

[26] 融资租赁"创投租赁"新模式：创业创新的金融新动力[OL]. 搜狐网，http://mt.sohu.com/20160830/n466667221.shtml.

[27] 融资租赁为文创企业送"东风"[OL]. 新华网，http://news.xinhuanet.com/chanye/2016-10-31/c_1119817249.html.

[28] 证监会：将在新三板强势推动双创公司债[OL]. CFO视野，http://www.cfo-view.com/2016/1003/143479.shtml.

[29] 中关村首只"双创债"发行[OL]. 网易新闻，http://news.163.com/17/0210/02/CCSLOEV3000187VI.

html.

[30] 搜狗百科, 网址: http://baike.sogou.com/v68265538.htm?fromTitle=%E8%82%A1%E6%9D%83%E4%BC%97%E7%AD%B9.

[31] 什么是股权众筹、股权众筹有哪些分类, 搜狐网, https://m.sohu.com/a/217199785_99963319.

[32] 财新金融频道, http://finance.caixin.com/2015-10-16/100863560.html.

[33] 息税前利润是企业支付利息和缴纳所得税前的利润.

[34] 王艳茹, 应小陆, 杨树军. 创业企业财务管理[M]. 北京: 中国人民大学出版社, 2022: 119-122.

课后讨论

1. 你如何看待创业企业融资难的问题？你觉得还可以从哪些方面进行融资的创新？
2. 筹集资金时如何在债权资金和股权资金之间进行选择？

技能训练

1. 大学生小张想创办一个销售电子产品的商店，并成功入驻学校创业园，节省了不少的房租和水电费，但是仍然为小店开业准备了大量必需的物资用品。如下：

开业前购置存货的支出为 34 000 元，办公用品 100 元/月，广告费 300 元/月，注册费 400 元，代理记账费 300 元/月。

开业后前六个月的收入小张估计分别为：20 000 元，24 000 元，35 000 元，42 000 元，48 000 元和 53 000 元。进货费用每月平均为 30 000 元。

根据上述资料，帮小张计算其开办并经营至盈亏平衡需要的资金数量。

2. ABC 公司欲从银行取得一笔长期借款 1 000 万元，手续费 1%，年利率 8%，期限 5 年，公司所得税税率为 25%。

试就以下不相关情况，分别计算这笔借款的资金成本。

（1）每年结息一次，到期一次还本。
（2）同（1），只是不考虑手续费。
（3）同（2），只是需要支付 10% 的补偿性余额。
（4）同（1），只是需要按季支付利息。

3. 公司发行面值为 1 元的普通股 500 万股，筹资额为 1 000 万元，筹资费率 4%，预计每年分派现金股利每股 0.25 元，计算普通股的资金成本。

4. 依第 2、3 题，企业总的资本总额为 2 000 万元，计算其加权平均资金成本（借款按第一种情况考虑）。

第三章 资金投放是创业成功的核心

知识目标：描述创业企业投资的内涵、分类，计算投资项目的现金流量和折现率。

能力目标：计算净现值、现值指数、内含报酬率，评估投资项目。

素养目标：结合创业企业的投资特性，进行项目决策。

课程思政点

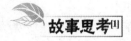[1]

顺丰嘿客投资的思考

2014年5月18日上午9:58，全国518家嘿客店同时开业的盛事占据了当天所有互联网行业的头条，顺丰携着与"黑客"同名的"嘿客"，就这么入侵了电商界。但从实际的效果来看，顺丰的线下商铺模式并未能有效地转化店面周边的有效消费需求。究其原因，主要有以下三点：

第一，嘿客店面提倡的模式是O2O，但是对其覆盖的客户人群来看，未必能吸引或者是培育出适合O2O的细分客户群体。在电子商务和线上直接消费占比越来越高的今天，以线下门店展示商品图片，再附加线下物流匹配的模式，并不能很好地提高购物和消费的效率，反而显得累赘，特别是对于在目前从PC端购物向手机端购物转移的趋势下。

第二，盈利模式还存在讨论空间。嘿客店的运营成本始终是一个刚性的支出，包括店铺租金，员工费用，装修费用和一定的营销成本，一年单家店铺大概在50万元，但是从盈利模式来看，顺丰的嘿客店主要是通过收取上架的商家产品的手续费，以及部分的广告费用，并无其他稳定的盈利点。而对于顺丰嘿客店面的实际销售效果存疑的情况下，手续费和广告收入是需要一个长期的积累过程的。

第三，竞争优势不明显。和电商平台相比，嘿客店的产品和服务并不具有优势，一个是价格上的，另一个是商品数量上的，对于社区或者商圈的客户而言，对特定的商品需求是有一定的规律的，在不能保证具有价格优势的前提下，客户在电商平台上进行消费的概率仍然会较高，性价比也比较高。

也就是说，在运营模式有待讨论，盈利空间较小，与同类平台相比无优势的情况下，顺丰嘿客店更多的是一种新奇的玩意儿，缺乏主动吸引客户进入门店的方式和手段，而只有新闻曝光和有限的前期营销，很难持续地转化居民等消费群体的观念。

因此，在顺丰创始人王卫看来，2014年是顺丰成立20多年以来创新变革最多的一年，但虽然创新很多，差不多有一半是不成功的。

资料来源：顺丰的嘿客模式为什么会失败？网易财经 https://money.163.com/14/0820/10/A4378MJS00253G87.html。

请思考：

1. 针对顺丰嘿客投资的失败，你觉得企业在选择创业项目时应该考虑哪些问题？
2. 对于创业企业来说，应该如何对创业项目进行评价？

第一节　创业投资选择的标准

超过60%的新产品甚至还未上市就宣告流产，在能够顺利诞生的40%中，还有40%会因为盈利能力不佳而被撤出市场，由此，投入在新产品研发上的资金，有3/4会因为产品失败而血本无归。[2]但失败并不是随机事件，而是可以预测的，也是可以被规避的，只要创业者能够把握投资的标准，了解创业投资的原则，明晰创业投资的技巧。

一般来说，创业者会考虑的投资项目包括以下几种：新产品或服务的生产或提供决策，这种决策通常涉及添置新的固定资产，增加企业的营业现金流入；研究与开发，这种决策不直接产生现实的收入，但会得到一项是否投产新产品的权利；其他如劳动保护设施建设、购置污染控制装置等，这些决策不直接产生营业现金流入，而使企业在履行社会责任方面的形象得到改善，有可能减少未来的现金流出。最具一般意义的投资是第一类项目，因此，本章有关项目投资决策的论述主要基于新产品或服务的生产和提供而展开。

一、创业投资的原则

创业投资的不确定性非常高，风险很大，对创业成功的影响也最关键。因此，创业者要在了解投资原则的基础上开展调查，决定创业活动的取舍。

（一）在自己熟悉的领域寻找机会

俗话说"不熟悉的不做"，在自己熟悉的领域里寻找投资机会更容易成功。因为创业者的能力、人脉、经验等都在自己熟悉的领域中，而这些非常有助于创业成功。尤其是先前的经验，对于创业者识别机会、把握机会，理性投资有很大帮助。在某个产业或领域工作，个体更容易识别出未被满足的利基市场，这个现象叫作"走廊原理"。某个人一旦投身于熟悉的产业内创业，将比那些从产业外观察的人，更容易看到产业内的新机会。

腾讯公司正是在QQ运营经验的基础上，基于智能手机的普及和移动互联网的发展，克服了中国移动提供的飞信服务的局限，在2011年1月21日推出了一个为智能手机提供即时通信服务的免费应用程序，支持跨通信运营商、跨操作系统平台，可以通过网络快速发送免费（需消耗少量网络流量）语音短信、视频、图片和文字，同时，也可以使用通过共享流媒体内容的资料和基于位置的社交插件"摇一摇""漂流瓶""朋友圈""公众平台""语音记事本"等服务的软件。

（二）做好充分的市场预测

市场预测是运用科学方法，对影响市场供求变化的诸因素进行调查研究，分析和预见其发展趋势，掌握市场供求变化规律，为经营决策提供可靠依据的方法。为提高投资决策的科学性，减少盲目投资带来的损失，创业者需要通过预测来把握投资项目目前的市场状况和未来市场变化的有关动态，减少不确定性，使创业目标得以顺利实现。

市场预测主要有四个要素，需要创业者充分把握，这四个要素分别是：信息、方法、分析和判断。创业者首先要对拟创业项目面临的竞争环境及可能趋势、消费者的偏好及变化方向、项目投产后可能的销售金额及利润等信息进行预测；其次运用定性预测和定量预测等方法，对创业企业的财务状况展开长期预测、中期预测和短期预测；再次对根据预测方法得出的预测结论进行分析，从理论上分析预测结果是否符合经济理论和统计分析的条件，从实践上对预测误差进行精确分析，并对预测结果的可靠性进行评价；最后要对预测结果采用与否，或对预测结果依据相关经济和市场动态所作的修正作出判断。

（三）形成精益创业的思路

精益创业代表了一种不断形成创新的新方法，它源于"精益生产"的理念，提倡企业进行"验证性学习"，先向市场推出极简的原型产品，然后通过不断地学习和有价值的用户反馈，在不断试验中，以最小的成本和有效的方式验证产品是否符合用户需求，并迭代优化产品，灵活调整方向，使产品适合市场的需求。精益创业的指导思想是以客户为中心，尊重客户价值，防止服务不足与服务过度，杜绝无价值的经济活动，并致力于持续改进、追求卓越、尽善尽美，不断优化投入产出。因此，精益创业是一种消除浪费、提高速度与提升效率的方法，它可以运用于各行各业，任何规模的公司，甚至是庞大的企业中。

精益创业的标准是有效价值，即客户的实际价值需求。客户价值是客户从某一特定产品/服务中获得的一系列利益，包括产品价值、服务价值、人员价值和形象价值等，不仅体现在产品或服务上，还体现在品牌、渠道等多方面。由于客户一定会选择那些在他们心中让渡价值最高的产品或服务，即客户价值与客户成本之差最大的产品或服务，因此，基于精益创业的思想，创业者一定要以产品"寿命周期成本"的概念为基础，向客户让渡最大的价值——让客户付出的体力、金钱、精力更少，而得到的产品、服务与情感享受更多，从客户实际需求出发，满足客户需求。

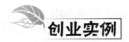
创业实例

小米的迭代创新[3]

小米产品迭代创新的开发模式与精益创业模式有很多相似性。然而小米创业于该书出版之前，因此这种相似应该是一些优秀创业者的"英雄所见略同"。在信息快速流通的互联网时代，精益创业无疑是一种非常有效的创业方式，小米以及一些硅谷企业采用这种模式的快速崛起见证了这一点。

小米于 2010 年由中国 IT 创业"老兵"雷军领军创办，短短 4 年时间，就从零成长为一个 5 000 多名员工的企业。于 2014 年年初，被美国知名商业杂志 *Fast Company* 评为"2014

年度全球50大最具创新力公司"第三名。

软件开发：发烧友参与、快速迭代

小米的8位创始人都是软件开发和移动互联网的"老兵"，他们深知传统软件开发的弊病，对较为新颖的软件敏捷开发模式也很熟悉，更重要的是他们很了解互联网时代密切与客户沟通的重要性。因此，在创办小米之后就认定了要走适合互联网时代的软件开发路径，他们定下的模式是："单点突破—试错—用户反馈负面口碑—再迭代—再试错—直到正面口碑—然后顺势而为，将单点做到极致。"图3.1显示了小米软件开发模式，这个模式的中心是客户，他们提供部分软件新功能需求，也帮助小米进行大量的软件测试。据估计，小米软件中约80%的问题是客户找到的。更为令人称道的是小米的执行力，他们快速推出新软件，在这个过程中不仅改善软件也发展"发烧友"的队伍。

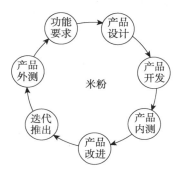

图 3.1　小米软件开发模式

图3.2显示了小米手机核心软件MIUI的开发进展历程。MIUI是一款基于安卓系统开发的手机界面软件，小米团队于2010年8月把首版软件放到网上，第一周找到了100名愿意试用的客户，之后就每周改进推出，在完全没有任何广告的情况下，客户数目主要靠口碑传播呈病毒式增长，到2011年9月，小米首次发售手机之前，MIUI用户已经达到30万人，这些人也成为小米手机首发的核心客户。2022年12月，锐意新生的MIUI 14推出，迎来互联互通理念升级："以人为中心，连接人与万物"，不仅小米妙享、米家两大互联中枢获得重磅更新，全新推出的家人服务更跳出设备范畴，聚焦人与人的连接，让家人间的联系更加紧密。

```
小米手机核心软件MIUI迭代过程：

• 基于安卓开源软件，小米      • 基于用户反馈，一周后开发出    • MIUI每天推出一个内测版，
  2010年6月开始开发，最         新版，立刻放到网上，用户增       每周推出一款开发版，周五
  初只有3人开发团队，每人       加到200个。此后每周发放一        更新；也基于用户投票保持
  身兼数职                      次新版，用户呈病毒式增加         一个稳定版，这个版本约
                                                                 1个月更新一次
• 2010年8月16日，发布第一款   • 到2011年9月，MIUI已经在全
  功能非常有限的版本，放到网     球有约30万名用户，没有任何    • 到2014年4月底，MIUI有超
  上。第一周找到了100个用户     广告投入                        过400人的团队，约5 000万
  试用                                                           名用户
• www.MIUI.com：产品BUG库
• 小米的产品经理设计了不少工                （资料来自小米官方网站和该公司提供的小米发展大事记）
  具，让粉丝参与用户体验的评
  测和优化
```

图 3.2　MIUI开发进展历程

创业财务（第二版）

概括来说，小米软件开发的核心是采用开放式创新的众包模式。小米手机软件的基础是开源软件安卓，用互联网的各种平台与客户密切沟通，并充分用"发烧友"进行测试以找到产品缺陷和客户的新需求，从而动态进行产品的市场定位，并且用快速迭代的方式每周推出新版软件，紧跟市场的变化，同时也获得"发烧友"的正面口碑。

用做软件的方式做硬件

小米手机的开发也是一个开放创新、客户参与、不断迭代的过程，图3.3展示了小米手机的发展过程。

小米手机迭代过程：

- 2011年8月29日小米1手机1 000部工程版开始发售
- 2011年12月18日小米1手机第一轮开放购买，3小时内10万部库存销售一空
- 2013年9月9日，小米3工程机首发
- 2013年11月11日，小米参加天猫"双11"促销活动，首发销售11万部小米3

- 小米手机一代（包括1S和青春版）自2011年10月到2012年8月底总共出货了790万部
- 2012年9月22日小米手机2 600部工程手机于10秒钟售罄
- 截至2014年2月底，共销售"小米3" 371万部

- 2012年10月30日小米手机2首轮开放购买，2分51秒5万部售罄
- 小米手机2（包括2S、2A）自2012年10月开始发布，截至2014年2月底共出货1 513万部

（资料来自小米官方网站和该公司提供的小米发展大事记）

图3.3 小米手机的发展过程

在硬件迭代过程中，小米用来邀请用户参与测试的一个关键工具是"工程机"，这是小米在正式推出新版小米手机前向极少部分"发烧"客户出售的beta版（测试版）手机，拿到工程机的客户必须按照小米的要求进行测试并写出报告。小米论坛专门开辟出一个板块收集米粉对测试机提出的建议，MIUI.com也设有专门的BUG库。所有问题汇总后，工程师会在下一批量产前实现改进。拿到工程测试机的米粉可以选择个人收藏，也可以最后选择换一台新的量产机。

在硬件升级方面，小米尽量让一个大版本销售周期保持12个月以上。例如，"小米1"共推出了4个小版本：首先是小米1，再出减配的小米1青春版，接下来是改进增强版小米1S，然后又是小米1S青春版。雷军解释说：单机型是大版本、小版本以互联网思维快速迭代。一个大版本的几个小版本共享一个开发平台，绝大多数元器件可以互用，如此才能产生规模效应，降低成本，同时保持产品新鲜度。还有，小米采取分批方式销售硬件，基本上每一周到两周销售一批产品，每批产品都会基于客户的反馈进行迭代式微改善。

另外，小米手机的核心部件都是来自世界上顶级供应商最新最好的元器件，因此所需部件仍在测试阶段时，小米就会派工程师到供应商所在地和部件厂商一起工作，参与调试过程。这种密切合作让上下游企业在技术方面进行有效沟通，也加深了彼此的信任，夯实了长期合作的基础，从而增强了小米的竞争力。

毫无疑问，小米采用这种精益思维下的产品创新、开放众包、快速迭代，配合电子商务直销的销售模式，在手机行业发展的快速上升阶段取得了巨大成功。这种模式得以成功的时代大背景是互联网让信息流通极快，技术、市场也变得很快，行业成长的S曲线变得非常陡峭，创新传播过程也大大缩短，一旦找到正确的产品和市场的契合点，并且配以正

确的商业模式，就形成一个新产品传播冲击波，飞快地摧毁行业中的传统企业，并推动新企业崛起。

（四）采用集中投资的策略

企业在初创期一般市场份额较低，财务环境生疏，财务风险较高，资金筹集困难；加上产品和市场大量开发，财务管理制度和内部控制机制缺乏等因素，使创业初期的现金需求量大且不稳定，资金非常紧张。因此，使用有限资金合理进行投资，是保证实现投资收益，增加投资者价值的关键。

理论上说，创业企业适宜采取集中化投资战略，通过内部投资获得发展，以开辟自己的根据地市场，争取获得一种优势地位。通过实施集中战略，主攻某个特定的顾客群，某产品系列的一个细分市场或某一地区市场，重点投资于特定目标，以更高的效率为某一狭窄的战略对象服务，有利于最大限度发挥企业的能力，发挥学习曲线效益，使企业获得稳定发展。创业企业最好能选择合适的投资项目，以独特的产品独领风骚，并通过加大技术投入，不断改进产品工艺，提高产品质量；同时加大销售投入，开发销售市场，开拓销售渠道，扩大产品影响，树立产品形象；另外，还应确定合理的投资规模，适量扩大设备投入，争取取得规模性经济效益。待企业发展到高速成长期则可以采取一体化投资战略，在现有业务的基础上进行扩张，实现规模增长。

（五）充分考虑投资的选择权

项目投资赋予创业者的选择权叫作期权，是一种可以在未来采取某种行动的权利，这种权利是有价值的，需要创业者进行一定了解。比如某个项目在投资前按照创业者的估计，计算的项目净现值可能为0甚至为负数，如果只根据后面要讲到的投资评价标准来看的话，净现值为负会减少创业者的财富，项目不应该投资。但是如果考虑后续选择权的话，上述结论就不一定成立。很多项目在投资的前些年是不赚钱的，是净现值为负的项目，但正是由于创业者的先行投入，培育了市场，拉动甚至创造了消费需求，当市场逐渐扩大，消费者逐渐接受该消费理念的时候，创业者的品牌就起到了先入为主的地位，其成功的概率会大大增加。比如，在纳斯达克上市的京东，虽然创办于2004年，但据网易财经2014年3月20日的报道[4]，京东递交给美国证券交易委员会（SEC）的S-1文件中显示的京东2013年总收入为693.4亿元人民币，产生的净亏损为5 000万元人民币。一个成立于1998年6月，在2004年1月开辟电子商务领域试验田的京东公司，在10多年不赚钱的情况下，依然多次获得了今日资本、雄牛资本以及亚洲著名投资银行家梁伯韬先生的私人公司的投资，实现自2004年以来连续8年的高速增长（增长率均超过200%），获得"2011年度全球100家最有价值新创网络公司""2011年度卓越雇主中国最适宜的公司""最佳客户服务奖""中国电子商务成长创新十佳企业"等荣誉称号，并成功实现2014年在纳斯达克成功上市，充分说明项目评价的多元化标准。创业者在对未来的创业项目进行评价时，一定不要只看其当前的经济利益，还要看到创业项目背后的选择权价值。

二、创业投资技巧

对创业投资技巧的了解有利于创业者选择合适的投资方式，制定合理的投资技巧，用较少资金撬动更多资源，取得创业成功。

（一）选择多样的投资方式

很多创业者可能不了解，在创业投资时除了货币资金之外，很多资源都可以成为投资的对象。比如，对拥有专利或非专利技术投资的科技型创业者来说，其拥有的专利或非专利技术就可以按照团队成员认可或评估的价值作为无形资产投入企业；拥有房产的创业者也可以把房产的所有权作为实物资产投入企业；同样，拥有企业需要的机器设备或原材料的创业者也可以将其持有的资产作为投资；甚至对拥有某种特有技能的创始人来说，还可以将其拥有的对企业来说非常必要的技能作为一种投资方式，如餐饮企业的厨师就可以选择以其技能出资。

视频3.1 创业投资的技巧

鉴于创业初期资金筹集的困难，对于企业经营中所需要的资源不一定都按照资金的方式去筹集，而是采用实物资产的方式进行。第二章第二节中计算创业所需资金时提到的投资资金和运营资金的不同项目就可以通过不同的投资形式进行筹集。这样一方面可以降低筹资的难度；另一方面可以使企业快速开展生产经营，缩短筹备的时间，降低开办费用。一般来说可用于投资的资源有货币资金，以及实物、知识产权、土地使用权等可以用货币估价并可以依法转让的非货币财产。

（二）制定合理的投资方案

创业初期不只筹资困难，运营中的不确定性也较高，创业者需要留出足够的资金应付不时之需。按照Steve Mariotti和Caroline Glackin的观点，资金储备应至少达到项目启动资金的一半，或至少三个月的固定营运成本。[5]而且，对于筹集到的资金也不是要全部一次性投入运营中，而是可以采用步步为营的方法（步步为营的相关内容见第一章第三节扩展阅读部分），尽量节约日常经营中资金的投入和占用。

本着"保持节俭，但要有目标"的原则，创业者在实施步步为营策略时可采取以下措施：比如，为了降低营运成本，可采取外包的策略让其他人承担运营和库存的开支，减少固定成本的投资，防止因沉没成本过高降低企业的灵活性，同时还可以利用外包伙伴已形成的规模效益和剩余能力降低企业成本；为了降低管理费用，创业者可以到孵化器或创业服务中心创业，享受那里提供的廉价办公场所，与其他企业共享传真和复印设备，同时结交更多的创业者等。

（三）做好购置和租赁决策

创业企业需要的固定资产既可以采用购买方式，也可以通过租赁的方式取得。购买固定资产，就拥有了资产的所有权，可以按照企业的需求对资产进行日常使用、技术改造等，并获得包括随意处置权在内的各种权利。但是，正如在第二章中讲到的，创业者筹集资金非常不易，而创业初期风险又大，资金需求的不确定性较高，另外，固定资产等长期资产周转较为缓慢，如果将好不容易筹集到资金的相当大部分投入固定资产的占用上，容易导致企业出现资金断流的情况，加大企业的财务风险。因此，创业者需要在设备的租赁和购置之间进行选择，作出合理的固定资产投资决策。

1. 租赁的分类

从财务管理的角度，租赁分为经营租赁和融资租赁。经营租赁只购买资产的使用权，用以替代经营资产购置，是企业为了满足经营使用上的临时或季节性需要而发生的资产租赁。融资租赁是指实质上转移与资产所有权有关的全部或绝大部分风险和报酬的租赁。二者的区别主要表现在以下方面。

（1）作用不同。由于租赁公司能提供现成融资租赁资产，这样使企业能在极短的时间，用少量的资金取得并安装投入使用，很快发挥作用，产生效益，因此，融资租赁行为能使企业缩短项目的建设期限，有效规避市场风险，同时，避免企业因资金不足而错过稍纵即逝的市场机会；经营租赁能使企业有选择地租赁企业急用但并不想拥有的资产，特别是工艺水平高、升级换代快的设备更适合经营租赁。

（2）两者判断的方法不同。融资租赁资产是属于专业租赁公司购买，然后租赁给需要使用的企业，同时，该租赁资产行为的识别需要满足一系列标准。融资租赁以外的租赁都属于经营租赁的范畴。

（3）租赁程序不同。经营租赁出租的设备由租赁公司根据市场需要选定，然后再寻找承租企业；而融资租赁出租的设备往往由承租企业提出要求购买，或由承租企业直接从制造商或销售商那里选定。

（4）租赁期限不同。经营租赁期限较短，短于资产有效使用期；而融资租赁的租赁期较长，接近于资产的有效使用期。

（5）设备维修、保养的责任方不同。经营租赁由租赁公司负责，而融资租赁由承租方负责。

（6）租赁期满后设备的处置方法不同。经营租赁期满后，承租资产由租赁公司收回；而融资租赁期满后，企业可以以很少的"名义货价"（相当于设备残值的市场售价）留购。

（7）租赁的实质不同。经营租赁实质上并没有转移与资产所有权有关的全部风险和报酬；而融资租赁的实质是将与资产所有权有关的全部风险和报酬转移给了承租人。

典型的经营租赁是短期的、不完全补偿的（租金不足以补偿租赁资产的全部成本）、可撤销的毛租赁（由出租人负责资产的维护）；典型的融资租赁是长期的、完全补偿的、不可撤销的净租赁。

2. 租赁固定资产的优点

经营租赁对企业来说属于一种经营活动，故不放在这里讨论。本部分只涉及融资租赁的相关问题。

融资租赁和购买设备相比，具有程序简单、租约灵活和降低成本、减少现金流出等优点。

（1）程序简单。融资租赁集融资和融物为一体，由项目自身所产生的效益偿还，资金提供者只保留对项目的有限权益，这个特点减少了许多中间环节，规避了用直接购买方式必须层层报批或立项等烦琐的程序，提高了工作效率，也使信用审查变得简便，使企业能在最短的时间内获得设备使用权，开展生产经营活动，从而迅速抓住市场机会。创业企业由于自身原因，很难从银行取得贷款，但融资租赁具有项目融资的特性，使企业可以借由融资租赁取得设备使用权，间接使用了金融机构的资金。

（2）租约灵活。银行贷款一般是采用整笔贷出，整笔归还；而租赁公司却可以根据每个企业的资金实力、销售季节性等情况，为企业制定灵活的还款安排，如延期支付、递增和递减支付等，使承租人能够根据自己的企业状况，定制付款额。这些特征对于资金严重缺乏的创业企业来说无疑是一个福利，创业企业完全可以根据自身的现金量特征和出租方进行谈判，从而有利于资金的管理。

（3）降低成本、减少现金流出。国家为了鼓励投资、鼓励技术进步，专门为融资租赁提供了一系列优惠政策，如直接投资减税、加速折旧形成的所得税减免、财政补贴等。创业企业可以利用这些规定，合理安排租赁物以及租赁资产的管理，降低纳税支出，减少现金流出。

3. 融资租赁决策的制定

租赁决策的影响因素很多，对这些因素加以分析归纳，大体有以下几种：租赁费用、现金流转时间和数量分布、机会成本、法律因素等。

（1）租赁费用。租赁费用是指企业为租赁设备而发生的所有现金流出量，包括租金、设备安装调试费、利息、手续费、维修费、保险费、担保费、名义购买费等。

（2）现金流转时间和现金流量的分布。这两个方面同时决定现金流量现值的大小。在租赁决策中，现金流转的期限决定于租赁期的长短、期满资产的处理方式和租赁资产本身的经济寿命三个因素；由于货币时间价值的存在，如果现金流量的分布不同，各种方案的现金流出量的现值可能不同，从而决策的结果也可能不同。

（3）机会成本。在进行租赁决策时有两个方面的机会成本要考虑：一是不同投资方案的机会成本比较；二是同一投资方案下不同筹资方式的机会成本比较。

（4）法律因素。创业者在决定购买还是租赁固定资产时，一定要考虑我国法律法规对融资租赁判断标准的规定，使签订的租赁合同满足相关的法律要求，尽量减少合同执行过程中税费导致的现金流出，提高租赁给企业带来的经济效益。

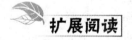

承租人租赁决策的分析

承租人的融资租赁决策，是借款购置和租赁筹资方案的比较。如果通过租赁取得所需资产，承租人只需支付一系列租金，并获得设备使用权。典型的租金现金流出是年金形式的等额系列付款，与偿还债务本息的现金流相似，于是，可以把租金看成借款购买设备的本息偿付额，并据以计算租赁的净现值，判断是否采用租赁的方式。

评价租赁的基本模型如下：

净现值（承租人）= 租赁资产成本 − 租赁期现金流量现值 − 期末资产现值

$$= 租赁资产成本 - \sum_{t=1}^{n} \frac{租赁期税后现金流量_t}{(1+负债税后成本)^t} - \frac{期末资产税后现金流量_n}{(1+项目必要报酬率)^n}$$

式中，租赁资产成本是避免购置租赁资产的现金流出，该项金额成为租赁方案的一项现金流入；租赁期税后现金流量包括租金支付额、租金抵税额和失去的折旧抵税（假定该融资租赁合同满足租金直接抵税的规定）；租赁期现金流量的折现率采用有担保债券的税后成本；期末资产如果在租赁期满时所有权不转让，则余值是承租人失去的一项现金流入，期末余值的折现率按照项目必要报酬率确定。

关于融资租赁决策的具体操作，创业者可参考相关的财务管理教科书，这里不再赘述。净现值及更多投资决策评价指标的内容详见本章第二节。

很多创业者对资产的理解存在误区，认为企业的资产一定是企业拥有所有权的，其实不然，只要企业能够控制、在未来使用过程中能够给企业带来经济利益的资源都是企业的资产。比如上面通过融资租赁方式取得的设备，因为融资租赁资产相关的风险和报酬已经转移给了承租企业，便构成承租企业的资产。

（四）充分考虑投资风险

创业企业财务主要是一种商机驱动型财务模式。投资项目一般都是经过可行性分析和慎重选择的，而且创业者面对自己发现的商机和创意，没有多大的选择余地，同时面临很大的风险，尤其是经营风险。因此，投资管理目标并不仅仅是投资决策最优化，还应该尽可能地规避风险，达到创业成功的目的。这就需要通过投资风险管理来实现，它包括风险识别、评估和应对三个环节。[6]

风险识别是创业人员对创业过程中可能发生的风险进行感知和预测的过程。创业者进行风险识别时应根据风险分类，全面观察创业过程，从风险产生的原因入手，将引起风险的因素分解成简单的、容易识别的基本单元，找出影响预期目标实现的各种风险。

风险评估包括风险估计和风险评价。风险估计是通过对所有不确定性和风险要素的充分、系统而有条理地考虑，确定创业过程中各种风险发生的可能性以及发生之后的损失程度。风险估计主要是对风险事件发生的可能性大小、可能的结果范围和危害程度、预期发生的时间、风险因素所产生的风险事件的发生概率四个方面进行估计。创业者在进行风险估计时应充分考虑风险因素及其影响，对潜在损失和最大损失作出估计。风险评价是针对风险估计的结果，应用各种风险评价技术来判定风险影响大小、危害程度高低的过程。风险评价可以采用定量分析的方法，如敏感性分析、影像图分析等，也可以采用定性分析的方法，如专家调查法、层次分析法等。创业者应针对不同的风险选用不同的方法进行评价，并客观对待评价结果，做好风险预警工作。

风险应对是创业者在风险评估的基础上，选择最佳的风险管理技术，采取及时有效的方法进行防范和控制，用最经济合理的方法来综合处理风险，以实现最大安全保障的一种科学管理方法。常用的风险应对方法有风险避免、风险自留、风险预防、风险抑制和风险转嫁等。风险避免是设法回避损失发生的可能性，从根本上消除特定的风险单位或中途放弃某些既有的风险单位；风险自留是创业者自我承担风险损失的一种方法；风险预防是在风险损失发生前为消除或减少可能引发损失的各种因素而采取的处理风险的具体措施，其目的在于通过消除或减少风险因素而达到降低损失发生概率的目的；风险抑制是在损失发生时或在损失发生后为缩小损失幅度而采取的各种应对措施；风险转嫁是创业者为避免承担风险损失，有意识地将损失或与损失有关的财务后果转嫁给他人去承担的一种风险管理方法。风险发生的频率和影响程度不同，采取的风险应对方法也会不同，如表3.1所示。

表 3.1　不同风险的应对方法

	高频率	低频率
高程度	风险避免 风险抑制 风险转嫁	风险避免 风险抑制
低程度	风险避免 风险预防	风险自留

昆虫养殖项目

在西南大学畜牧兽医学院老师的帮助下，四川外语学院在读研究生刘某与多名大学同学一起创业，以昆虫养殖带动家禽养殖，以家禽养殖带动种植，发展原生态农业。其中，为突破虫草蛋技术难题，他们投入大量精力进行试验研究，用中药材取代抗生素，同时拒绝使用饲料。

"我们要还原到30年以前的土鸡蛋品质，并使其达到高蛋白低胆固醇的效果。"刘某说，他们在巴南区东温泉承包了一片茶山，采用全程散养的模式，不固定鸡的活动范围，使鸡有足够的空间在野外觅食昆虫，同时，大量家禽有机化肥不被浪费，使茶叶不再添加化肥。

在种源上，他们选择了湖南土鸡，在食物饲养上，为补足鸡在野外觅食不足，添加饲料蝇蛆补充。"每天每只鸡需要2克蝇蛆，蝇蛆是从日本引进的……"在位于石桥铺的重庆大学生创业孵化基地，刘某说着就拿了两根晒干的蝇蛆放在嘴里吃起来。

据称，他们终于成功推出拒绝污染、拒绝饲料、拒绝抗生素的鸡蛋，蛋白质含量丰富，含水量仅8%左右，胆固醇含量为1‰左右。据他们对市场的了解，目前很多鸡蛋含水量高达40%以上，而胆固醇含量普遍在8%以上。[7]

请思考：

对于该项目应如何进行投资风险的分析与评价？

 小测试

1. 创业投资的原则有哪些？这些原则对你有什么启示？
2. 你是如何看待创业投资技巧的？

第二节　创业投资决策

合理选择投资项目需要创业者在投资之前了解投资的原则和技巧，熟悉投资项目的选择条件，把握投资依据，掌握投资项目的评价标准。项目选择条件和决策依据是创业投资的基础，评价标准则是创业投资的核心。

一、投资项目的选择

作出正确的投资决策，需要创业者了解投资项目的选择条件，能够对不同项目的经济可行性、运作可能性以及获利的持续性等作出初步判断，以便开展进一步评价。

（一）论证投资项目的经济可行性

如同上一节谈到的，好的想法未必是好的商业机会，接近80%的新产品都可能会失败。所以，创业者在进行投资之前一定要认真评价其用于创业的企业想法是否可行。可以从行业和市场、资源条件、宏观环境、机会窗口大小、个人目标和能力、团队管理、竞争等方面，详细分析项目是否符合市场导向原则、效益原则、量力而行的原则、坚持创新的原则，是否符合国家产业政策，能否充分利用当地资源优势和创业者自身的优势。

只有那些具备一定可行性，符合创业投资原则的项目才有可能存在真实的需求，具有相当的竞争力，才能够实现创业目标。真实的需求，是那些具有购买力和购买欲望的消费者有未被满足的需求；具有竞争力，即消费者认为购买创业企业的产品或服务比购买其他的产品或服务能够获得更多的价值；实现目标，即满足创业者的愿望，能够回收成本并且获利。

现在假定你是一个准创业者，正在就是否生产并销售奶昔进行决策，决策前的市场调查中你会如何确定企业的顾客呢？按照产品类型和产品价格来进行市场细分，[8]还是按照客户规模或消费者心态来做市场细分？抑或是基于消费者的购买情景对潜在的顾客进行分类？以下案例将通过基于不同分类情况下的市场调查结果，来分析有针对性的市场调查应该如何对潜在的顾客进行分类。

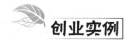

奶昔投资的可行性分析[9]

一家快餐连锁店想提高奶昔的销量和利润，于是市场部按照顾客的消费心态来进行市场细分、实施市场调查，想找出哪些顾客最有可能购买奶昔。这个调查将市场建立在产品上（这是大多数调查者的做法），然后按照能够购买奶昔顾客的特点进行细分。于是连锁店聚集了具备"会购买奶昔"这一属性的人群，市场部就根据这部分人群的特征开始探索奶昔是应该做得浓一点，还是巧克力多放一点，要么再便宜些，要么数量更足一些？开始分析如何通过改善让顾客更加满意？在收集了顾客的需求之后，连锁店很快作出了改进。

另一批研究人员也参与到这个调查之中，不同的是他们调查的起点并不是购买奶昔的顾客的意见，而是考虑顾客购买奶昔的原因或动机。于是，为了了解客户在"使用"奶昔时的诉求，研究员们在一家餐厅连续待了18小时，对购买奶昔的人进行详细记录。他们记录顾客每一次购买奶昔的时间，顾客同时还购买了哪些其他食品，顾客是独自到来还是成群结队；是在店内吃还是打包带走等。

如果你是创业者，在看下面的分析之前，你可以先就这两个调查进行思考。你会倾向于采用哪种方法？你觉得以上两种调查哪个更有效？

在连锁店根据第一项调查的结果很快作出改进后，经营效果并没有改善，销量或利润没有出现显著提高；第二项研究得出的结论很出人意料，他们发现将近一半的奶昔是在清晨被卖掉的，并且顾客经常是只购买一杯奶昔，多半是打包带走。

你如何理解第一项决策的失误？第二项调查的结果对你有什么启示？

习惯上，人们倾向于从产品属性和客户属性进行分类，于是得到属性和结果的联系，消费奶昔的人是希望味更浓一些还是量更大一些；第二项调查却基于情景条件对人群做了分类，从人们要完成的"任务"出发，分析能够帮助潜在顾客的产品或服务，认为客户想要做的事情，或者他们想要达成的结果（客户任务的功能特点、情感因素以及社会特性等情景条件）等参数决定了顾客的购买条件。当企业将产品定位于客户所在的情境中，而不是定位于客户本身时，他们就能成功降低产品推广过程中的不确定性。即创业企业应更关注客户的购买条件，而非客户本身。

接着来看第二组研究人员的做法：他们开始采访那些只在清晨购买一杯奶昔的顾客，想了解他们购买奶昔的目的，同时询问他们在不购买奶昔的情况下会选择什么替代品来完成同样的工作。大多数清晨购买奶昔的顾客的回答是相同的：他们面对一段漫长而无聊的行车过程，需要吃东西来打发无聊时光。但他们并不饿，可是如果现在不吃东西，会在10点左右感到饥肠辘辘；如果选择面包或百吉饼，会弄得衣服和车里到处都是碎屑，抹了奶油和果酱的面包或百吉饼还会将手指或方向盘变得黏黏糊糊；如果选择香蕉代替，吃一根香蕉的时间太短，无法长时间解闷；餐厅早餐时间出售的香肠、火腿或三明治也会将手指和方向盘变得油腻；吃甜甜圈呢又无法让其熬到10点钟而不感觉饿。况且他们多数时候只能腾出一只手来完成充饥、消磨时光、补充能量这个任务；另一只手需要把持方向盘，使车辆平稳行驶。奶昔则不同，如果控制得当，一杯浓稠的奶昔加上一根细细的吸管，能吃整整20分钟，足以打发在车内的无聊时间；而且吃奶昔只需一只手，干干净净无须担心泼溅，还是所有食物中最解饿的。研究员们还发现，在一天的其他时间段，经常有一些父母来购买奶昔，作为孩子们正餐之外的辅食，以减少对孩子的拒绝，让孩子觉得他们还比较"通情达理"，因此，奶昔扮演了一个无害的、向孩子表达关怀和爱意的工具。但是这种情况下，往往是父母们吃完主食后不耐烦地等着孩子从细细的吸管中费劲地吸着浓稠的奶昔，而且常会由于父母的不耐烦，在孩子们吃不到一半的时候就被迫放弃离开。

这个结果令研究人员大吃一惊，是不是同样也让你大吃一惊。原来买不买奶昔跟它的巧克力多少、量的大小并没有直接的相关关系，而是完全用在了和奶昔口味完全不相干的用途上。这个调查对于你的决策又有什么帮助？

我们还是先看一下另外可能作出的决策吧。通过研究得出的结论，我们发现奶昔的竞争对手并不是其他的连锁店，而是早上的无聊、百吉饼、甜甜圈等，或者可以作为辅食的曲奇、冰激凌及小点心。于是按照两类顾客群的需求，连锁店可以在早晨售卖的奶昔中采取以下措施：拌入小块的果粒，既可以增加吸食奶昔的时间，还可以给顾客一些意外的惊喜，改善用户体验；或者将奶昔做得更浓稠，通过提高吸食的难度，延长消灭一杯奶昔的时间；在每家餐厅内设置自助服务机，让顾客自行刷卡、自助服务，加快购餐速度。针对作为辅食的需求，则要降低黏稠度，且改变包装，让孩子们可以在有限的时间内，从其喜欢的造型有趣的容器中（叮当猫、奥特曼等）吃完能够传达"父母的关怀和爱意"的冷饮，还可以将其加在儿童套餐中，降低父母决策的难度。

以上分析可以看出，创业者在进行市场细分时采取的分类标准，对于数据的有用性以及决策的科学性起着决定性的作用。所以，创业者在论证投资项目的经济可行性时一定要了解不同的客户细分标准，选择最有用、最有利于自己决策的分类标准和方法开展市场调查。

（二）分析项目运作的可能性

具备可行性的项目可能很多，但不一定都具有运作的可能性。如果项目的市场不够大，不足以支撑投资所需的全部支出；如果创业者不具备将项目实施的资源和技能，无法将其付诸实践；如果创业项目不符合法律必备的条件，那么，再好的项目也不具有运作的可能性。所以，创业者在进行投资之前，一定要对可行项目的运作可能性进行细致分析，确保该项目凭借创业者的能力能够将其实施。

有运作可能性的项目一定是一个有价值的创意，且相对于创业者来说具有相当的比较优势。竞争理论认为，企业的竞争优势主要来源于产品/服务的差异化或成本领先，对创业者来说，要实现产品/服务本身、销售交货、营销渠道等客户广泛重视方面的创新，就需要具有新的创意。因为重复别人的投资项目或者市场上已有的做法，最多只能获得平均的报酬率，不能额外增加创业者的财富。创业者要获得创业成功，取得经济收益，就需要使投资运作的项目是个有价值的创意。

而要让有价值的创意能够为企业带来长远的价值，还需要创业者具备运行项目的能力，并且能够筹集到运作项目所需要的资源。这就需要创业者至少从个人经验、社会网络等方面展开评价。首先，具有相应的个人经验。在个人经验层面，要考虑以前的工作和生活经验是否能够支撑后续开发创业机会所必需的知识与技能。此时，经验的广度和深度扮演着重要角色。个人的工作经验越广，对把握创业机会越有帮助。其次，具有足够的社会网络资源。在社会网络层面，要考虑自己身边认识、熟悉的人们能否支撑后续开发机会所必需的资源和其他因素。有研究已经证实，社会关系网络在创业活动中起着重要的作用。社会关系网络越广，个体越容易发现创业机会，也更容易把握创业机会，实施创业活动，因为在创业过程中，社会关系网络不仅为创业者提供了信息、知识和资源，而且为创业者提供了必要的情感和心理支持，创业绝非易事，这些情感和心理支持是支撑创业者走向成功的关键因素。此时，需要对社会关系网络作出自我评价：有没有朋友愿意资助或借贷资金，可能性有多大；有没有朋友能带来生意，可能性有多大；有没有朋友能提供情感和心理支持等。

（三）判断投资获利的持续性

可行且可能运作的项目很多，但创业者不一定都会选择。因为不同项目具有不同的市场和生命力，有的项目具有较大的现实和潜在的市场需求，未来发展的空间很大，比如，自从电视机发明以来，经过多少次的更新换代，依然是人们生活中的必需品之一，依然有着广阔的市场空间；有的项目可能只是其他产品/服务之间的过渡品，生命力很弱，可能就是昙花一现，比如，BP机的出现和消亡，就是一个昙花一现产品的经典案例。所以，投资之前,创业者还要就项目对应的市场需求多少,以及需求的持续性如何等进行判断。

按照斯坦福大学教授谢德荪的研究,"源创新"相对于"流创新"更能够给创业者带来持续的盈利。[10]"流创新"主要通过降低生产成本、增加供应链效益、提高产品质量、增加产品的差异化等方法来满足细分市场的需求,依靠创新的单一企业自身的力量,对这个社会和人类需求的冲击和影响较小,每一个"流创新"产生效益的持续时间较短;相比来说,"源创新"的着眼点是开拓市场,是"无中生有"地去建立一个新生态系统,由系统内成员企业通过相互网络来提升各自价值,所以,"源创新"通过推动新的理念价值,来引导其他相关经济成员加入,并组合大家的资源来满足人们的欲望,开拓新的市场,从而使新市场在所有参与者的帮助之下具有非常强的生命力,使该创新带来的效益具有持久的生命力。但是,"源创新"在新的商业模式建立初期可能会面临较长时间的市场培养期,需要创业者有很强的整合和利用资源的能力,能够使企业维持从生存到市场广泛认可的时间。而"流创新"面对的基本是现有市场的细分市场,较容易得到消费者的认同,取得经营活动的现金流量。创业者在投资之前如果能够分析出其创意属于"源创新"还是"流创新",就能够较清晰地分析出项目盈利的持续性。当然,"流创新"项目也可以获得持续盈利,只是需要创业者持续改善设计,不断满足不同的细分市场。

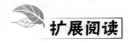

腾讯的持续创新[11]

1996 年,ICQ 诞生,瞬间风靡全球,到 1998 年的时候,这款软件已经垄断了中国的即时通信市场。1999 年 QQ 推出时,虽然还然很粗糙,但是中文界面使 QQ 迅速引起了市场关注。接着 QQ 凭借将用户的资料存储于云服务器,在任何终端都可以登录聊天;首创离线消息发送、隐身登录等功能,以及可以随意选择聊天对象、有自己的个性化头像;还有坚持通过面向消费者的免费服务等互联网理念,取得了客户信任,成为风靡至今的即时通信工具之一。

2002 年,QQ 创新推出 QQ 群,可以查看聊天记录,可以自行定义好友名,将 QQ 从早期陌生人之间的关系,转变为真实的用户关系,后来推出的好友手机绑定,摄像头绑定,手机通讯录保存在云服务器,手机资料中新增好友手机类别、品牌、型号等信息的功能,使 QQ 迅速转型成为真实的社交网络平台,而 QQ 号也成为人们的网络身份证。

再后来,QQTM 打败了 MSN,QQ 游戏打败了联众,腾讯网游打败了盛大。

随着 2010 年移动互联网的呼啸而来,腾讯在所有互联网巨头中第一个转身。从 2011 年 1 月推出到年底,微信在 1 年的时间里更新了 11 个版本,平均每个月迭代一个版本。至 2014 年第 2 季度末,即时通信服务月活跃账户数达到 8.48 亿个,即时通信服务最高同时在线账户数达到 1.99 亿个,"微信和 WeChat"的合并月活跃账户数达到 3.96 亿个。实现了总收入 184.00 亿元人民币,经营盈利 77.90 亿元人民币,每股基本盈利 3.50 元人民币的经营业绩。2020 年 3 月微信小程序日活跃账户数超过 4 亿,2021 年 1 月月微信搜一搜月活(MAU)突破 5 亿户,2022 年 1 月企业微信、腾讯会议、腾讯文档三款产品融合打通,为企业提供一体化协作工具。

腾讯的成功主要取决于不断地创新，其创新特征主要体现在以下几个方面。

第一，腾讯是世界上最早具有互联网思维的企业之一，正是这种思维让他区别于ICQ和AOL，成为世界上唯一获得大规模商业成功的即时通信企业。

第二，腾讯是世界上最早获得成功的真实社交网络平台，通过QQ和QQ群在2002年的创新式无缝连接，让陌生人社交转向了真实社交关系，摧毁了传统的聊天室商业模式，并在QQ秀上赚到"第一桶金"。

第三，腾讯是最早执行快速迭代微创新的互联网企业之一。正是这种微创新能力让他击败了MSN、联众、盛大等众多的互联网巨头，获得强大的盈利能力。

第四，腾讯是所有大象企业中最执着于创新的企业之一。这体现在微信的成功和在移动互联网时代的快速转型上。即使在全球来看，腾讯的转身也要早于美国的Facebook，仅仅慢于谷歌。

当然，腾讯的成功还跟企业一直专注于在互联网领域耕耘，而没有贸然投资其他行业不无关系。

二、投资决策的依据

创业投资和在位企业投资一样，要根据一系列的指标对其进行评估，以便进行决策；但是，创业投资也有其独特的地方，更注重项目的创新和发展前景，更依赖于创业者自身的特质及其拥有的资源状况。

（一）投资项目的现金流量

视频3.2 现金流量

现金流量是进行项目评价的基础指标之一，创业的目的之一是要获取一定的效益，包括经济效益和社会效益。要获得效益就要求创业企业能够首先生存下来，生存的前提之一就是要能够及时偿债，要有足够的现金流量来支撑企业的正常运转。因此，需要在创业之前对拟投资活动的现金流量进行评估。

创业活动的现金流入在开业之初主要取决于创业者的资金筹集状况，开业之后则取决于企业经营活动中产生的营业收入，以及必要时增加从外部筹集的资金数量。因为外部筹资和项目自身的现金流量无关，这里对项目现金流入量的预测只涉及创业活动能够给企业带来的营业收入。现金流量按其来源性质可以分为初始现金流量及其估计、经营现金流量及其估计和终结点现金流量及其估计三部分。

1. 初始现金流量及其估计

初始现金流量是项目开始投资时发生的现金流量，一般包括如下几个部分：固定资产上的投资，包括固定资产的购入或建造成本、运输成本和安装成本等；流动资产上的投资，包括对材料、在产品、产成品和现金等流动资产上的投资；其他投资费用，指与长期投资有关的职工培训费、谈判费、注册费用等。

2. 经营现金流量及其估计

经营现金流量又叫营业现金流量，是项目投入使用后，在其寿命周期内由于生产经营所带来的现金流入和流出的数量。这种现金流量一般以年为单位进行计算。现金流入一般是指营业现金收入，现金流出是指营业现金支出和交纳的税金。如果一个投资项目的每年销售收入等于营业现金收入，付现成本（指不包括折旧等非付现的成本）等于营业现金支出，那么，年营业现金净流量（net cash flow，NCF）可用下列公式计算：

$$每年净现金流量（NCF）= 营业收入 - 付现成本 - 所得税$$

或

$$每年净现金流量（NCF）=（营业收入 - 付现成本）\times（1 - 所得税率）+ 折旧 \times 所得税率 = 税后利润 + 折旧$$

由此可见，正确估计经营现金流量需要创业者能够合理预测创业活动带来的营业收入及付现成本。

预测创业活动能够带来的营业收入采用的主要方法是市场调查法。市场调查即调查市场状况、周边环境和消费者需求，通过收集、整理、分析有关市场营销的数据信息，了解市场现状和发展趋势的过程。通过市场调查，创业者可以了解与市场相关的客观因素，诸如环境、政策、法规等方面的信息，以及与市场相关的主观因素，如消费者需求、竞争对手等信息。详尽的市场调查不但有助于创业者作出准确的市场定位、更好的市场细分，还有利于创业者作出合理的营销决策，减少创业过程中的失误，增强创业成功的可能性。

创业者可通过实地观测/观察法、抽样调查、问卷调查、访问调查、座谈讨论、比较法、提问法、实验收集法等方法，对创业环境、竞争对手、消费者需求状况等信息展开市场调查，以便分析创业活动能够产生的营业额，再结合企业的信用政策来估计不同时间点的现金流入量。

现金流入量确定之后，须结合第二章计算营运资金时分析的各种支出情况，来计算现金流出量，进而计算创业活动在不同期间可能产生的现金净流量。比如，对一般的服务企业来说，可能的现金支出包括营业成本、付现的营业费用（管理费用、销售费用、研发费用）和财务费用，营业成本分行业又有所不同，像维修行业的材料费、直接人工费；培训公司的场地租金、讲师课酬；等等。而开一家网店的资金支出一般包括电脑、电话、相机、三脚架、快递费、邮寄费、进货费用、包装费、网络费用和电费、话费、网店装修费（模板+保证金、美工）、电脑维护费、客服薪酬、储存费用、推广费用，以及其他的支出，如摄影棚租赁费、交通费以及购买背景纸、题材物品等的费用。

3. 终结点现金流量及其估计

终结点现金流量是投资项目完结时所发生的现金流量，主要包括固定资产的残值收入或变价收入、原有垫支在各种流动资产上的资金（项目开始时投资在原材料、应收账款和存货等方面的资金，减去项目投产带来的应付账款增加金额后的差额）的收回、停止使用的土地的变价收入等。

【例3.1】 甲公司创业计划书中的部分内容如下：初始的固定资产投资为20万元，开业前一次性投入，开办费用1.1万元；开业后前5年内的营业收入和营业费用的预测见表3.2，企业的所得税率为25%。固定资产没有残值，采用直线法折旧，折旧年限为5年。

表 3.2　前 5 年的营业收入和营业费用情况　　　　　　　　　　单位：万元

项目	年				
	1	2	3	4	5
营业收入	26	48	67	98	136
营业费用	28	29	31	47	54

要求：

计算该创业项目的现金流量。

解： 首先需要计算年折旧额，年折旧额 = 20÷5 = 4（万元）。

其次，计算每年的付现成本，付现成本 = 营业费用 − 折旧，于是，各年的付现成本分别为 24 万元、25 万元、27 万元、43 万元、50 万元。

每年的营业现金流量计算如下：

NCF_1 =（26 − 24）×（1 − 25%）+ 4 × 25% = 1.5+1 = 2.5（万元）

NCF_2 =（48 − 25）×（1 − 25%）+ 4 × 25% = 17.25 + 1 = 18.25（万元）

NCF_3 =（67 − 27）×（1 − 25%）+ 4 × 25% = 30 + 1 = 31（万元）

NCF_4 =（98 − 43）×（1 − 25%）+ 4 × 25% = 41.25 + 1 = 42.25（万元）

NCF_5 =（136 − 50）×（1 − 25%）+ 4 × 25% = 64.5 + 1 = 65.5（万元）

初始现金流量 NCF_0 = −20 − 1.1 = −21.1（万元）

终结点的现金流量 NCF_5 = 0

4. 估计现金流量时应该注意的问题

在对投资项目的现金流量进行估计时还要强调以下三点。

第一，只有增量现金流量才是和创业项目相关的现金流量。增量现金流量是项目投产后能够给企业带来的现金流量的增加或减少量。任何现金流量，如果不管项目是否投产它都存在，那么它就是不相关现金流量，否则就是相关现金流量。相关现金流量是对企业经营管理有影响或在经营管理决策分析时必须加以考虑的各种形式的现金流量。例如，创业者去年曾打算开发某产品，为此支付了 5 000 元的咨询费，但由于种种原因，最后放弃了创业的打算。现在旧事重提，还想继续创业，将该项目开发完成。则在进行投资分析时，上一年的这笔 5 000 元的费用就是无关现金流量。由此可见，在决策过程中的每一阶段，只有未来的成本和收入相对应的现金流量才是与决策相关的。

第二，现金流量不同于利润。如果以利润为基础来预测现金流量，需要在利润的基础上加上一些非付现的支出，如固定资产的折旧费用、无形资产的摊销费用，以及其他需要摊销的各种支出等。

第三，在预测创业活动的现金流量时，创业者一定要充分估计创业筹办期，以及项目的建设期或研发周期。因为在创业筹办期和建设期或研发期内，创业活动一般不产生现金流入，但是要发生很多现金流出，如果对此期间的估计不足，就会导致创业者对创业所需资金的错误估计，导致现金断流的现象出现；就会缩短创业项目的回收期，使原本不会盈利或不可能持续的项目有较大吸引力，导致决策失误。另外，在进行现金流量预测时一定要分清现金发生的时点，充分考虑货币时间价值，而不能把不同时点的现金流量直接比较。

（二）投资项目的折现率

由于货币具有时间价值，不同时点等量的现金流量价值不相等，无法直接进行比较，因此，还需要创业者根据投资项目的风险大小、创业者创业时预期的报酬率高低等，分析确定一个适合该创业活动的折现率，对前述估计的净现金流量进行折现，将不同时期的净现金流量折算到决策时点，以便进行决策。

一般来说，折现率的确定主要取决于以下两个方面：创业投资的机会成本，以及对创业活动风险的评估。

1. 创业投资的机会成本

创业者在进行创业活动前都有其创业的目标，盈利是其中重要的目标之一。鉴于资源的有限性和排他性，当创业资金投资于某个创业项目时便无法同时用于其他方面，因此，对于创业资金的使用就要求取得投资其他项目的基本回报，这种由于投资某个项目而放弃投资其他项目时可能产生的最高回报便被称为机会成本。创业者一定要充分考虑其所投入的资金和精力的机会成本，将其作为折现率的确定依据之一。比如，如果创业者不将资金投入创业活动，就可以将这笔资金存入银行，或者将其用于购买某个保险公司发行的可以确保其收益的保险理财产品，这时因为保险理财产品的收益率高于银行存款利率，因此，保险产品的收益率应该是投资于创业活动的资金的机会成本；另外，创业者将精力用于创业活动就无法同时从事其他工作，比如某跨国公司的日常工作，则其由此失去的工资收益也应该是创业活动的机会成本。只有当创业活动的未来收益高于以上二者时，才可能会作出开始创业活动的决策。

2. 创业活动风险的评估

作为理性"经济人"，创业者在开展创业活动、确定创业投资的可行性，对创业项目进行评估时，也一定会将创业活动的风险考虑在内。在正常的资本市场环境下，风险越大收益应该越高。当创业活动存在风险时，由于风险厌恶情绪的普遍存在，创业者会对该投资活动要求一定的风险报酬，项目的风险越高，创业者要求的风险报酬就会越高。创业项目的折现率即创业者对创业项目要求的最低报酬率，包括前面提到的机会成本，以及由于冒风险而要求的风险报酬。

需要说明的是，创业活动风险的高低与创业者对风险的判断和偏好有关，不同的创业者对创业活动风险的评估不同，要求的风险报酬可能存在较大差异。

（三）投资项目的创新和前景

创业投资与在位企业投资不同的是，在位企业对于项目的评估往往可以直接根据相应的评价指标来判断，但是创业投资不一样，因为其一般都要在既有市场中作出细分，或者需要通过创业者和创业企业的努力开拓出一片新的市场，因此投资项目的创新和发展前景更为重要。

创业是突破资源约束、发现机会、创造价值的过程。创业者对于新机会的利用就意味着一定程度上的创新,又由于是利用新的机会,就会导致如同在投资原则中所提到的一样,创业投资可能在相当长一段时间内处于开拓期,有更多的投入和更少的盈利,甚至是连续不盈利的情况,这时项目的发展前景在评判项目的标准中就显得格外重要。京东可以在连续 10 多年的时间不赚钱,但是因为其开辟了电子商务领域的创业试验田,开放了全国第一家以产品为主体对象的专业博客系统,以及 3C 产品(计算机 computer、通信 communication 和消费类电子产品 consumer electronics)全线搭建等创新活动的开展,使其有着广阔的发展前景,从而可以在连续亏损的情况下取得外界资本的支持。

(四)投资项目的特有风险

不同项目的特有风险有很大差别,必须进行衡量,并根据风险大小调整项目预期的现金流量或贴现率。项目特有风险的衡量和处置方法主要有三种:敏感性分析、情景分析和模拟分析。

1. 敏感性分析

投资项目的敏感性分析,通常是在假定其他变量不变的情况下,测定某一个变量发生特定变化时对净现值(或内含报酬率)的影响。敏感分析主要包括最大最小法和敏感程度法两种。

最大最小法的主要步骤为:给定计算净现值的每个变量的预期值(现金流量和折现率),根据变量的预期值计算得出基准净现值(净现值的计算是本章第三节);选择一个变量并假设其他变量不变,令净现值等于零,计算选定变量的临界值;选择第二个变量,并重复上一步骤的过程。通过上述步骤,可以得出使基准净现值由正值变为负值(或相反)的各变量最大(或最小)值(如单价和销量的最小值、成本和初始投资额的最大值、最高的折现率等),可以帮助创业者认识项目的特有风险。

敏感程度法的主要步骤为:计算项目的基准净现值(方法与最大最小法相同);选择一个变量,如现金净流入量,假设其发生一定幅度的变化,而其他因素不变,重新计算净现值;计算选定变量的敏感系数,敏感系数 = 目标值变动百分比/选定变量变动百分比,表示选定变量变化 1%时导致目标值变动的百分比,数值越大敏感性越强;然后根据上述分析结果,对投资项目的特有风险作出判断。

2. 情景分析

情景分析一般假定未来现金流量有三种情景:基准情景,即最可能出现的情况;最坏情景,即所有变量都处于不利水平;最好情景,即所有变量都处于理想局面。分析时也可以根据实际情况和需要,设计更多的情景。采用情景分析,需要对每种情景出现的概率作出估计。如果它们的概率难以估计,也可以假设基准情况出现的概率为 50%,最坏情景和最好情景出现的概率各占 25%。

情景分析的主要过程是:根据不同情景的三组现金流量分别计算净现值,然后计算预期净现值及其离散程度。

3. 模拟分析

模拟分析也经常被称为蒙特卡罗模拟,它是敏感性分析和概率分布原理结合的产物。

模拟分析使用计算机输入所有影响项目收益的基本变量，然后模拟项目运作的过程，最终得出投资项目净现值的概率分布。采用模拟分析需要知道未来现金流量的连续分布概率。

模拟分析的步骤为：对投资项目建立一个模型，确定项目净现值与基本变量之间的关系；给出基本变量的概率分布；从关键变量的概率分布中随机选取变量的取值，计算不同情景下的净现值；重复多次上一步骤，直到得到项目净现值具有代表性的概率分布；评估项目净现值的概率分布，分析项目的特有风险。

模拟分析方法相比情景分析法是一个进步。它不是只考虑有限的几种结果，而是考虑了无限多的情景。模拟分析方法的主要局限性在于模拟所需要的概率信息难以取得。

针对不同项目特有风险的分析有利于创业者把握哪些因素对项目的影响较大，从而对其给予更多关注；判断因素变化到什么程度可能引起项目可行性的逆转，了解影响项目可行性的临界区间，以更好地管理项目风险。

 小测试

1. 创业项目选择的原则有哪些？如何判断创业项目是否具有运作的可能性？
2. 投资项目的现金流量分为几类？每一类的具体内容包括什么？
3. 估计现金流量时应注意哪些问题？
4. 确定项目的折现率应考虑哪些因素？
5. 项目特有风险的处置方法有哪几种？

第三节　创业投资评价

一、投资决策的评价指标

创业者在对创业项目进行评估时，首先要熟悉传统的投资评价指标，从投资效益的角度进行考量，同时还要结合创业活动自身的特性，充分考虑其创业活动附带的未来选择权。

传统的投资评价指标有净现值、现值指数、内含报酬率、投资回收期等，创业项目因为不确定性强，还需要考虑其期权价值。

视频 3.3 投资决策评价指标

（一）净现值

投资项目投入使用后的净现金流量，按创业者期望得到的报酬率折算为现值，减去初始投资现值后的余额，叫作净现值（net present value，NPV）。其计算公式为

$$NPV = \sum_{t=m+1}^{m+n} \frac{CF_t}{(1+i)^t} - \sum_{t=0}^{m} \frac{CF_t}{(1+i)^t}$$

式中，CF_t 为每年的现金净流量；i 为创业者要求的报酬率；n 为现金流量发生的时间；m 为项目从筹建开始到产生营业现金流量的时期；NPV 为项目的净现值。

净现值法所依据的基本原理是：假设原始投资是按资本成本借入的，当净现值为正数时偿还本息后该项目仍有剩余的收益，当净现值为零时偿还本息后一无所获，当净现值为负数时该项目收益不足以偿还本息。

【例 3.2】 依例 3.1，参考同行业的平均投资报酬率，公司要求的折现率为 15%。

要求：计算创业项目的净现值，作出是否投资的决策。

解：将例 3.1 中计算的现金流量，按照 15% 的折现率进行折现，计算的净现值如下：

$$NPV = 2.5\times(1+15\%)^{-1} + 18.25\times(1+15\%)^{-2} + 31\times(1+15\%)^{-3} + 42.25\times(1+15\%)^{-4} + 65.5\times(1+15\%)^{-5} - 21.1 = 93.08 - 21.1 = 71.98（万元）$$

因为净现值大于 0，所以该投资项目可行。

净现值反映了投资项目在考虑货币时间价值后，项目能够给企业带来的经济利益总流入。按照净现值法的评价标准，在只有一个备选方案的采纳与否决决策中，净现值为正者则采纳，净现值为负者不采纳。在有多个备选方案的互斥项目[12]决策中，应选择净现值是正值中的最大者。当寿命相同、投资规模不同的项目带来的净现值存在较大差异时，按照净现值的经济意义，依然应该选择净现值最大的项目。如对于两个寿命相同、投资额不同的项目 A 和项目 B，项目 A 需要投资 100 万元，净现值 20 万元，项目 B 需要投资 10 万元，净现值 3 万元，创业者应该选择哪个项目？因为净现值在计算时已经考虑了货币时间价值，即资金自身的成本，因此，只要能够筹集到 100 万元，创业者就应该投资项目 A，多获取 17 万元的价值。

（二）现值指数

现值指数（profitability index，PI）是投资项目未来报酬的总现值与初始投资额的现值之比。其计算公式为

$$PI = \sum_{t=m+1}^{m+n} \frac{CF_t}{(1+i)^t} \div \sum_{t=0}^{m} \frac{CF_t}{(1+i)^t}$$

公式中各个符号的解释同净现值的计算公式。现值指数反映每元初始投资给企业带来的考虑货币时间价值后的净收益，消除了投资额差异对项目评价的影响。按照现值指数法的评价标准，单一项目时现值指数应大于 1；多个项目选优时应取现值指数最大者。

【例 3.3】 依例 3.1 和例 3.2，计算创业项目的现值指数，作出是否投资的决策。

解：由例 3.2 可知，投资项目的总现值为 93.08 万元，于是，现值指数为

$$PI = 93.08 \div 21.1 = 4.41$$

由于投资项目的现值指数为 4.41，说明每 1 元初始投资可以带来 4.41 元的净收益，项目可行。

现值指数是相对数，反映投资的效率；净现值是绝对数，反映投资的效益，两者各有自己的用途。在一般情况下，PI 与 NPV 法的评价结论相同。若 NPV 大于 0，则 PI 大于 1；但 NPV 法侧重于互斥项目比较，PI 法侧重于独立项目[13]比较。

（三）内含报酬率

内含报酬率（internal rate of return，IRR）是指能够使未来现金流入现值等于未来现金流出现值的贴现率，或者说是使投资方案净现值为零的贴现率。其计算公式如下：

$$\sum_{t=m+1}^{m+n} \frac{CF_t}{(1+IRR)^t} = \sum_{t=0}^{m} \frac{CF_t}{(1+IRR)^t}$$

公式中各个符号的解释同净现值的计算公式。根据公式计算出的 IRR 就是投资项目本身的报酬率,也是投资项目的真实报酬。因此,内含报酬率法是根据方案本身的内含报酬率来评价方案优劣的一种方法。内含报酬率大于创业者要求的报酬率则方案可行,且内含报酬率越高方案越优。

内含报酬率的计算,通常需要采用"逐次测试法"。首先估计一个折现率,用它来计算项目的净现值,如果净现值为正数,说明项目本身的报酬率超过折现率,应提高利率继续测试;如果项目的净现值为负数,说明项目本身的报酬率低于折现率,应降低利率继续测试。经过多次测试,寻找出使净现值接近于零的报酬率,即为项目本身的内含报酬率。当项目本身的内含报酬率高于创业者要求的必要报酬率时项目可行;对于互斥项目,在正常情况下应选择内含报酬率高的项目。

随着计算机技术的广泛应用,目前越来越多的企业使用该项指标对投资项目进行评价。创业者如果会用 Excel 来计算内含报酬率,会大大减少计算的工作量,降低该指标的使用难度。如果创业者估计的项目现金流量是年金形式,可以在 Excel 中选择 RATE 函数,输入函数中要求的相应数值,即可计算出需要的内含报酬率指标。以下以 Excel 2016 为例说明其具体做法:在任何一个 Excel 文件中的空白单元格中输入"=",选择工具栏的"公式"找到"财务",单击下面的三角符号,选择"RATE",在弹出的窗口中输入相应数值,其中 NPER 是年金电子数据表的期数或最后一笔现金流量的日期,PMT 是年金电子数据表的现金流量,PV 是项目的初始投资金额,FV 是终值、计算 IRR 时为 0,TYPE 不需要输入,回车即可得到要计算的 IRR。

如果创业者预计项目产生的每年的现金流量不相等,则可以使用 IRR 函数。首先,创业者要将预测的现金流量按照时间顺序输入 Excel 中相邻的单元格中,然后在任一空白单元格输入"=",在菜单栏的"公式"中选择"财务",找到"IRR"单击,会弹出一个对话框,对话框中包含两部分信息:一部分是 Values,这是必需的资料,采用数组或单元格引用的方式,创业者直接单击右侧的"选择"按钮,对表格中用于计算 IRR 的相关现金流量数据进行选择即可,Values 必须包含至少一个正值和一个负值,以计算返回的内部收益率;另一部分是 Guess,可以选择输入,用于对函数 IRR 的计算结果进行估计,也可以忽略后直接回车,即可得到 IRR 的计算值。

【例 3.4】 依例 3.1,要求计算投资项目的内含报酬率。

解:运用 Excel 表,按照要求输入相应数据,计算可得 IRR 数值,界面如图 3.4 所示。
因为 IRR 高于创业企业要求的报酬率,该投资项目可行。

净现值法和内含报酬率法在多数情况下也会得出一致的结论,当净现值大于 1 时,项目的内含报酬率会高于资本成本,相反就会低于资本成本;但是,如果项目的投资规模不同、现金流量的分布不同,或者项目有不规则的现金流量时(现金流量的正负号变化超过一次),两种方法的评价指标也会出现矛盾。尤其是当项目现金流量的正负号变化超过一次时(由于创业项目的高风险,其现金流量正负号变化一次的情况要比在位企业高得多),会出现几个不同的内含报酬率,使创业者无所适从。因此,二者相比,还是净现值法的适用范围更广。

图 3.4 依案例 3.4 输入数据
IRR=76.47%。

(四)投资回收期

投资回收期(payback period,PP)是指从项目的投建之日起,用项目所得的净收益偿还原始投资所需要的年限。投资回收期分为静态投资回收期与动态投资回收期两种。静态投资回收期是在不考虑货币时间价值的条件下,以项目的净收益回收其全部投资所需要的时间;动态投资回收期是把投资项目各年的净现金流量按创业者要求的报酬率折成现值之后,再来计算的投资回收期。投资回收期可以自项目建设开始年算起,也可以自项目投产年开始算起,但应予注明。求出的投资回收期可以与行业标准或行业平均的投资回收期进行比较,低于相应的标准,即认为项目可行。如某创业者估计项目的初始投资为 10 万元,经营现金流量每年为 2 万元,则该项目静态的投资回收期为 5 年;假设项目还需要半年的建设才能投入使用,则包括建设期在内的投资回收期为 5.5 年。假定行业平均的投资回收期比 5 年或 5.5 年长,则该项目可行,否则项目不可行。假定投资者要求的报酬率是 15%,则项目的动态回收期接近于 10 年 [$100\,000 = 20\,000 \times (P/A,15\%,n)$,求解可得]。

【例 3.5】 依例 3.1,要求计算投资项目的投资回收期。

解:通过表格计算静态和动态的投资回收期,见表 3.3。

表 3.3 投资回收期

项目	年					
	0	1	2	3	4	5
净现金流量	−21.1	2.5	18.25	31	42.25	65.5
累计净现金流量	−21.1	−18.6	−0.35	30.65	72.9	138.4
现值系数	1	0.870	0.756	0.658	0.572	0.497
折现现金流量	−21.1	2.175	13.797	20.398	24.167	32.554
累计折现现金流量	−21.1	−18.925	−5.128	15.27	39.437	71.991

由表 3.3 的计算可知,项目的静态和动态投资回收期分别为

$$静态投资回收 = 2 + \frac{|-0.35|}{31} = 2 + 0.01 = 2.01$$

$$动态投资回收期 = 2 + \frac{|-5.128|}{20.398} = 2 + 0.25 = 2.25$$

可见，静态投资回收期为 2 年，动态投资回收期为 2.25 年。

一般来说，回收期越短的项目风险越低，因为时间越长很多情况越难以估计，风险越大。短期项目给创业者提供了较大的灵活性，快速回收的资金可以用于别的项目。因此，回收期法可以粗略地快速衡量项目的流动性和风险，为许多创业者采用。尤其是当创业者要作出很多投资金额较小、回收期比较短的项目的投资决策时。

但实际上，很多有战略意义的长期投资往往早期收益较低，而中后期收益较高。回收期法优先考虑急功近利的项目，可能导致放弃长期成功的项目，不利于创业企业的长远发展。创业者务必在企业的短期获利和长期发展之间进行权衡。

（五）实物期权

实物期权是创业者在进行创业投资时对投资项目未来的选择权。选择权是具有价值的，当创业者决定投资某一个项目时，其便拥有了未来扩张的权利、放弃的权利及时机的选择权利等。如投资决策原则中所说，创业者在进行项目投资时要充分考虑其选择权的价值。尽管期权的概念最早产生于金融期权交易，但近些年越来越多的理论和实务工作者认识到，期权在实物投资中起着更加重要的作用，尤其是对创业投资来说。

按照期权的特性，投资项目的不确定性越强，期权的价值越大。创业投资恰是投资中最难以估量的活动之一，其不确定性最强，因此也最具期权价值。对于实物期权的计算和评估已超出了本书范畴，对于本部分感兴趣的读者可以查阅《财务管理学》等相关教材。这里提到实物期权是想强调其在创业投资的重要性，引起创业者的关注，使其对于创业投资的决策更加谨慎和科学。

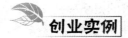
创业实例

万燕早飞和苹果成熟——时机选择权的价值
万 燕 早 飞[14]

1992 年 4 月，美国国际广播电视技术展览会在美国拉斯维加斯举办。这是当时世界上规模最大的电视技术博览会。时任安徽现代集团总经理的姜万勐带着自己的同事赴美观展。

展览会上，美国 C-CUBE 公司展出的一项不起眼的 MPEG（图像解压缩）技术引起了姜万勐的兴趣，他凭直觉立刻想到，用这一技术可以把图像和声音同时存储在一张小光盘上。此后，姜万勐先后出资 57 万美元，于 1993 年 9 月，将 MPEG 技术成功地应用到音像视听产品上，研制出一种物美价廉的视听产品——VCD。同年 12 月，他又与美籍华人孙燕生（时为 C-CUBE 公司董事长）共同投资 1 700 万美元成立了万燕公司，各取了姜万勐、孙燕生名字中的一个字作为公司名称：安徽省万燕电子系统有限公司。

在 1993 年安徽现代电视技术研究所的 VCD 可行性报告中，有这样的一段描述：这是 20 世纪末消费类电子领域里，中国可能领先的唯一机会。为此，姜万勐进行了一系列的市场调查，得到了一系列的数字：1993 年中国市场上组合音响的销售量是 142 万台，录像机的销售量是 170 余万台，LD 影碟机的销售量是 100 万台，CD 激光唱机的销售量是 160 余万台。当时的 LD 光盘是四五百元一张，而 VCD 机的光盘价格却只有它的 10% 左右，因此可以预测，VCD 机每年的销售量将会达到 200 万台左右。

1994 年，万燕开始批量生产 VCD，但初期由于片源不配套，使 VCD 在市场发展上停滞了很长一段时间。

中国的老百姓到了 1994 年年底才逐渐认识 VCD。在这一年，万燕生产了几万台 VCD 机，每台定价 4 250 元左右。不仅如此，姜万勐还要开发碟片，总不能让老百姓买了枪而没子弹。为此，他又向 11 家音像出版社购买了版权，推出了 97 种卡拉 OK 碟片。在最初成立不到一年的时间里，"万燕"倾其所有，开创了一个市场，确立了一个响当当的品牌，并形成了一整套成型的技术，独霸于 VCD 天下。

可以说，万燕的初创是成功的，也是辉煌的。但是，万燕也给自己酿下一杯苦酒。令姜万勐感到伤心的是，万燕推出的第一批 1 000 台 VCD 机，几乎都被国内外各家电公司买去做了样机，成为解剖的对象。

1996 年开始到 1997 年，中国的 VCD 市场每年以数倍的速度增长。从 1995 年的 60 万台猛增至 1996 年 600 多万台，1997 年销售达到 1 000 万台。只用了短短 5 年，VCD 影碟机累计销售已有 5 000 万台，并催生了爱多、步步高、新科等国内响当当的品牌。但"万燕"却在这个产业中，从"先驱"成为"先烈"，其市场份额从 100% 跌到 2%，也就在这一年，"万燕"被同省的美菱集团重组，成为美菱万燕公司。

苹 果 成 熟[15]

2010 年 1 月，苹果推出了划时代的产品 iPad，短短的两年时间，平板电脑已经成为全世界风靡的商品。尽管这项产品后来出现了许多竞争者，例如 RIM 推出的 Play Book、惠普推出了 Touch Pad 及华硕的 Eee Pad 等，然而都未能撼动 iPad 的竞争地位。那么，苹果公司的 iPad 是如何做到的呢？

与很多人印象不同的是，世界上第一台平板电脑并不是 iPad，而是台湾宏碁在 2002 年所推出的 Travel Mate C100。平板电脑的概念现在被证明是对的，但是当时的宏碁也跑得太快了。2002 年的宏碁还没有 iTunes 或 App Store 这样的软件服务，让平板电脑充满各种可能性，对使用者而言，平板电脑只相当于附加了手写输入概念的笔记本电脑而已；而且 2002 年的网络环境，3G 网络服务才刚刚开始萌芽，无线网络有限的频宽让消费者对于移动上网的需求迟迟无法提升；2002 年的科技水平也没有目前的生产技术，产品的生产成本高居不下，使得 Travel Mate C100 的售价高达 69 900 元新台币，比一般笔记本电脑贵了近 50%，是现在 iPad2 的 3 倍，重量为 1.4 千克，是 iPad2 的 2.3 倍。

反观苹果，则在 2001 年先推出了 iPod 这个移动音乐播放器以及 iTunes 线上音乐商店，逐步建立起软件内容的基础；2007 年，市场的网络环境日臻成熟时，苹果也只推出了第一代 iPhone 智能手机，在 2008 年推出了 App Store 这款软件商店平台，这个时候的苹果依然致力于建立软件服务内容。直到 2010 年，当苹果在软件内容拥有相对的竞争优势、网络环境对于移动上网变得友善、科技生产力得以生产出轻薄便宜的平板电脑之后，该公司才终于推出了 iPad 这个平板电脑产品，即便是他们早在 2004 年 3 月就已经申请了相关专利。

虽然管理学中的"走廊原理"告诉大家率先进入某个市场的企业具有一定的优势，但是从万燕和宏碁的例子中可以看到，很多的先进入者更像一个个革命先烈，往往在产业趋势形成之后就被市场淘汰，而其中一个很重要的原因就是先进者"跑得太快了"。

以下以万燕为例分析先行者失败的原因。具体来说万燕衰败的原因有以下几点。第一，先期投入资金、后期匮乏。在资金上，"万燕"在前期研究开发的投入是 1 600 万美元，当时，中国老百姓对 VCD 的认识几乎为零，为开发市场，"万燕"又投入了 2 000 万美元，由于前期投入太多，"万燕"已难堪重负，资金的短缺使得"万燕"在市场进入成长期后变得寸步难行。第二，对市场价格的预期错误。1994 年普通上班族的年收入不过五六千元，而一台 VCD 的定价就有 4 200 多元，差不多是普通居民一年的收入。对于市场能够接受的价格的高估，使万燕一开始生产的 VCD 多被其他生产厂家买走，培养了大批潜在的竞争对手。第三，进入市场太早。万燕公司 1992 年 12 月成立，但 1994 年年底市场才初步认识 VCD 产品，1996—1997 年 VCD 市场才高速增长，但是，进入过早的万燕，只是做了 VCD 市场的培育者，没能够成为市场的收获者，所以，"早一步是先烈，早半步是先驱"的说法不无道理。

接着以苹果为例分析时机选择权的价值。苹果早在 2004 年就已经申请了相关专利，但是迟迟不动手研发和生产产品，原因主要是和产品相关的外部环境不成熟，无论是网络的硬件环境、技术决定的生产环境，还是软件决定的消费者习惯，当时都不足以引发消费者的广泛关注和使用兴趣，于是，苹果放弃了早投产的计划，而是耐心地等待时机。我们前面提到过，对创业者的创新产品来说，市场不确定性越大，不确定带来的期权价值就越高，因为一段时间的等待，不一定是对创业机会的放弃，反而可能是为帮助创业者更好捋顺思路，更仔细分析项目的可能性提供思考的时间，减少盲目上马带来失败的可能性。这个案例中，时机选择权的价值足够大，达到可以颠覆不同项目最后的结局。因此，创业者在进行投资之前，一定要仔细分析创业项目投产的时机是否成熟，要考虑时机选择权可能带给自己的巨大价值。

二、创业投资的特殊性

尽管在进行投资决策时有一些通行的做法，但是由于创业企业和在位企业的区别，使创业企业在投资决策上还有一些特殊之处，需要创业者给予充分关注，如投资项目的期权问题、商业模式的创新问题、投资者价值的实现、做好盈亏平衡分析和重视纳税筹划等。

（一）投资项目的期权很重要

创业企业现金流的非线性特征，决定了其波动率是关于风险的函数，这就使风险溢价的计算非常困难，往往采用较高的折现率，从而使一些具有潜在成长价值的创业项目被排斥在外。相反，实物期权理论却认为，不确定性是有价值的，在一定的范围内，不确定性越高，其投资机会的价值也就越高。因此，创业者应从实物期权的角度看，将创业项目的价值视作静态的 NPV 和实物期权（投资机会）的价值之和。

例如，某创业企业为了扩大生产能力，提高其在市场竞争中的地位，需要投资 1 000 万元。该企业生产的产品价格波动较大，若用传统评价方法对其进行评估，它的总现值（现金流入量的现值）只有 960 万元，NPV 为 –40 万元，由于净现值小于 0，故该创业项目的投资不可行。可是如果该项目的投资可以根据市场情况选择投资时间，比如有两年的期限作为选择时机，则该项目即拥有了两年的美式看涨期权。[16]

根据 Black-Scholes[17]公式，该美式看涨期权的执行价格 X 为 1 000 万元，标的资产的当前价值 S 为 960 万元。如果期权有效期内的无风险利率 r 为 5%，标的资产连续复利的年收益率的标准差 σ 为 20%。代入公式计算，得 $d_1 = 0.3896$，$d_2 = -0.1760$，查表得 $N(d_1) = 0.6508$，$N(d_2) = 0.4302$，则美式看涨期权的价值为

$$C = 960 \times 0.6508 - 1\,000 e^{-5\% \times 2} \times 0.4302 = 235.51（万元）$$

由此可见，考虑看涨期权之后，项目的净现值为 195.51（235.51 – 40）万元，项目是可行的。[18]

（二）考虑商业模式创新的价值

创业者的创业投资如果是可持续的话，一般会带来商业模式的重大变革，但是就像上面曾经提到的，"源创新"在商业模式建立初期会经历相当长时间的市场培育期，为了顺利度过行业进入期/萌芽期，需要创业者准备足够的应对风险的资金，而且要对营运前期有充分估计，这样才会使企业面临资金断流的危险时，创业者能够坚持向前而不是放弃。况且从社会层面来说，商业模式创新所产生的外部性，对于整个社会的进步都是一个较大促进。新进入的创业者如果能坚持到市场快速发展期，必然会收获满满。如果只是"流创新"或者微创新，但只要创新带来的变革足够大，最终不但可以使创业者收回成本，还能实现盈利，则开始时相当时间的亏损依然是可以接受的。

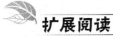

凡客诚品：商业模式"微创新"的价值

凡客诚品（北京）科技有限公司成立于 2005 年，到 2010 年已经凭借对电子商务互联网营销的深刻理解，超越了最初市场形态的竞争对手，而且不断以微创新方式提升客户体验。甚至创新设立了当今 B2C 互联网的许多基于客户体验的基本性规则，诸如"30 天退换货保障""全场免运费""1 000 城市送货上门""货到付款"之类消费者承诺等。凡客以微创新为手段，以客户体验为服务目标，5 年将销售规模做到了 65.4 亿元。据悉，在艾瑞咨询发布的《2012 年中国服装网购市场研究报告》中，凡客占中国服装网购市场份额的 7.2%，位于天猫之后，排名第二。

凡客诚品的微创新主要体现在以下几个方面。

第一，精心设计包装，提升客户体验。仅在成立最初的 3 年时间里，其包装盒更改过不下 3 次。而且还针对线上卖的每类商品，几乎都设计有对应的不同商品内包装。凡客诚品的外包装从第二版开始，都是交由专业设计公司进行设计的。陈年个人对外包装的重视程度也是史无前例的，从原材料的挑选、Logo 的展示、颜色的选择，都要由他最后确定。就是为了增强消费者在收到凡客诚品快递、打开精美包装那一刹那的愉悦感，凡客诚品加大了在包装方面材料、仓储等的投入，花掉了占整体费用 5% 的钱在外包装上。

第二，用产品线的不断延展和高品质服务承诺吸引客户购买。凡客诚品不断从多个层面的"微创新"来提升用户体验，比如：网络营销的全方位覆盖；29 元印花 T 恤、59 元帆

布鞋，以及丝袜、防寒服等产品线的不断扩展；"当面验货，无条件试穿"以及"商品质量问题，30天内无条件退换货"的服务承诺等。

第三，让客户参与销售和利润分成，提高商品的流通价值。凡客诚品还采用客户参与模式等创新，不断提高价值。当客户在"凡客达人"店铺上注册以后，店主只需按照自己喜爱的风格随意搭配VANCL的各种服饰，或者VANCL的单品搭配别的服装，店铺就可以开张，然后用照片向自己圈子里的朋友、同学或者粉丝传播自己，如果有人"捧场"，从达人页面上点击链接购买，店铺的生意就做成了，达人店主可以得到10%的分成比例。这样将其店主均变成了凡客诚品的广告商，不但降低了广告费，还改善了广告效果，提高了广告的针对性。

虽然凡客诚品直到2013年还没有赚钱，但不妨碍它在业界的高估值，也不妨碍其获得了启明投资、老虎基金等风投的多轮投资。

2022年6月，雷军卸任凡客诚品的董事一职；2024年4月18日，雷军在直播时顺口提到了自己穿着凡客诚品的T恤、牛仔裤和帆布鞋，重新引发了全网对凡客诚品的关注和购买热潮，把凡客诚品品牌再次带火。[19]

（三）关注创业者价值的实现

创业者创业的目的并不完全是盈利，在很多情况下作出创业决策的理由都是基于创业者自我价值实现的需要。在创业者感兴趣的领域，如果创业者对于创意的考虑也相对成熟，创业者就可以去尝试性地进行创业投资。因为经济领域的资金并不缺乏，只要创业者的创意具有足够的吸引力，就可以帮助其吸引创业所需资金，在创业者经过一番努力之后，即便没有能够产生收益，但是创业者的能力也会得到很大提升，成熟创业者的培养其实比赚钱的多少更加重要。前提是创业者一定要对创业项目有足够的兴趣，而且考虑要比较周全，准备比较充分。

（四）做好盈亏平衡分析

鉴于创业企业的不确定性、创业企业的高风险特征等，要求创业者对风险要有高度的警觉，在进行创业投资之前做好投资项目的盈亏平衡分析。企业要能坚持到资金的盈亏平衡点才可以更好生存，要超过利润的盈亏平衡点才能实现盈利。在此之前的经营都意味着创业者要持续不断地追加投入。因此，通过盈亏平衡分析，创业者可以知晓企业达到盈亏平衡的时间，以便做好心理、资金等方面的准备。

研究表明，基于消费者对新推出产品的采纳过程来分类，可以将其大致分为五类群体。大体上说，大约会有2.5%的少部分人属于"创新者"，勇于尝试并乐于在第一时间购买并试用新产品；会有13.5%的人为"初期采纳者"，会在评估产品风险后，仍有意愿在早期使用；各有34%的人属于"早期多数人口"和"后期多数人口"，会在产品比较成熟后开始使用，这部分人显然是决定产品能否成为主流的关键，是所有企业最愿意捕捉到的广大群众；16%的人是"落后者"，或许要等到所有人采用完新产品后，自己才会拖着脚步跟上，或者不采用不熟悉的新产品。上述的接纳过程如图3.5所示。

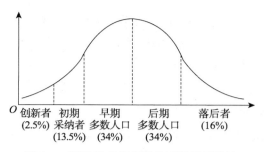

图 3.5 消费者对新产品的采纳意愿分布

如果把新产品的市场接受过程转换成累计用户数量的增长速度（市场接受度份额），可以发现它呈类似"S"形的曲线——初创时期愿意采纳的用户比例相对较低，成长较缓慢。进入成长期，用户数量会出现激烈攀升的状态，进入成熟期后又回到缓慢增长态势。如果用图 3.6 来代表用户市场成长时的生命周期的话，纵轴代表实际用户数量（实际市场份额），横轴代表至少有多少用户时，其他人才愿意跟着使用新产品，即最低意愿门槛（预期市场份额）。图中的 45°线表示当"实际市场份额"与"预期市场份额"相吻合时的分界线。"S"形曲线是用户规模的发展进程，它与 45°线有三个交汇点：X、Y、Z，分别代表三个市场份额的均衡状态。

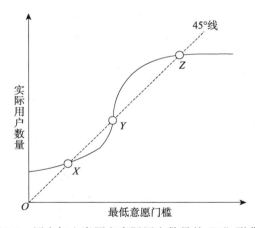

图 3.6 用户加入意愿和实际用户数量的"S"形曲线

以平台企业为例，在创业初期是"S"形曲线在临界存活点 X 左侧这一段，当大多数人都对这一新兴平台持观望态度，不愿意贸然投入时，只有一小群"创新者"愿意尝试该平台所提供的服务；然而，X 点对于平台企业来说，市场占有率实在太小，平台企业必须想办法将用户规模推至引爆点 Y。X 与 Y 点之间是网络效应的"真空地带"，也是多数企业阵亡的瓶颈区，创业者可通过给初次进入平台的消费者打些折扣、为其提供赠品，或者主动服务消费者等方式完成他们的初次体验，将用户数量推动至 Y 点，否则实际的用户数量很可能会退至 X 点，导致创业失败；而当用户数量达到 Y 点右边时，实际参与的人数将开始超过新用户想加入的最低意愿门槛，将平台的实际市场占有率推升至 Z 点才缓和下来。Y

点与 Z 点之间是网络效应的"爆炸地带",也是平台企业成长最迅速的地带。[20]

本部分虽然以平台企业为例,但是用户数量增长状况的分析同样适用于其他类型企业的创业者。只有想方设法让企业的市场占有率上升到一定水平,才能够在市场上生存下来,并逐步发展壮大。

(五)重视纳税筹划

为使企业资金得到合理、有效使用,充分利用国家提供的各种税收优惠政策,实现最大化的盈利收益,企业必须将资金进行合理投放和配置,在不同的投放产业、投放方式之间进行恰当分配。

1. 投放产业选择的纳税筹划

国家会根据不同时期的社会发展规划及产业导向,对不同产业制定差别税收政策,达到对经济运行宏观调控的目的。对于国家支持的行业、商品类别等,在制定税收政策时,往往能够给予比较优惠的税收政策,企业可根据国家产业政策和税收优惠差别规定,通过对资金投放产业的选择,达到减轻税收负担的目的,体现国家产业政策导向。

2. 投放方式选择的纳税筹划

如前所述,项目投资所需固定资产投资既可以采用自购的方式,也可以借助他人资金,采用分期付款赊购或者融资租赁方式。前者需要考虑完全自己支付资金所形成的机会成本增加;后者则需要考虑借用他人资金所需要承担的融资成本。无论哪种方式,都必须要考虑到税收因素对投资方式选择的影响。

【例 3-6】 B 创业公司计划新增一台大型设备,需要资金 100 万元,预计使用寿命 6 年,预计净残值 4 万元,采用年限平均法折旧,按 10% 的利率进行折现。为获得该设备,现有以下两种方案:方案一,用自有资金购买;方案二,融资租赁,5 年后取得租入资产所有权,每年支付租赁费 20 万元,手续费 1%,融资利率为 9%。企业所得税税率为 25%,计算并比较两种方案的节税情况[21],见表 3.4、表 3.5。

表 3.4　B 创业公司自有资金购买设备的节税情况　　　　　　　　单位:万元

时间 ①	购买价格 ②	折旧费 ③	节税额 ④=③×25%	税后现金流出量 ⑤=②-④	折现系数 ⑥	税后现金流出量现值 ⑦=⑤×⑥
第 1 年年初	100	—	—	100		100
第 1 年年末	—	16	4	−4	0.91	−3.64
第 2 年年末	—	16	4	−4	0.83	−3.32
第 3 年年末	—	16	4	−4	0.75	−3.0
第 4 年年末	—	16	4	−4	0.68	−2.72
第 5 年年末	—	16	4	−4	0.62	−2.48
第 6 年年末	—	16	4	−4	0.56	−2.24
—	—	—	—	−4	0.56	−2.24
合计	100	96	24	72	—	80.36

表 3.5　B 创业公司融资租赁设备的节税情况　　　　　　　　　　　单位：万元

时间①	租赁费②	手续费③=②×1%	融资利息④	融资成本⑤=②+③+④	折旧费⑥	节税额⑦=(③+④+⑥)×25%	税后现金流出量⑧=⑤-⑦	折现系数⑨	税后现金流出量现值⑩=⑧×⑨
第1年年末	20	0.2	9	29.2	16	6.3	22.9	0.91	20.84
第2年年末	20	0.2	7.2	27.4	16	5.85	21.55	0.83	17.89
第3年年末	20	0.2	5.4	25.6	16	5.4	20.2	0.75	15.15
第4年年末	20	0.2	3.6	23.8	16	4.95	18.85	0.68	12.82
第5年年末	20	0.2	1.8	22	16	4.5	17.5	0.62	10.85
第6年年末	—	—	—	—	16	4	−4	0.56	−2.24
—							−4	0.56	−2.24
合计	100	1	27	128	96	31	93	—	73.07

从表 3.4 和表 3.5 的计算结果来看，无论是从节税角度，还是从税后现金流出量现值的角度，B 创业公司融资租赁设备比用自有资金投放购买设备要优些。

小测试

1. 什么是净现值？如何计算和进行评价？
2. 什么是现值指数？如何计算和进行评价？
3. 什么是内含报酬率？应如何计算和进行评价？
4. 净现值、现值指数和内含报酬率之间有什么关系？
5. 什么是投资回收期？如何进行分类、计算和评价？
6. 什么是实物期权？其和项目风险的关系如何？
7. 创业投资的特殊性表现在哪些地方？

注释

[1] 王艳茹，应小陆，杨树军.创业企业财务管理[M].北京：中国人民大学出版社，2022：124-126.
[2] [美]埃里克·莱斯. 精益创业：新创企业的成长思维[M].北京：中信出版社，2012.
[3] 董洁林. 迭代创新：当风向骤变的时候，小米能飞多远？[OL].北京大学汇丰商学院乾元论坛，http://mp.weixin.qq.com/s?__biz=MjM5NjY0MTQ5Mw==&mid=200215625&idx=2&sn=30713925ffc3b9c500140bad2782b1a1&3rd=MzA3MDU4NTYzMw==&scene=6#rd.
[4] 孙宏超. 东挪西凑京东还是没盈利[OL].网易科技，http://tech.163.com/14/0320/17/9NQ2364R000915BF.html.
[5] Steve Mariotti, Caroline Glackin. 创业管理：创立并运营小企业[M].2版.北京：电子工业出版社，2012：178.
[6] 王艳茹，应小陆，杨树军.创业企业财务管理[M].北京：中国人民大学出版社，2022：69-71.

[7] 选编自全国大学生创业服务网：http://cy.ncss.org.cn/.
[8] 市场细分是指创业者通过市场调研，依据消费者的需要和欲望、购买行为和购买习惯等方面的差异，把某一产品的市场整体划分为若干消费者群的市场分类过程. 每一个消费者群就是一个细分市场，每一个细分市场都是具有类似需求倾向的消费者构成的群体.
[9] [美]克莱顿·克里斯坦森，迈克尔·雷纳. 创新者的解答[M]. 2 版. 北京：中信出版社，2013：58-62.
[10] 谢德荪. 源创新[M]. 北京：五洲传播出版社，2012.
[11] 看腾讯 15 年间如何打败竞争对手，未央网，https://www.weiyangx.com/110938.html.
[12] 互斥项目是指多个互相排斥，不能同时并存的方案. 如两种产能和价格不同，但性能相同、用于生产同一类产品的机器设备的购置就属于互斥决策，创业者只能选择其一，而不会同时选择.
[13] 独立项目是指不受其他项目的影响而进行选择的项目. 也就是说，该项目的接受既不要求也不排除其他的投资项目. 如购置空调、财务软件和办公桌椅的决策就是独立项目的选择决策，任何一个项目的选择都不会影响其他项目的执行与否.
[14] 于国安. "万燕"开创 VCD 市场的成败[J]. 创新科技，2006（2）：48-49. 百度百科，江门市万燕电子有限公司，网址：http://baike.baidu.com/link?url=-9ZKDoxQaqcfyH Xbp6rlbvVmSXLf13P_eOIBmrWTGV1Fe-x1a-rpw5Lz8etlYkOkA3yceuzcVIO- Mg5BB-dIH. 题目为作者根据上下文内容所起.
[15] 王伯达. 预见未来[M]. 长沙：湖南科学技术出版社，2013：127-130. 题目为作者根据上下文内容所起.
[16] 看涨期权是指期权的购买者拥有在期权合约有效期内按执行价格买进一定数量标的物的权利. 本例中，如果 2 年后产品价格变得对企业有力、扩大产能可以使项目的净现值大于 0，创业者就可以选择执行合约、投资该项目；如果 2 年后再投资的净现值依然小于 0，创业者就可以放弃扩大产能. 项目的看涨期权可以帮创业者避免现在就扩大产能给企业带来的投资风险.
[17] 即布莱克—斯克尔斯期权定价模型，由斯坦福大学教授迈伦·斯克尔斯（Myron Scholes）和数学家费雪·布莱克（Fischer Black）于 1973 年，首次在政治经济杂志（Journal of Political Economy）发表，之后该模型为包括股票、债券、货币、商品在内的新兴衍生金融市场的各种以市场价格变动定价的衍生金融工具的合理定价奠定了基础.
[18] 陈睿，扈文秀. 实物期权与 DCF 法在评估创业企业价值中的比较分析[J]. 西安电子科技大学学报（社会科学版），2003，（12）：71-74.
[19] 经济观察网，http://www.eeo.com.cn/2013/0301/240617.shtml. 商界招商网，http://www.sj998.com/html/2010-12-21/277036.shtml.天眼查，https://www.tianyancha.com/search?key=%E5%87%A1%E5%AE%A2%E8%AF%9A%E5%9 3%81&sessionNo=1703575548.82574134.
[20] 陈威如，余卓轩. 平台战略[M]. 北京：中信出版社，2014：87-91.
[21] 任晓辉. 税收筹划[M]. 北京：高等教育出版社，2021（4）：277-279.

课后讨论

1. 货币时间价值和投资的风险价值在进行项目选择时是如何得到应用的？
2. 如果你有感兴趣的项目，请按照本章内容计算相关的决策评价指标，并进行投资决策.
3. 从网上搜索一篇创业计划书，运用所学知识计算检验其财务评价指标的正确性.

技能训练

甲公司欲投资一条新的生产线,买价为40万元,不用安装即可使用,投产前需垫支流动资金2万元;按照税法规定生产线采用直线法折旧,折旧年限为5年,净残值率为5%。生产线投入使用后,每年可产生销售收入20万元,付现成本12万元;甲公司要求的报酬率为10%,适用的所得税率为20%。

要求:

(1)计算该项目每年的税后现金流量。

(2)计算该项目的净现值,判断该项目是否可行,并说明原因。

第四章 资金管理是创业成功的重点

 学习目标

知识目标：熟悉资金管理的目标、内容和工具，以及产品定价方法。

能力目标：掌握资金管理技巧，计算最佳现金持有量及存货的经济订货量，作出应收账款管理决策。

素养目标：认识资金管理的重要性，管理好企业的"资金池"。

课程思政点

 故事思考[1]

乐凯撒比萨的现金流危机及其应对

2009年，乐凯撒比萨创办于深圳，到了2015年发展到12家门店，同年5月红杉资本的6 000万元注资大大加速了其发展。截至2020年2月，直营门店已扩张至140家，主要分布在上海、广州、深圳。

一、第一次现金断流及解决对策

2018年9月，公司就曾遭遇过现金流断流的至暗时刻。彼时，经过两年120%开店的狂奔，又遇到榴梿囤货季（需要在榴梿产季提前采购下一个产季的所有榴梿用量），当时公司遇到了一个两难选择——坚持囤货，现金流马上断流；不囤货，榴梿过季价格翻倍，没利润现金流也会断流。

往年囤货都有供应链金融支持，2018年，榴梿价格翻倍，金融机构去杠杆，没有机构愿意一起囤货。公司开始四处找钱，找银行遇挫、给投资人求助未果。最终还是创始人陈宁的好友伸出援手，加上通过担保公司、向银行抵押房产，在持续半年的时间里，累计筹资8 000万元，才熬过来那次危机。

经过那次断流危机，2019年开年伊始，公司主动快速关掉了16家门店，对老店进行优化，同时谨慎开新店，聚焦根据地市场，全年新开门店仅8家。快速关店和谨慎开店的结果，使集团2019年利润比2018年增长了6 000多万元，保障了企业的现金流动。

二、第二次现金流危机

2020年年初新冠肺炎疫情暴发，无疑给处于高速扩张阶段的乐凯撒比萨踩了一脚"急刹车"。

企业的财务人员当即做了现金流测算，根据餐饮门店的正常成本结构计算，房租占比

15%～20%，人工成本大约25%，食材成本大约35%。测算的结果是账上的资金只能维持公司两个半月的生存，预计到4月，公司现金流可能为负，2020年上半年可能会有5 000万元的亏损。于是公司马上进入冬眠状态，极限生存。除了必须上班的门店伙伴以及食品安全团队之外，其他职能暂时进入休假状态，通过线上外卖全力自救，争取不让现金流断流。

围绕外卖和安全，公司决定：快速优化外卖，强化可感知的安全。通过研究新场景，匹配新需求，优化了公司一直主打的独立封装"一人食"团餐，推出价格29元、35元和49元的团餐套餐。同时基于微信小程序开发团餐入口，优化订餐流程。

至2月底乐凯撒只有74%的门店恢复营业，总销售额降低50%～60%，其中堂食降低85%，业务主要靠外卖维持。但外卖的订单利润很低，一般会减少70%～80%。这种情况在3个月内很难明显改善，预计每个月亏损1 000万元左右。于是，对于企业来说，最重要的事情就是找到"续命"的资金。

三、交易数据成了可以抵押的"砖头"

2018年，上次资金危机出现后，公司及时转型，成立了专注餐饮数字化的全资子公司乐家云计算。将所有数据和流程上线，成立数据中台，进行销售额智能预估、智能排班和智能配货。通过"三步走"战略，公司在集团数字化上，累计投入接近4 000万元，而数字化的努力，线上线下的复合也成为这次疫情的竞争力。堂食虽然下滑90%，但营业门店的线上业务却增长160%左右，虽然只有75%的门店营业，整体销售额也仅下滑了60%。相比同业很多企业90%甚至100%的下滑，三年来持续的数字化让公司捡了半条命。

2020年2月17日，乐凯撒正式向美团提交贷款申请；美团依托平台上的商户交易量、点评数据积累以及行业模型和风险模型预判，和光大银行合作完成了对乐凯撒的授信审批。最终光大银行仅用了三天时间，就给了乐凯撒4 000万元的综合授信，首笔1 000万元很快到账。而本是IT工程师出身的创始人陈宁也加强了企业的数字化转型，以应对接下来的挑战。

资料来源：张弘，两次遭遇现金断流，创始人自述：我们这样拿到贷款。中国企业家杂志，转引自腾讯网，https://xw.qq.com/cmsid/20200229A0M4XA00。

请思考：

1. 乐凯撒比萨的两次现金流危机是如何出现的？
2. 公司两次应对现金流危机的措施对你有何启发？
3. 对于预防现金流危机你有何建议？

创业者筹集的资金除用于项目投资外，还有很大一部分要用于日常的生产经营活动。尤其是制造类企业，会有更多资金投放在流动资产上，这部分资产的流动性对于企业的盈利能力，以及偿还债务的能力都有很重要的作用，需要采用科学的方法进行管理。同时，企业在日常的生产经营过程中，会形成很多自发性负债，如应付账款和应交税费等，这些自发性负债会在一定程度上减少企业对资金的需求，对自发性负债的管理也是本部分探讨的内容。

第一节 资金管理的作用

一、资金筹集困难

大量的研究表明,资金筹集是对创业者来说在创业初期遇到的最困难的问题之一;而如第二章所述,资金又是企业经营必需的因素之一,甚至还会影响企业经营的持续性。虽然资本市场上的资金可能并不缺乏,但是由于创业企业的风险过高、创业者和资金提供者之间的信息不对称,以及资本市场欠发达等原因,使创业者在筹集资金的时候并不容易,产生了所谓"筹资困难"的现象。

(一)新创企业的不确定性大

与在位企业相比,新创企业存在更多的不确定性,加大了投资的风险,从而不利于吸引投资。

1. 创业机会本身具有不确定性

创业者的创业机会不可避免地会受外界环境的影响,当外界环境发生变化时,机会也会相应消失。对创业活动本身而言,由于创业项目尚未实施,或刚开始实施,创业项目受外界环境的影响相对于在位企业来说更大,其市场前景更不明朗。

2. 新创企业的利润具有不确定性

多数创业者创业经验缺乏,导致其应对内外部环境变化的能力不足,创业企业提供的产品或服务尚未经受过考验,销售收入和成本不稳定,企业盈利的稳定性较差。

3. 新创企业的寿命具有不确定性

亚洲开发银行驻中国代表处副代表兼首席经济学家汤敏指出:"中小企业的存活率很低,即便在发达的美国,5年后依然存活的比例仅为32%,8年后为19%,10年后为13%。"[2]在中国,中小企业的寿命往往更短,据统计,我国新创企业的失败率在70%左右。国外有学者估计,新创企业在2年、4年、6年内的消失率分别为34%、50%、60%。[3]

(二)新创企业和资金提供者之间信息不对称

信息不对称是经济生活中普遍存在的现象。创业筹资中的信息不对称表现为创业者对自身能力、产品或服务、企业的创新能力和市场前景等的了解多于投资者,从而处于信息优势,投资者则处于信息劣势。

1. 创业者倾向于对创业信息进行保密

创业者在筹资时,往往倾向于保护自己的商业机密及其开发方法,特别是进入门槛低的行业的创业者更是如此,这样,创业者对创业信息的隐藏会增加投资者对信息甄别的时间和成本,从而影响其投资决策。

2. 新创企业的经营和财务信息具有非公开性

新创企业或者处于筹建期，或者开办的时间较短，缺乏或只有较少的经营记录，企业规模一般也较小，经营活动的透明度较差，财务信息具有非公开性，使潜在投资者很难了解和把握创业者和新创企业的有关信息。

3. 高素质的投资者群体尚未形成

由于中国市场经济发展的时间较短，普通大众的投资理念比较保守，尚未形成一个相对成熟的投资者群体，潜在投资者对行业的认识、直觉和经验等也相对缺乏，使其在选择投资项目时更为谨慎。创业者、新创企业和投资者群体之间的信息不对称，会导致创业筹资时的道德风险和逆向选择。

（三）资本市场欠发达

中国真正意义的资本市场是以20世纪90年代沪、深证券交易所的建立为标志的，经过30多年的发展，已成为国家经济调控和企业筹资的重要场所。但与发达国家相比，中国的资本市场仍然不够完善，缺少擅长从事中小企业筹资的金融机构和针对新创企业特点的筹资产品，对企业上市的要求较高，产权交易市场不够发达等，从而致使新创企业的筹资受到一定限制。

1. 专门融资机构和特色筹资产品缺乏

中国缺少擅长从事中小企业筹资业务的金融机构和针对新创企业特点的筹资产品。和发达国家相比，中国人均金融机构数目偏少，擅长从事中小企业筹资业务的金融机构更少，加上现有金融机构的创新能力不足，提供的针对中小企业特点的金融产品较少，可供新创企业选择的筹资方式有限。

2. IPO方式的资本退出渠道不畅

企业上市的要求较高，投入资本的退出渠道不畅。尽管科创板和北交所的推出在一定程度上降低了上市的门槛，但对企业上市的要求条件依然较高，使相当一部分企业无法满足上市条件，从而投入资本的退出渠道不畅，影响了风险投资等投资人对新创企业的投入。

3. 场外交易不足以支持资本回收

产权交易市场不够发达，影响投入资本的回收。场外的产权交易是投入资本回收的重要方式，统一的产权市场有利于进行跨地区、跨行业的产权交易，相对低廉的交易成本会降低投资者回收投资的代价，使其通过产权交易的方式回收投资。但中国既没有形成全国统一的产权交易市场，产权交易的成本又比较高昂，加大了投资者回收投资的成本，使其在进行投资时更加谨慎。

（四）创业筹资难的其他原因

与在位企业相比，创业企业在筹资方面还具有明显劣势。

1. 缺少相应的抵押和担保

企业创办初期一般来说规模较小，固定资产等有形资产价值偏低，有效的可供抵押的资产较少，抵押资产不足，以及同外部的弱联系等，使创业企业缺少第三方担保，从而面临信贷约束（包括贷款申请被拒绝、不能获得足额贷款和由于担心遭拒而不去申请贷款）和信贷缺口（期望得到的贷款与实际获得的贷款之间的差额）。

2. 单位筹资成本较高

创业企业的筹资规模偏小，使投资方的投资成本较高，这不但表现在事前的资料调查和可行性分析过程中，而且表现在事后对投入资金的管理过程中。因为无论多大规模的投资，对投资方来说，必经的例行调查和事后的管理工作都不会减少，因此，当企业筹资规模较小时，导致单位资金成本的升高。

3. 资金的安全性难以评估

创业企业缺少以往可供参考的经营信息，使投资者对于投入企业资金的安全性判断较为困难，从而限制了企业的资金筹集。

4. 缺乏有经验的创业者

由于我国创业教育滞后（创业教育在中国开始普及的时间较晚，而且主要在高等学校开设），目前还比较缺乏有经验的创业者，加上国内支持创业的基础设施还不够健全，也使创业筹资的难度加大。

5. 创业者的人力资本定价困难

企业家人力资本市场无法为白手起家的创业者所拥有的人力资本质量提供权威参考，这就进一步加大了投资者面临的交易成本（包括考察成本、监督成本、沉没成本等），从而使创业筹资难上加难。

视频 4.1 资金管理的重要性

二、资金管理的战略地位

任何企业的生产经营活动都需要资金支撑。对新创企业来说，在企业的销售活动能够产生现金流之前，企业需要技术研发，需要为购买和生产存货支付资金，需要进行广告宣传，需要支付员工薪酬，还可能需要对员工进行培训；另外，要实现规模经济效应，企业需要持续地进行资本投资，加上产品或服务的开发周期一般比较漫长，使创业企业在创业初期对资金的管理更加重要，甚至可以说资金管理在企业具有很强的战略地位。

对创业者来说，资金管理在企业的战略地位主要表现在以下几个方面。

（一）资金是企业的血液

资金不只是企业生产经营过程的起点，更是企业生存发展的基础。但是，大量的调查表明创业的最大困难之一就是缺乏资金。

资金是企业的"血液"，资金链的断裂是对企业致命的威胁。据国外文献记载，破产倒闭的企业中有 85% 是盈利情况非常好的企业，这些企业倒闭的主要原因是资金链的断裂。如大家所熟知的巨人集团、韩国大宇汽车等，都是由于企业缺乏足够资金清偿到期债务导致的企业破产清算。可见，资金对企业，尤其是初创期的企业来说有着至关重要的作用。

（二）合理筹资有利于降低创业风险

世上没有免费的午餐。创业企业使用的所有资金，都具有一定的资金成本。筹集较多的资金虽然可以避免出现现金断流的情况，但是会增加企业的筹资成本，创业初期如果企业的经营利润不能够弥补筹资成本的话，会造成企业亏损；筹集较少的资金虽可以降低筹资成本，但是如果资金使用不合理，或者资金短缺时无法及时筹集所需资金，会使企业陷入无法及时偿债的境地，从而被迫进行破产清算。因此，合理选择筹资渠道和筹资方式，有利于降低资金成本，将创业企业的财务风险控制在一定范围之内。

（三）科学的筹资决策有利于企业可持续发展

企业在不同的发展阶段，有着不同的现金流特点，会面临不同风险，对于资金筹集也有不同要求。根据企业所处生命周期阶段以及企业所在的行业特点，结合宏观筹资环境和创业者对控制权的偏好，考虑筹资成本及筹资风险，以及资金的可得性等客观情况，作出科学的筹资决策，不仅有利于合理安排资本结构，将财务风险控制在可控的范围之内，而且可以使企业的所有权得到有效配置，使企业的利益分配机制更加合理，为创业企业植入"健康基因"，保证创业企业可持续发展。

 小测试

1. 为什么创业企业筹资较在位企业更加困难？
2. 新创企业的不确定性表现在哪些方面？
3. 与在位企业相比，创业企业在筹资方面的劣势有哪些？
4. 为什么说资金管理在创业企业的管理中具有战略地位？

第二节　资金管理的方法

鉴于创业企业筹资较为困难，而资金管理对企业来说又至关重要，因此，创业者应熟悉资金管理的相关方法，以在日常工作中加强对资金的管理，减少资金占用，提高资金使用效率，从而提高企业的盈利能力，保证企业的偿债能力。

一、资金日常管理的工具

资金的日常管理主要是保持货币资金[4]在企业内的最优配置，也就是在满足企业货币资金最低需求量的同时，充分提高货币资金的使用效益，降低资金成本。

做好日常的资金管理，要做到对于资金的使用心中有数，这就要求创业者能够看懂现金和银行存款日记账，了解企业资金的主要运用方面；能够进行简单的现金预算，以便应付意外情况；并且做好"浮存"资金的管理，让有限的资金发挥最大的用途；同时还要开源节流，保证企业的资金池不能断流。

（一）学会使用日记账

日记账，也叫序时账是按照经济业务发生的时间先后顺序，逐日逐笔登记经济业务的账簿。序时账簿按照记录的内容不同，可分为普通日记账和特种日记账。

普通日记账是用来登记企业全部经济业务的日记账。通常把每天所发生的经济业务，按照业务发生的先后顺序，编成会计分录[5]记入账簿中，所以又称分录日记账。如果企业采用财务软件方式进行会计核算，则可以采用普通日记账的格式。

特种日记账是用来登记某一类经济业务发生情况的日记账。只把重要的项目按发生时间的先后顺序记入日记账中，反映某特定项目的详细情况。实务中，除库存现金和银行存款收付要记入库存现金日记账和银行存款日记账之外，其他项目一般不再设置特种日记账进行登记。表4.1是银行存款日记账的形式及示例说明。

表 4.1　银行存款日记账　　　　　　　　　　单位：元

日　期	经济业务摘要	借方（+）	贷方（-）	余　额
××××年				
9月1日	期初余额			20 500.00
2日	从银行借款	20 000.00		40 500.00
3日	购买设备		25 000.00	15 500.00
4日	购买其他固定资产		1 900.00	13 600.00
5日	购买办公用品		175.00	13 425.00
5日	购买原材料		5 000.00	8 425.00
8日	出售商品	2 500.00		10 925.00
8日	购买辅料		1 500.00	9 425.00
9日	提出现金供零星使用		750.00	8 675.00
10日	出售商品	3 000.00		11 675.00
11日	支付电费		500.00	11 175.00
12日	支付电话费		300.00	10 875.00
12日	出售商品	1 250.00		12 125.00
13日	支付广告费		1 000.00	11 125.00
14日	购买劳保用品		200.00	10 925.00
15日	支付运费		130.00	10 795.00

通过上面的账簿记录可以发现，企业在9月15日的银行存款余额为10 795.00元。

按照《中华人民共和国现金管理暂行条例》的规定，企业之间的业务往来，除按条例规定的范围可以使用现金外，应当通过银行进行转账结算。所以，企业日常经营的大部分资金收支均需要通过银行存款进行款项结算。创业者只有随时了解银行存款的余额情况才能够正确作出款项支付或延期付款的决策。如果对银行存款的余额了解不足，开出了支付额大于存款余额的支票，则成为空头支票（不能兑现，取不到钱的支票），企业不但会受行政处罚，还可能被列入违规"黑名单"，情节严重的还会被依法追究刑事责任。所以，企业一定要保持完整的银行存款记录，一方面对自己的存款情况做到心中有数，另一方面减少不应有的违规行为的发生。

库存现金日记账的结构和使用方法与银行存款相同。这里不再举例说明。

（二）坚持编制现金预算

"现金为王"一直以来都被视为企业资金管理的中心理念。企业现金流量的管理水平往往是决定企业存亡的关键所在，现金不仅可以促使企业持续经营，还可以使企业发展壮大。加强对企业现金流的管理，确保企业随时有足够的现金来支持经营以及支付债务，是企业财务管理的最基本原则之一。

创业者可以借助现金预算的手段，结合以往经验（直接经验和间接经验，对于首次创业者来说，可能更多是从他人处学来的间接经验），通过精确地预测未来的现金流量状况，确定合理的现金预算额度和最佳现金持有量，保证充足的流动性。

编制现金预算通常采用的方法是现金收支全额法。这一方法是把计划期内涉及资金流动的财务活动全部加以反映。其基本结构可分为五大组成部分：预期资金流入、预期资金流出、现金多余或不足、资金融通与调剂和期末资金净流量。

1. 预期资金流入

预期资金流入的主要来源是产品或服务的销售收入，其次是其他业务收入、营业外收入及投资收益等。投资者追加投入、吸收风险投资等也是企业预期资金流入的重要渠道，在预计现金流量时须予以考虑。

创业者首先需要运用科学的方法预测产品或服务的销售数量，以便从预计销售的收账方面着手预测现金流动情况，区分各种产品销售或服务中现销与赊销各自所占的比例，并分析以赊销方式实现的销售与收账之间的间隔时间，据以计算预期的现金收入。其他收入也是企业现金流入的重要内容，创业者应尽量想办法对其作出合理预计。销售收入的预测取决于第三章第二节"投资项目的现金流"部分的市场调查，具体方法见第二章第二节"测算营运资金"部分的表格。

2. 预期资金流出

预期资金流出包括采购直接材料的现金支出、直接人工支出、制造费用、销售费用、研发费用和管理费用、还本付息、支付所得税、利润分红，以及购买固定资产等项目中的现金支出。这些支出的数据分别来源于生产预算的编制、直接材料采购预算和现金支出、直接人工预算和现金支出、制造和营业费用预算和预计现金支出、其他现金支出预算等。

（1）生产预算的编制。生产预算是以销售预算为基础，考虑期初期末的存货需求进行编制的。因为产品销售会随经济发展状况、个人喜好等发生变化，企业的生产计划往往不会刚刚和预算的销量相等，而是或多或少留出一部分富余，保持一定量的存货，保证能在发生意外需求时按时供货，并均衡生产，节省赶工的额外支出。创业者可以根据预计的产品销售量结合期末、期初的产品存货量，确定预算期产品的生产量。其计算公式为

$$预计生产量 =（预计销售量 + 预计期末存货）- 预计期初存货$$

在预计生产量的基础上，结合单位产品消耗的材料数量，可以计算本期生产需用的材料数量，即生产需用量。

$$生产需用量 = 预计生产量 \times 单位产品材料消耗量$$

（2）直接材料采购预算和现金支出。直接材料采购预算是在生产预算的基础上编制的。与生产预算相似，直接材料预算是以预计生产需要耗用的材料数量为基础，同时考虑期初、期末的原材料存货来编制的。直接材料采购量的计算公式为

$$\text{本期需要采购的原材料数量} = \text{生产需用量} + \text{预计期末存货量} - \text{预计期初存货量}$$

企业确定了直接材料的采购数量后，就可以根据预计的材料采购价格，以及采购过程中可能发生的采购费用，结合赊购的时间、采购过程中可能发生的商业折扣、供应商提供的现金折扣等因素，编制材料部分的现金预算。

（3）直接人工预算和现金支出。直接人工预算也是以生产预算为基础编制的。其编制方法可以是先确定单位产品的需用工时，再乘以各期预计产品产量，得到各期需用人工小时数，最后再以各期需用直接人工小时数乘以每小时的直接人工成本，得到各期预计的直接人工成本；或根据预计生产的产品数量乘以单位计件工资得到预计的人工成本。直接人工预算与其他预算不同的是，人工工资全部以现金支付，企业直接人工预算编制完毕后，支付工资的现金流出量就可以相应确定。

（4）制造和营业费用预算和预计现金支出。制造和营业费用是指制造费用、销售费用、研发费用和管理费用。这些费用的发生按其与产品生产量和销售量的关系，可划分为变动费用和固定费用两部分。变动费用预算可根据单位产品各明细项目的标准费用乘以预计的生产量或销售量计算；固定费用则需要逐项预计其在不同期间可能的支出金额，结合企业的发展状况进行调整。

制造费用是企业为生产产品和提供劳务而发生的各项间接成本，是生产成本中除直接材料和直接人工以外的其余一切生产成本，包括企业各个生产单位（车间、分厂）为组织和管理生产所发生的一切费用。例如，生产单位管理人员的工资、职工福利费、劳动保护费，车间支付的办公费、水电费、发生的机物料消耗、计提的固定资产折旧等。创业者需要逐项预计各项费用可能的支出金额，将其中付现支出的部分纳入现金预算中。

销售费用预算应和销售预算相配比，有按产品、按地区、按用途的具体预算数额，在编制时，要对竞争对手和同行业企业销售费用的发生情况进行分析，结合企业的战略措施，逐项预计各种销售费用的可能支出，在保证实现销售目标的前提下，最大限度减少不必要的开支，实现销售费用的最有效使用；研发费用是企业进行研究与开发过程中发生的费用，需要根据研究开发规划进行合理预计；管理费用多属于固定成本，其使用效果最难断定，但又是必须开支的项目，创业者应根据管理费用项目包括的内容，按企业自身的实际情况一一分析，充分考察每种费用是否有开支的必要，以便提高费用的使用效率。

一般来说，企业的营业费用包括后勤部门人员的薪酬、租金、水电费、广告投入、保险费、折旧费、办公费、交通费、通信费、业务招待费、职工培训费等。在企业创建初期销售支出一般会较高，因为为了促成每一笔交易，可能需要打更多电话或者多次的人员拜访，特别是当创业企业还不为人知的时候。而且由于在创业第一年企业的变化较大，如随着业务的扩展、新雇员的增加会导致职工薪酬提高以及保险支出增加，随着销售额的增长会增加销售提成，甚至销售人员的薪酬也要相应提高，相关办公费用也会增加，随着季节

变化要调整广告预算等，有时业务增加还会导致新厂房增加，于是增加租金支出或大量的资本性支出[6]，办公空间的加大会导致水电费增加，以及折旧费用的变化等。创业者要考虑任何可能导致费用支出增加的可能变化，将其体现在现金预算中。所以，在预测营业费用时，创业者一定要逐项估计，并进行仔细估算。

需要特别指明的是，制造费用和营业费用预算在编制时，应该只包括付现的支出，非付现支出虽然构成企业的成本费用，但由于在发生时不需要支出现金，不用纳入现金预算表。

（5）其他现金支出。企业除了由营业支出支付现金外，其他方面也需要支付现金，如上交所得税、购买设备、支付利息、分配利润、支付固定资产租金、短期投资和长期投资的现金支出等，这些项目均应逐项分析，预计可能发生的时间和数额，列入现金收支预算。

3. 资金多余或不足

预期现金收入合计减去支出合计，就是现金流量净额。若现金流量净额为正数，说明现金溢余；若现金流量净额为负数，说明现金不足。

4. 资金融通与调剂

现金出现溢余时，企业可根据需要与可能，用于偿还过去的借款，或进行短期投资，但还款或投资后，仍需保持最低现金余额[7]，以保证企业的资金供应；现金可能不足时，企业需从外部筹集资金，如向银行取得新借款、吸引新的风险投资机构或股东加入等方式筹资，以满足企业经营业务的需要。

5. 期末资金余额

经过资金融通或调剂之后计算的现金余额为期末现金余额。该余额应符合国家政策规定和企业发展的需要。

本期的期末现金净流量即为下一期的期初现金流量。

6. 现金预算示例

现金预算的编制，以各项营业预算和资本预算为基础，反映了各预算期的收入款项和支出款项，并作对比说明。

现金预算可以是年度现金预算，也可以是月度现金预算，如果采用计算机进行编制，还可以按日进行，以更好地监控企业每日的现金流入流出数量。

现金预算的格式如表4.2所示。

表 4.2 现 金 预 算 单位：元

时　间										合　计
期初现金余额										
加：销售现金收入										
其他现金流入										
可供使用现金										

续表

时间								合计
减各项支出：								
直接材料								
直接人工								
制造费用								
营业费用								
所得税								
购买设备、厂房								
支出合计								
现金多余或不足								
借款筹资								
归还借款								
借款利息								
期末现金余额								

（三）做好"资金浮游量"管理

我国现金管理制度规定，除特定情形可以使用现金结算的外，单位之间的货币结算都需要通过银行转账进行。但很多创业者可能不知道，对于企业开出的支票，按照《中华人民共和国票据法》第九十一条的规定，"持票人应当自出票日起 10 日内提示付款"，这就意味着企业开出的支票，其有效期是 10 日。支票开出后款项划走前依然存于企业账户上的资金构成"资金浮游量"。假如某企业支付原材料货款时，支票的签发和寄交供应商需要 3 天，供应商内部处理要 2 天，银行间办理清算要 1 天，则支出浮游总天数为 6 天，在这 6 天的时间里，企业完全可以对这部分资金再进行合理的使用。资金浮游量的管理对创业初期资金极为缺乏和紧张的企业来说，运用得合理不但可以产生一定收益，关键的时候还可以解企业的燃眉之急。因此，创业者应合理预测资金浮游量，有效利用时间差，提高现金的使用效率。

一般来说，由于企业与银行取得凭证的实际时间不同，导致双方记账时间不一致，而发生的一方已取得结算凭证且已登记入账，而另一方未取得结算凭证尚未入账的款项叫作未达账项。资金浮游量主要指的就是企业和银行之间的未达账项。未达账项的存在会导致企业存款账户上存款余额和银行账簿上企业存款账户余额之间出现差额，对这部分资金的充分利用是西方企业广泛采用的一种提高现金利用效率、节约现金支出总量的有效手段。随着财务管理知识的普及，利用"资金浮游量"的方式也将受到越来越多的国内企业的重视。

犹太钻石商巴奈·巴纳特能够成为南非首富之一，一个重要的因素就是他视时间为商品，把银行的时间"卖"了，并且"卖"出了好价钱。初到南非，巴纳特是一个从事矿藏资源买卖的经纪人，每个星期六都是他赚钱最多的日子——因为这一天银行停业较早，他可以尽兴地开出空头支票购买钻石，然后在星期一银行开门之前售出钻石，以所得现金支付货款。他要做的事情，就是在每个星期一的早上给自己的账号存入足够多的钱，以兑付他星期六所开出的支票。他这种拖延付款的办法,没有侵犯任何人的合法权利,调动了远比他实际拥有的资金多得多的资金。让人尤其敬佩的是,巴纳特让持有空头支票的钻石卖主总是在星期一上午就收回了全部货款。创业初期,巴纳特就是巧妙地利用时间,才聚积财富从而跻身于世界富翁排行榜。[8]

对企业来说,除了上面提到的浮存量(对于企业比较有利的浮游量)之外,还会存在对企业不利的浮游量,这主要是指企业作为收款人产生的存款浮游量,是由开户银行登记存款增加的时间比企业收到票据的时间晚所引起的。因此,创业者要能够根据银行存款日记账余额,银行存款的最低余额等数据来计算冗余现金的数额,并对其进行合理利用。

如某企业最低的银行存款余额为 20 000 元,净浮游量为 2 000 元,该企业的银行存款账面余额为 21 000 元,则企业有 3 000(21 000 - 20 000 + 2 000)元的冗余现金可用于其他方面,以增加企业财富。

(四)开源节流,保证"资金池"不断流

前面说过,资金是企业的"血液",片刻不能断流。为此,需要创业者做好开源节流的工作,使企业的"资金池"不会出现干涸的情况。

对创业企业来说,正常生产经营过程中的资金来源主要是营业收入一个主渠道,但是日常的现金支出项目却多而杂,每项支出的金额还难以估计。图 4.1 可以充分说明这一情况。

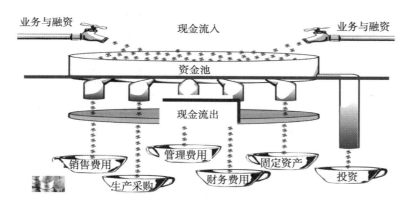

图 4.1　企业日常现金收支

可见,若要保持企业的"资金池"不断流,就要求创业者做好开源和节流两大工作,努力增加从业务上获得的现金,同时尽可能减少各种费用的支出。通过预算管理的方式,将企业的现金支出保持在可控的标准以内。

二、资金管理的内容

视频 4.2　现金持有量确定

创业者要通过了解资金使用的主要途径以及优化使用的方法,寻找资金管理中的规律,做好资金的日常控制。日常资金收支控制的技巧包括加速收款、

延缓付款、减少存货资金占用、合理配置非流动资产、加快资金周转等。

资金在企业的循环和周转可以用图 4.2 来表示。

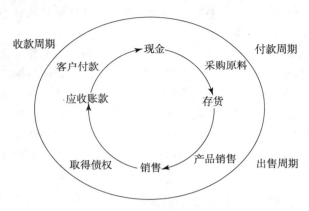

图 4.2　资金循环周转

可见，在企业资金的循环周转中，创业者应尽可能延长付款周期，缩短销售和收款周期，加强应收账款、存货和应付账款的管理。同时，非流动资产作为占用资金很多的资产，创业者也要对其进行充分关注，合理配置不同资产占用资金的数量。

（一）保持合理的现金持有量

为了满足企业交易性需要、预防性需要、补偿性需要和投机性需要，企业需要置存一定数量的现金。交易性需要是指满足日常业务的现金支付需要；预防性需要是指企业置存现金是为了防止发生意外支付的需要；补偿性需要是为了满足贷款银行的要求而保留在企业银行账户中的存款；投机性需要是指置存现金用于不寻常购买机会的需要，比如遇有廉价原材料或其他资产供应的机会，便可以使用手头现金大量购入。但在一般情况下，企业专为投机性需要而置存现金的不多，遇到不寻常的购买机会时往往也是临时筹集资金，但拥有相当数额的现金，确实为突然的大批采购提供了方便。

现金是企业流动性最强的资产，也是收益最低的资产，加强对现金的管理，可以在满足企业现金需求的同时，增强企业的偿债能力，降低财务风险，同时对于多余资金的合理使用还可以提高企业效益。创业者需要了解合理现金持有量的计算方法，以对现金进行日常控制。

现金持有量的计算方法很多，有成本分析模式、存货模式和随机模式三种。持有现金的成本有机会成本、管理成本、短缺成本、转换成本等，不同的现金持有量计算方法涉及的相关成本不同，如图 4.3 所示。

成本分析模式是通过分析现金的持有成本，寻找持有成本最低的现金持有量。现金持有成本包括机会成本、管理成本和短缺成本。机会成本是持有现金而未将其用于生产经营失去的收益；管理成本是由于持有现金而发生的管理费用，如管理人员工资、安全措施费用等；短缺成本是因缺乏资金，不能应付业务开支所需，使企业蒙受损失或为此付出的代价。企业持有的现金数量越多，机会成本就会越高，短缺成本就会越低。管理成本一般是一种固定成本，与持有数量之间没有明显的比例关系。成本分析模式需要预计不同现金持有量对应的各种成本的金额，工作量较大。

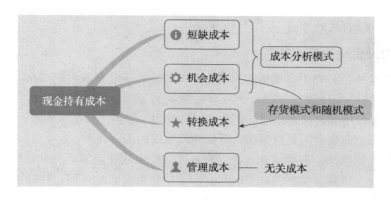

图 4.3　现金持有量计算方法涉及的不同成本

如果企业平时只持有较少的现金，在有现金需要时通过出售有价证券换回现金，便既能满足现金的需要，避免短缺成本，又能减少机会成本。因此，现金和证券之间的转换，是企业提高资金使用效率的有效途径。运用这种方法确定现金持有量的模式就是存货模式。这种模式下的最佳现金持有量，是持有现金的机会成本与证券变现的交易成本相等时的现金持有量。存货模型是一种简单、直观的模型；但它假设现金流出量稳定不变，即每次转换数量一定，不存在淡旺季现金需求量变动的影响。

随机模式是在现金需求难以预知的情况下进行的现金持有量确定的方法（见图 4.4）。创业者可以参考同行业企业的相关数据和需求预测，预算出一个现金持有量的控制范围，制定出现金持有量的上限和下限。争取将企业现金持有量控制在这个范围之内。其原理是：制定一个现金控制区域，定出上限与下限，即现金持有量的最高点与最低点。当余额达到上限时，用现金购入有价证券，使现金持有量下降至均衡点水平；当现金降至控制下限时，将有价证券出售转换成现金，使现金持有量回升至均衡点水平。若现金数量在控制的上下限之内，便不必进行现金和有价证券的转换，保持它们各自的现有存量。当企业未来现金流量呈不规则波动、无法准确预测的情况时，这个模式比较适用。

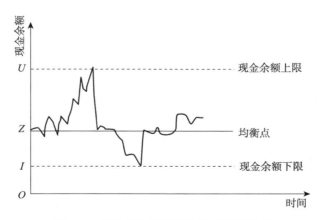

图 4.4　最优现金持有量确定的随机模式

对创业企业来说，因为其未来的现金流量状况较难预测，因此，随机模式是一种不错的确定现金最佳持有量的方法。

（二）管好企业的应收账款

应收账款是赊销过程中形成的客户对企业的欠款。应收账款占用了企业可投资于其他项目的资金，形成一定的机会成本[9]，对应收账款的管理会带来管理成本[10]，如果应收账款因故不能收回发生损失又会形成坏账成本[11]。所以，加强应收账款管理，尽快收回货款，可以减少客户对企业资金的免费占用，降低应收账款的资金成本。

加强应收账款管理，需要创业者建立有效的应收账款管理体系，主要包括以下内容：创业者应进行行业付款习惯分析，了解所在行业的销售及收款习惯；在提供任何产品或服务之前让所有客户填写信用报告，对客户的信用进行调查和评估；对于没有信用记录的客户可在接受其订单时要求支付等同销货成本的款项；在商品装运或服务提供的同一天寄出发票，并将付款条件用黑体字突出；日常加强应收账款的收款工作，每周对逾期30天以上的客户账户过目并进行管理等。

1. 分析行业付款习惯

不同行业的付款习惯存在一定差异，零售和餐饮大多是现金销售，制造业可能很多要依靠赊销。创业者应力图使创业企业的销售策略符合行业的付款习惯，使企业在销售时不会处于竞争劣势。如果创业所在行业属于赊销行为比较多的行业，创业者还要了解行业通用的信用政策，包括赊销比例、赊销期限和赊销政策（对坏账率过高的客户进行赊销）等，以便使企业制定的应收账款信用政策符合行业习惯。

2. 了解客户信用记录

创业者可通过客户的财务报表、银行证明、信用评估机构报告、与顾客以往的交易记录等途径获得客户信用的相关信息，也可从财税部门、消费者协会、市场监督管理部门、企业的上级主管部门、证券交易部门等网站，或企业信用信息公示系统上查询客户信用的信息。然后运用"6C"评分法（因其英文单词的第一个字母都是C，故称"6C"评比法），从品德、能力、资本、抵押品、经营环境和事业的连续性六方面评价。对客户的信用等级进行评价，按照自己对客户信用等级的判断，确定客户的信用额度，减少坏账发生的可能性。

3. 合理确定现金折扣政策

现金折扣是销售企业为鼓励客户在规定期限内提前付款，向债务人提供的一种按不同付款期间给予不同比例折扣的债务扣除。现金折扣的表示方式为：2/10，1/20，n/30（即10天内付款，货款折扣2%；20天内付款，货款折扣1%；信用期为30天，30天内全额付款）。现金折扣发生在销售之后，是一种筹资性质的理财费用，可以吸引顾客为享受优惠提前付款，缩短平均收现期；可吸引一些视折扣为减价的顾客前来购货，扩大销售。例如，A公司向B公司出售商品30 000元，付款条件为2/10，n/60，如果B公司在10日内付款，只需付29 400元，如果在60天内付款，则需付全额30 000元。

现金折扣看起来是销售方的一项支出，但是对急需现金的创业企业来说，资金周转是最重要的问题，而且如果企业能将尽早收回的现金用于其他投资，获得比现金折扣更高的收益,则提供现金折扣不但缩短了企业资金的周转期,而且还能给企业带来更多收益。

4. 加强应收账款的日常管理

在售出产品装运或服务提供之后,尽快寄出销售发票,缩短款项结算在本单位经历的时间,并且在寄出发票时明确付款条件,减少结算款项在购货方的处理时间;然后对于应收账款可以按照账龄进行分类,超过信用期限的应收账款应采取适当的方式予以催收,如先是打电话问候,接着采用信函、传真等方式,如果还是没有可能收回,可继续采用人员拜访、收款机构帮忙,甚至通过诉讼的手段来解决。不同的收账手段需要支出的费用不同,一般而言,收账费用支出越多,坏账损失越少,但这两者并不一定存在线性关系。通常情况是:①开始花费一些收账费用,应收账款和坏账损失有小部分降低;②收账费用继续增加,应收账款和坏账损失明显减少;③收账费用达到某一限度以后,应收账款和坏账损失的减少就不再明显了,这个限度称为饱和点。所以,创业者应在了解不同收账措施的成本及其效用,以及客户对企业重要程度等的前提下,结合企业拟和客户建立的关系,以及企业未来的发展战略,采用恰当的收账方法。

图 4.5 列示了收账费用和坏账损失的关系。

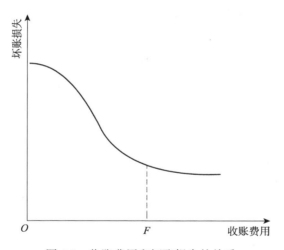

图 4.5 收账费用和坏账损失的关系

(三)控制企业存货

存货是企业在正常生产经营过程中持有以备出售的产成品或商品,或仍然处于生产过程中的产品,或在生产过程或提供劳务过程中将要消耗的材料物资等。存货是企业流动资产中数量最多,也往往是占用资金最多的一项,尤其对制造企业来说,50%的流动资金会占用在存货上,存货还是流动性较差的流动资产。

企业置留存货一方面是为了保证生产或销售的经营需要;另一方面是出自价格的考虑,零购物资的价格往往较高,而整批购买在价格上会有优惠。但是,过多存货要占用较多资金,并且会增加包括仓储费、保险费、维护费、管理人员工资在内的各项开支,因此,进行存货管理目标就是尽力在各种成本与存货效益之间作出权衡,达到两者的最佳结合。

1. 加强采购管理

加强存货的采购管理需要创业者了解存货成本的构成。存货成本除了包括其购置成本（单价×数量）外，还包括采购成本和储存成本。采购成本是企业在订购商品、材料过程中发生的处理和验收成本，如常设采购机构的管理费、采购人员的工资，以及采购需要支出的邮资、差旅费等；储存成本是存货在储存过程中发生的成本，如仓库折旧费、仓库职工工资，以及存货的保险费、残损和变质损失、存货占用资金的应计利息等。如果企业的存货过少，在销售或者消耗超出预期的情况下还可能发生短缺成本，使企业不得不停工待料或者丧失潜在的销售收益。因此，创业者要在了解存货成本构成的基础上，在各种成本及存货的收益之间进行决策，确定合理的存货采购数量，尽可能降低持有存货的总成本。存货成本构成如图 4.6 所示。

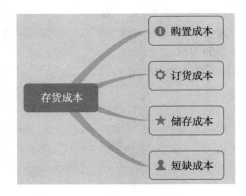

图 4.6　存货成本构成

2. 确定经济订货批量

经济订货批量是使存货总成本最低的每次最佳订货的数量。根据假设不同，有五种不同的计算公式。

1）基本经济订货批量

经济订货批量的基本模型是在一系列假设之下确定的，是能够使存货的相关总成本达到最低点进货数量的模型。如果存货能够随时补充，可以集中一次到达且均匀耗用，存货的市场供应充足且不存在缺货的情况，企业对于存货全年的需求稳定且能预测，存货的采购单价不变且无折扣，而且企业现金充足的话，存货的经济订货批量及其相应的总成本可以计算如下：

$$Q^* = \sqrt{\frac{2KD}{K_c}}$$

$$TC = \sqrt{2KDK_c}$$

式中，Q^* 为经济订货批量；K 为每次订货的变动成本，如每次订货的邮资、差旅费、货物的运输费、保险费以及装卸费等；D 为存货的全年需要量；K_c 为单位储存成本；TC 为总成本。

经济订货批量模型是目前大多数企业最常采用的货物订购方式（见图 4.7）。除以上假设外，还假定在库存消耗至零时才发出订单。

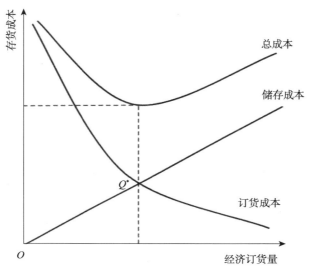

图 4.7　存货经济批量基本模型

2）提前订货

如果存货不能够随时补充，企业就不能等到库存下降到 0 时才发出订单，而是应该在存货还有一定数量库存时发出订单。企业再次发出订单时尚有存货的库存量叫再订货点，用 R 表示。

$$R = L \cdot d$$

式中，d 为每日正常的存货消耗量；L 取决于企业发出订单以及供应商处理订单的时间，供应的时间间隔，在途、验收、整理准备等所需要的时间。提前订货时，每次订货批量、订货次数、订货的时间间隔不变，只是在库存数量达到 R 时发出订单。

3）陆续到货和陆续使用

如果存货不是集中一次达到，而是分若干批送达，假定每日送货量为 p，则存货的经济订货批量模型变为

$$Q^* = \sqrt{\frac{2KD}{K_c}\left(\frac{p}{p-d}\right)}$$

$$\text{TC}(Q^*) = \sqrt{2KDK_c\left(1-\frac{d}{p}\right)}$$

4）保险储备

如果存货的市场供应不充足，可能存在缺货的情况，则为了避免企业停工待料的局面出现，就需要设置一定的保险储备。

保险储备是在经济订货量的基础上多储备的存货，这些存货只有在需求急剧增加或送货延迟时才动用。建立保险储备会使再订货点提高。

设与此有关的总成本为 TC(S, B)，缺货成本为 TC_S，保险储备成本为 TC_B，则
$$TC(S, B) = TC_S + TC_B$$
设单位缺货成本为 K_S，一次订货缺货量为 S，年订货次数为 N，保险储备量为 B，则
$$TC_S = K_S \cdot S \cdot N,$$
$$TC_B = B \cdot K_c$$
于是，
$$TC(S, B) = K_S \cdot S \cdot N + B \cdot K_c$$
总成本最低的保险储备量就是最优的保险储备数量。

5）有商业折扣的经济批量

在经济生活中，为了扩大产品销售，供应商一般会为采购数量较多的客户提供商业折扣。在存在商业折扣时，存货的采购单价会随着数量的不同而变化，于是采购成本就变成相关成本，在计算存货的经济订货批量时，应按照相应的折扣价格计算相关总成本，再和经济订货批量对应的总成本比较，相关总成本最低者即为存在商业折扣的经济订货批量。

享受折扣时，总成本的计算公式为
$$TC = \frac{Q}{2}K_c + \frac{D}{Q}K + DU \cdot (1 - 折扣率)$$

式中，U 为存货的采购单价。

创业者可以根据企业存货的总需求量，生产所需要的存货的市场供应情况，选择采用其中的某个模型。

3. 做好日常的控制管理

存货日常管理可以采用 ABC 法、JIT 法等不同的管理方法。ABC 法是依存货的价值来分类，进行管理的方法。通常 A 类存货的价值最昂贵，管理上最为严格，C 类存货单价最低，管理上可以比较松散，B 类存货在管理上给予一般的重视即可（见图4.8）。

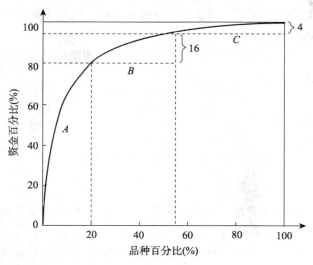

图 4.8 存货管理的 ABC 法

JIT 法（Just in Time）是一种适时生产系统，要求根据销售情况倒推存货的购置数量，以销定产、以产定购，以期将存货维持在最低水平的一种方法。无论哪种方法的日常控制，都需要存货的相应数据做支撑。因此，创业企业最好对存货实行永续盘存的制度，在存货的日常收发过程中，记录好存货的增减状况，千万不能为图省事采用实地盘存的方法。[12] 目前大部分存货管理软件，都可以帮助企业采用永续盘存制的方式进行存货的日常管理。

创业者可根据企业自身状况选择不同的存货管理方法。就目前情况来看，我国的很多企业依然在采用 ABC 管理法，采用 JIT 管理法的不多。但是随着网络技术和计算机技术的日益发达，在企业销量比较容易预测的情况下，采用 JIT 法则可以大大降低存货的成本。

4. 深化存货库存的管理

创业者还要对存货的期末库存情况进行分析，加强对期末库存的管理。一方面创业者要了解期末库存的构成情况，分析存货构成的合理性，查明有无积压或过时的存货，以及时作出决策；另一方面要分析存货数量的合理性，以便及时补充存货，确保存货的正常销售。

为加强对存货的管理，建立数据库、保存完整的会计记录就显得非常必要。创业者可以借助管理软件来增强信息的流动性，实现信息共享，帮助企业进行财务控制和存货分析。

（四）加强非流动资产管理

企业的资产按照流动性可以分为流动资产和非流动资产。非流动资产是除流动资产以外的企业其他各种资产。非流动资产变现较慢，具有较高的风险，但是有着比流动资产高的收益。因此，将创业初期有限的资金在流动资产和非流动资产之间进行分配，便体现了创业者的智慧。这会对创业企业未来的健康成长及持续盈利有一定影响。创业者要熟悉非流动资产增加的可能途径，以便在比较之后作出正确的决策。

非流动资产主要包括固定资产、无形资产等长期资产。

1. 做好固定资产的租赁或购置决策

固定资产，是为生产商品、提供劳务、出租或经营管理而持有的，使用寿命超过一个会计年度或超过一年的一个营业周期内的有形资产。其中使用寿命，是指企业使用固定资产的预计期间，或者该固定资产所能生产产品或提供劳务的数量。机器设备、房屋建筑物、办公家具等都是企业的固定资产。对于企业生产经营所需固定资产可以采用购置或租入的方式解决，不同方式下的资金支出、相应的成本费用不同，给企业带来的经济利益也会不同。购入固定资产会在购买时消耗企业大量资金，形成一种资本性支出，并在日后通过折旧的方式计入成本费用，固定资产退出使用时企业拥有其所有权。租入的固定资产，租金一般分期支付，不需要一次性支付大量资金就可获得固定资产的使用权。经营租赁的固定资产，承租企业可以避免固定资产技术过时的风险，在出租方和承租方之间的所得税税率差异较大时，如果出租方的税率高，由于其在折旧上可以多避税，还可以给承租方一个较优惠的租金。但是，租赁的固定资产所有权不属于承租方，承租方没有处置权，也无法享有资产升值带来的好处。

由于固定资产的价值一般较高，创业者要根据企业资金的充裕状况，以及企业提供产品或服务的特性来决定固定资产的购置还是租赁事宜。企业提供的产品或服务越特殊，采用购置的方式可能越便利；固定资产的价值越低，企业采用购置的方式可能就越多。固定资产购置和租赁决策的具体做法见第三章第二节"创业投资决策"部分。

2. 科学进行无形资产的取得决策

无形资产是企业中最重要的非流动资产之一，是企业拥有或者控制的没有实物形态的可辨认非货币性资产，如专利权、商标权等。对科技创业而言，无形资产在创业企业中有着至关重要的位置，很多创业者正是在自己拥有了某项发明或专利之后才萌生创业念头的。对技术型创业者而言，初始的无形资产可能来自创业者的投入，但是随着企业的发展，要持续保持在创业领域的领先地位，可能需要在无形资产上的大量投入，这就涉及无形资产取得方式的确定问题。企业自己投入资金开展无形资产研发，有利于保守企业机密、保持企业的核心竞争力；但是自主研发的周期长，失败率较高，完全依靠自主研发对很多企业来说有一定困难，尤其是创业企业，在初期没有大量资金流入的情况下，不断投出大笔研发资金，对大多数创业者来说都是一个挑战。此时，创业者除了吸引其他无形资产的持有者对企业进行投资之外，还可以通过租入无形资产的方式实现企业在某个领域的领先地位，或者通过和第三方联盟的方式实现技术领先。无论采用何种方式，都需要创业者对不同方式的利弊进行分析，根据创业企业的实力进行决策。

另外，良好的声誉可以增强产品的市场号召力，给予顾客重复购买的信心，促进顾客忠诚度的建立，提高市场占有率。声誉良好的企业会获得利益相关方的更多青睐，使彼此的交易更倾向于持续发展。因此，从经济学的视角看，声誉资源可以减少交易成本，使企业在市场竞争中取得事半功倍的效果。可见，声誉资源是企业拥有的独特资源，可以提升企业有形资产的价值。创业企业可以从提高产品和服务的质量、提高企业的创新能力入手，通过企业战略的制定，不断加大宣传和推广力度、加强内部管理，适时履行社会责任，提高自身的财务绩效，培育企业的声誉资源。通过处理好客户关系，以及与新闻媒体、政府等的关联关系，加强与员工、投资者、合作伙伴、竞争对手、社会团体的合作和沟通来维护声誉资源，保持竞争优势。

（五）掌握应付款的支付技巧

应付账款是企业在赊购过程中形成的对供应商的欠款。尽管创业者希望在尽可能不损害供应商关系的前提下延迟付款，增加可供企业使用的现金流量，但延迟付款不一定总是好事。在企业拥有足够的现金或者能够取得更低利率的借款时，享受由供应商提供的付款折扣也许会大大降低企业的资金成本。

应付账款支付的技巧包括：熟悉放弃现金折扣成本的计算，正确作出是否享受现金折扣，是否展期的决策，不同现金折扣条件的选择等。

1. 放弃现金折扣成本的计算

在上面应收账款管理中，曾提到作为销售方的创业企业是否提供现金折扣的问题。如果销售方提供了现金折扣，则对采购方来说就存在是否要享受现金折扣的问题。享受与否取决于创业者对于折扣成本的理解。现金折扣的成本，表面上看起来不高，只有1%～2%，但是在折扣期那么短时间内的1%～2%如果折算成年利率，一般会是一个很高的数字（因为前面讲的各种资金成本都是按年表示的）。许多创业者由于缺乏相应的财务知识，往往会忽略了对现金折扣的使用，使企业无形中承担不少机会成本。下面举例说明。

假定供应商甲提供的付款条件是"2/10，n/30"，则意味着如果企业在10天内付款可以享受2%的现金折扣，全部款项在30天的信用期到期时支付。这时企业放弃现金折扣的成本计算为

$$\frac{放弃现金}{折扣成本} = \frac{2\%}{1-2\%} \times \frac{360}{30-10} = 36.73\%$$

可见，看起来区区2%的现金折扣从年成本的角度看，竟然达到了36.73%，基本上是所有外界筹资方式中最高的一种。因此，创业者一定要在了解现金折扣计算方法的基础上，作出正确的决策。

2. 正确作出是否享受现金折扣的决策

是否享受现金折扣取决于企业放弃成本和可能取得的收益之间的比较。如果企业能够借到年利率低于36.73%的款项，则应该享受该笔现金折扣，降低筹资成本；如果企业放弃享受现金折扣，而用该笔资金进行投资所获得的投资报酬率高于36.73%，则可以放弃现金折扣，进行投资，提高整个企业的投资报酬，而且即便是放弃享受现金折扣，也要将付款期推迟到信用期的最后一天。

3. 是否展期的决策

应付账款的展期是对于尚未支付的应付账款，往后推延预定的支付日期或期限。在创业企业资金过度紧张，确实无法在信用期内支付款项的时候，企业可能会选择展期支付，需要创业者作出是否展期的决策。因为展期付款会给创业企业带来损失，有可能导致企业信誉恶化，丧失供应商乃至其他贷款人的信用，或日后招致苛刻的信用条件，因此，创业者一定要仔细分析展期付款带来的损失和由此降低的放弃折扣成本之间的关系。有时即便是放弃折扣的成本低于展期能够分析出来的损失，但如果不是万不得已，建议创业者还是尽可能不要展期，因为信誉恶化产生的损失很多可能难以量化估计。

4. 不同现金折扣条件的选择

如果创业者在进行采购时面对两家以上提供不同信用条件的卖方，则应通过衡量放弃折扣成本的大小，选择信用成本最小（或所获利益最大）的一家。比如，供应商乙提供的现金折扣条件为"1/20，n/30"，则其放弃现金折扣的成本计算为

$$\frac{放弃现金}{折扣成本} = \frac{1\%}{1-1\%} \times \frac{360}{30-12} = 20.2\%$$

如果创业者认为企业的资金足以享受现金折扣，比如能在10天内付款，则要选择供应商甲；如果创业者认为企业可以在20天内筹集资金支付货款，则可以选择供应商乙；如果创业者认为30天内无法支付货款，即肯定要延期支付，则在其他条件相同时应该选择供应商乙，以降低展期成本。

需要指出的是，不同行业对于资金的需求、投资和资金管理的要求不尽相同，有着各自的特点，如制造业创业利润较高，但是对于资金的需求较大，零售业或服务业净利润可能较低，对于资金的需求也较小。创业者要明确自己所创企业的行业特点，结合具体情况做好资金的管理工作。如果是制造业就要在管理好企业利润的同时，不要累积过多的应收账款和存货，以免导致资金周转不灵的情况出现；如果是零售或服务业，就要充分利用现金流，尽量提高资金周转的效率，通过少量资金的快速周转提高企业的经营效率。

（六）应付税费的管理

虽然应付税费是企业在生产经营过程中形成的自发负债，不需要支付资金成本，但是这种负债的时间较短，而且不可能展期，一旦不能按时支付还会违反相关法律法规，对企业的信誉产生较大影响。

按照《中华人民共和国民法典》的规定，企业应该按期支付职工工资，未能及时足额支付劳动报酬的，劳动者可以解除劳动合同，此种情况下劳动者解除劳动合同时，用人单位应当向劳动者支付经济补偿。

如果企业未及时申报纳税，或申报后银行账户上没有足够的资金，或者创业者个人原因没有及时缴纳税款，则需要按日加收滞纳金，甚至会被处以罚款。

所以，创业者一定要按照相关法律法规的规定，及时支付职工薪酬，按时缴纳企业税款，避免给企业造成不应有的损失。

小测试

1. 什么是日记账？为什么创业者需要看懂日记账？
2. 现金预算的主要内容有哪些？其作用何在？
3. 什么是现金浮游量？创业企业应如何使用现金浮游量？
4. 为什么说资金管理在创业企业的管理中具有战略地位？
5. 企业为什么要置存一定数量的现金？如何计算确定最优现金持有量？什么方法最适合创业企业确定其合理的现金持有量？
6. 企业应收账款管理的内容包括哪些？
7. 如何确定存货的经济订货量？
8. 什么是存货的 ABC 管理法？
9. 如何作出固定资产和无形资产的购置、研发或租赁决策？
10. 放弃现金折扣的成本如何计算？如何进行是否享受现金折扣的决策？

第三节　资金管理技巧

创业者在了解了资金管理的重要性和方法之后，还应该了解资金管理的策略，以及创业企业资金管理的特殊性，以提高资金管理的效率。

一、资金管理策略

创业者可以借助财务软件,实现资金的实时查询和管理,通过匹配资产和负债结构,降低经营和财务风险。

(一)匹配资产和负债结构

资产结构是指各种资产占企业总资产的比重。企业在进行资产结构决策时,往往关注资产的流动性问题,特别是流动资产占总资产的比重。这里的负债结构主要是指营运资本的筹资结构,主要是确定筹资的来源结构,分析在总体上如何为流动资产筹资。

视频4.3 资金管理策略

1. 资产结构的种类

根据流动资产占总资产比重的大小,可以将企业的资产结构分为保守型、风险型和中庸型三种类型。

保守型资产结构,是指流动资产占总资产比重偏大的资产结构。在这种资产结构下,企业资产流动性较好,从而降低了企业的风险,但因为收益水平较高的非流动资产比重较小,企业的盈利水平同时也降低。因此,保守型资产结构是风险和收益水平都较低的资产结构。

风险型资产结构,也叫激进型资产结构,是指流动资产占总资产比重偏小的资产结构。在这种资产结构下,企业资产流动性和变现能力较弱,从而提高了企业的风险,但因为收益水平较高的非流动资产比重较大,企业的盈利水平同时也提高。因此,风险型资产结构是风险和收益水平都较高的资产结构。

中庸型资产结构,是指介于保守型和风险型之间的资产结构。

2. 负债结构

按照经营流动资产[13]中资金来源比重的不同,企业的营运资金筹资政策也可以分为配合型、激进型和保守型三类。

配合型筹资政策,是指对于临时性流动资产,用临时性负债筹集资金,也就是利用短期银行借款等短期金融负债工具取得资金;对于长期性流动资产和长期资产,用长期负债和权益资本筹集(见图4.9)。

激进型筹资政策,是指短期金融负债不但融通临时性流动资产[14]的资金需要,还解决部分长期性资产的资金需要。这是一种收益性和风险性均较高的营运资本筹资政策。

保守型筹资政策,是指短期金融负债只融通部分临时性流动资产的资金需要,另一部分临时性流动资产和长期性资产,则由长期资金来源支持。这是一种风险性和收益性均较低的营运资本筹资政策。

3. 资产结构和负债结构的匹配

在一般情况下,资金的来源和运用应该相互匹配,以便在债务资金到期时,用其购置的资产产生的现金流足以偿还贷款本息。因此,长期资产的购置宜采用长期资金,流动资产的购置采用短期资金。

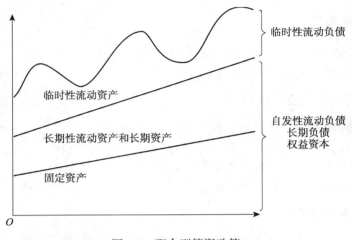

图 4.9　配合型筹资政策

自发性负债是企业正常生产经营过程中产生的由于结算程序原因自然形成的短期负债，包括商业信用、应付费用等，是一种可供企业长期使用的资金来源。

如果创业者采用保守的资产结构，就意味着要运用更多的短期资金，宜采用激进型的筹资结构；若采用风险型资产结构，则宜采用保守型筹资策略。

（二）借助财务软件

财务软件是专门用于完成会计工作的计算机应用软件。财务软件主要立足于企业财务账目，企业资金账户，企业收支状况等方面的管理，用途明确，使用很简单。财务软件以图形化的管理界面，提问式的操作导航，打破了传统财务软件文字加数字的烦琐模式。财务软件有助于会计核算的规范化，带动财务管理乃至企业管理的规范化，从而提升企业的管理水平，提高企业的效益；有利于提高会计核算的工作效率，降低会计人员在账务处理方面的工作强度，改变"重核算轻管理"的局面；还可以减少工作差错，便于账务查询等等。

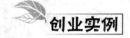

借助财务软件，提高资金管理效率[15]

杨某某，一名会计学专业的学生。2003 年，大学学习期间，他从家里借了 5 万元钱，和两个朋友合资 10 万元创办了北京安平融信会计服务有限公司，其创业的生涯也正式拉开了序幕。公司主要经营代理记账等产品，尊崇"踏实、拼搏、责任"的企业精神，秉承"诚信、共赢、开创"的经营理念，创造良好的企业环境，以"全新的管理模式，完善的技术，周到的服务，卓越的品质"为生存根本，始终坚持用户至上，用心服务于客户，坚持用自己的服务去打动客户。开业当年，在半年多的努力之后，到 2003 年年底杨某某的公司已经有了明显改观，员工增加了 4 个人，客户群也增加到近 60 家。之后的 10 多年时间里，他们历经管理制度建设、员工素质提升、财务软件升级、办公地址迁移等，使公司规模不断扩大，至2013年年底，服务客户近3 000家，年产值近千万元。

创业之初，当大多数企业的会计还是手工做账，大部分中介机构还依靠会计人员的高强度劳动来完成相应的账务处理时，北京安平融信会计服务有限公司已经开始采用财务软件进行账务处理，不但提高了服务效率、降低了服务成本，还使公司的工作效率提高了5倍左右，使公司的代理记账业务在市场上极具竞争力。

2014年，随着企业业务发展的需求，公司开始引入新的财务软件，增加了企业终端，实现了和代理企业的实时互动，提高了代理企业资金管理的效率，受到用户的极大好评。这一改变的效应主要体现在以下方面：第一，在企业填入相关原始单据时，记录业务数据的记账凭证就会自动生成。这一方面满足了财务核算的基本功能，充分体现了财务信息及时性的原则；另一方面，还适应了财务会计到管理会计转变的要求，增加了计划和控制的功能。第二，财务软件"终端化"帮客户实现了由事后核算到过程控制的转变。这种转变能适合包括预测、计划、预算管理、筹资、成本管理、量本利分析、业绩评价、决策支持在内的管理会计的多方面要求，帮助客户提高了日常管理的水平。第三，公司还根据企业不同的业务需求，导入"工作流设计"的概念，帮助客户进行了财务、业务、决策支持等各部分工作流程的自行设计、各部分软件组合的自由选择、各种数据输入输出格式的自由设置等，满足了不同类型客户各个层次应用的需求，解决了软件通用性和适用性的矛盾，实现了最长流程设计和最优流程选择。

2016年，公司将业务处理、人员培训同高校教学结合开发了在校会计学生的会计实训平台，使学生实现了在校入岗、毕业升职的生涯发展路径；使学校提高了理实结合的教学能力，让学生可以在"思中学、学中做、做中思"的学习闭环中不断提升，提高学生获得感；也帮财税机构获得了合格人才，并通过就业及升职推荐、人员外派等方式实现了更多收益。

公司开发的会计实训培训系统在2023年获得"国家级教育成果二等奖"。

二、创业资金管理的特殊性

如同筹资和投资一样，创业资金的管理也有很多区别于在位企业的地方。创业者除采用常规的方法对资金进行管理外，还要关注创业资金管理的独特性。

（一）资金预算更加重要

对创业企业来说，因为初创期的不确定性更强，企业对现金支出的估计更加困难，经常会有一些意想不到的事项出现，因此需要创业者必须进行现金预算，采用上面讲到的方法，尽可能充分估计每一项现金支出，同时要留出足够的风险资金，以防现金断流可能给企业带来的财务拮据，避免由此带来的破产清算风险。

另外，编制现金预算时缺乏可参考的前期资料，需要创业者对资金需求做逐项分析，计算工作量较大。

（二）商业信用更难享受到

尽管商业惯例上有商业信用的使用，并且随着中国市场经济的建立和完善，商业信用会更加重要，但是对创业企业来说，没有可供参考的经营状况会加大供应商对其信用级别判断和信用额度确定的难度,加上创业企业经营的不确定性,使对其赊销款项的回收的不确定性加大,这都使创业企业较在位企业来说更难享受到常见的"商业信用",使企业使用供应商资金的想法变得更加困难。

(三)资产和资本结构确定困难

理论上说,不同行业的企业会存在一个较优的资产和资本结构,既有利于企业加速资金周转,减少资金占用,又有利于降低风险,提高经营效益。但是,对创业企业来说,由于资源的有限性和紧缺性,配置最优的资产和资本结构都较为困难,很多企业可能只能采用步步为营的方法,充分发挥每一分钱的效用,保证企业生存下去。所以,有志的创业者一定要明白资产结构和资本结构的相关确定方法,将其和企业现状相结合,在理论的指导下尽可能使企业有一个相对优化的资产和资本结构。

1. 什么是保守型和风险型的资产结构?其风险和收益特征是什么?
2. 什么是配合型和激进型筹资政策?筹资政策应如何和资产结构相匹配?
3. 创业资金管理的特殊性表现在哪些方面?

注释

[1] 王艳茹,应小陆,杨树军. 创业企业财务管理[M]. 北京:中国人民大学出版社,2022:154-156.
[2] 李良智,查伟晨,钟运动. 创业管理学[M]. 北京:中国社会科学出版社,2007:137.
[3] 转引自张玉利. 创业管理[M]. 5版. 北京:机械工业出版社,2022:229.
[4] 货币资金是在企业生产经营过程中处于货币形态的那部分资金,按其形态和用途不同可分为包括库存现金、银行存款和其他货币资金. 本章所说的资金,如无特别指明均指货币资金.
[5] 会计分录是指对每一项经济业务,按复式记账的要求,分别列示出应借记和应贷记账户及其金额的一种记录. 复式记账是指对发生的每一笔经济业务,都要以相等的金额同时在两个或以上相互联系的账户中进行登记的一种记账方法. 如用银行存款购买原材料,应一方面登记银行存款的减少,另一方面登记原材料的增加. 反映在会计分录中,应该借记原材料,贷记银行存款. 会计分录应填制在会计凭证上.
[6] 受益期与几个会计年度相关的支出称为资本性支出,如购置固定资产、无形资产等的支出.
[7] 企业在银行存款账户需要保留的最低存款金额.
[8] [美]赫里姆著,邹文豪编译,塔木德,中国画报出版社,2009年版. 微信读书,792-794.
[9] 因持有应收账款而非现金造成的不能投资于其他机会所可能丧失的潜在收益.
[10] 回收应收账款可能发生的各种支出,如索要应收账款发生的相应电话费、人员费、诉讼费等.
[11] 应收账款不能收回造成的损失.
[12] 永续盘存制也称账面盘存制,就是通过设置存货明细账,对日常发生的存货增加或减少进行连续登记,随时在账面上结算各项存货的结存数并定期与实际盘存数对比,确定存货盘盈盘亏的

一种制度.

[13] 实地盘存制又称定期盘存制,是指期末通过实地盘点来确认库存存货数量,并据以计算期末存货成本,然后倒推出存货成本的方法.

[14] 区分经营资产和金融资产的主要标志是看该资产是生产经营活动所需要的,还是经营活动暂时不需要的闲置资金的利用方式,前者为经营资产,后者为金融资产.同理,企业的负债也可以分为经营负债和金融负债.

[15] 临时性流动资产是指那些受季节性、周期性影响的流动资产,如季节性存货、销售和经营旺季的应收账款等.

[16] 根据王艳茹对创始人杨树军的采访整理.

课后讨论

1. 如何理解"现金为王"的提法？创业企业应如何贯彻"现金为王"的理念？
2. 现金预算的数据来源于何处？为什么现金预算的编制对于创业企业尤为重要？
3. 创业者应如何做好"资金池"的管理？
4. 什么是资产结构和资本结构的匹配？如何才能做到二者的匹配？
5. 什么是存货的 JIT 法？对于创业者有何启发？

技能训练

1. 企业预计 7 月销量为 5 000 件,期初库存 100 件,拟保持 200 件的期末库存,计算其预计产量：

若每件产品需用 A 材料 10 千克,材料单价 20 元/千克,期初无库存,期末库存量拟为 1 000 千克；材料采购过程中 50% 当期支付款项,另 50% 下期支付,上期有未支付款项 40 万元,计算采购材料需要的资金数量。

2. 企业确定的资金持有量下限为 2 000 元,上限为 20 000 元,现金均衡点为 8 000 元。试就以下不相关情况作出决策：

（1）某日现金余额为 23 000 元。

（2）某日现金余额为 1 000 元。

3. 企业对于乙材料全年需求量预计为 57 800 千克,材料每次的采购成本为 100 元,单位储存成本为 4 元。计算其经济采购批量,以及相应的总成本。

4. 在采购材料时甲供应商提供的付款条件为 2/10，$n/30$；乙供应商提供的付款条件为 1/20，$n/45$。试就以下不相关情况作出决策：

（1）企业可以在 10 日内筹集到采购所需资金。

（2）企业可以在第 15 天筹集到采购所需资金。

（3）企业 20 日内无法筹集到所需资金。

以上情况需要在供应商甲和乙之间作出决策。

（4）企业将资金用于投资可以取得 38% 的报酬。

（5）企业可以随时从银行取得借款,借款利率 10%。

以上情况需要在是否享受现金折扣之间作出决策。

即测即练

自学自测　扫描此码

第五章 收入管理是创业持续的保障

学习目标

知识目标：描述成本费用的概念和分类，理解成本费用管理的原则和技巧。

能力目标：正确计算研发、采购、生产、人力资源和销售过程的成本费用。

素养目标：树立成本管理意识，结合企业战略做好成本费用管理。

课程思政点

故事思考

假定你毕业后想在学校附近开设一家麻辣烫，为了能拥有先进的运营体系、优秀的管理团队、标准化的菜品和汤料配方，以及标准化的品牌形象等，你准备采用加盟的方式开始你的创业活动，创办一家××麻辣烫有限责任公司。据调查所需的部分资金如表5.1所示。

表 5.1　资金支出项目及金额

品牌加盟费	一线及省会城市、直辖市 19 800 元/年，其他区域 10 000 元/年
履约保证金	10 000 元
首批设备/原料	50 000 元起
店面装修	北京、上海 900 元/m²，其他城市 800 元/m²

店面租金、人员工资等其他投入取决于你所在地的经济状况。

请思考：

1. 在创办和经营该餐馆的过程中还会发生哪些成本费用？
2. 这些成本费用哪些是经营成本，哪些是期间费用？

第一节　收入和成本费用管理

创业财务的研究范畴是产生创意开始截至盈亏平衡的时间，该期间企业没有盈利，创业企业应将主要精力聚焦于收入和成本费用的管理，以便使企业尽快走出营运前期，从实现盈利开始步入更快的发展轨道。

一、收入管理

产品或服务只有销售出去，才能为客户创造价值，同时帮创业者实现价值，完成从价值创造、价值传递到价值实现的循环。对创业企业来说，开业之后的日常现金流量应该来源于经营过程中产生的收入。收入的管理也是初创企业需要重视的内容之一。

（一）收入的含义和种类

收入，是指企业在日常生产经营活动中形成的、会导致所有者权益增加、与所有者投入资本无关的经济利益的总流入，包括销售商品收入和提供劳务收入。

销售商品收入，是指企业销售商品（或产成品、材料，下同）取得的收入。提供劳务收入，是指企业从事建筑安装、修理修配、交通运输、仓储租赁、邮电通信、咨询经纪、文化体育、科学研究、技术服务、教育培训、餐饮住宿、中介代理、卫生保健、社区服务、旅游、娱乐、加工以及其他劳务服务活动取得的收入。

（二）收入分配管理

收入分配管理涉及收入的确认和计量，以及收入分配管理等内容。

1. 收入的确认

企业应当在发出商品且收到货款或取得收款权利时，确认销售商品收入。销售商品采用托收承付方式的，在办妥托收手续时确认收入；销售商品采取预收款方式的，在发出商品时确认收入；销售商品采用分期收款方式的，在合同约定的收款日期确认收入；销售商品需要安装和检验的，在购买方接受商品以及安装和检验完毕时确认收入，安装程序比较简单的，可在发出商品时确认收入；销售商品采用支付手续费方式委托代销的，在收到代销清单时确认收入；销售商品以旧换新的，销售的商品作为商品销售处理，回收的商品作为购进商品处理；采取产品分成方式取得的收入，在分得产品之日按照产品的市场价格或评估价值确定销售商品收入金额。

同一会计年度内开始并完成的劳务，应当在提供劳务交易完成且收到款项或取得收款权利时，确认提供劳务收入；劳务的开始和完成分属不同会计年度的，应当按照完工进度确认提供劳务收入。

2. 收入的计量

企业应当按照从购买方已收或应收的合同或协议价款，确定销售商品收入金额；销售商品涉及现金折扣的，应当按照扣除现金折扣前的金额确定销售商品收入金额，现金折扣应当在实际发生时，计入当期损益；销售商品涉及商业折扣的，应当按照扣除商业折扣后的金额确定销售商品收入金额。企业已经确认销售商品收入的售出商品发生的销售退回（不论属于本年度还是属于以前年度的销售），应当在发生时冲减当期销售商品收入；企业已经确认销售商品收入的售出商品发生的销售折让，应当在发生时冲减当期销售商品收入。

提供劳务收入的金额为从接受劳务方已收或应收的合同或协议价款。

小企业与其他企业签订的合同或协议包含销售商品和提供劳务时，销售商品部分和提供劳务部分能够区分且能够单独计量的，应当将销售商品的部分作为销售商品处理，将提供劳务的部分作为提供劳务处理；不能够区分，或虽能区分但不能够单独计量的，应当作为销售商品处理。

3. 收入分配管理

企业的销售收入应该按照利润表规定的扣减顺序进行分配。

第一，应扣除企业经营过程中发生的营业成本、税金及附加。营业成本，是企业所销售商品的成本和所提供劳务的成本。制造企业已经生产、流通企业已经购入的产品，只有销售出去才能计入营业成本；未销售部分形成企业的库存商品，不从当期的销售收入中扣减。税金及附加，是企业开展日常生产经营活动应负担的消费税、城市维护建设税、资源税、土地使用税、车船使用税、印花税和教育费附加等相关税费。

第二，扣减期间费用。期间费用，是创业企业为组织和管理生产经营活动而发生的费用，为销售产品和提供劳务而发生的费用，为研究开发活动发生的研发费用，以及为筹集生产经营所需资金而发生的费用。无论创业企业某个会计期间是否形成销售收入，期间费用都应该在发生的当期全部扣除。由此，创业企业应做好初期的营销规划和销售管理，力争取得可以弥补期间费用的收入金额。

二、成本费用的概念和种类

企业创办和经营过程中的支出，一部分构成成本，在产品销售期间从销售收入中扣除外，另一部分构成费用，在发生的当期收回，还有一部分则形成投入，从未来的收入中逐步回收。从管理的角度了解成本费用的概念和分类，有利于创业者进行成本管理，提高成本利润率。

（一）生产成本和寿命周期成本

多数人对于成本的理解基于传统的按经济用途的分类，将成本分为生产成本和期间费用。但是，在知识经济时代，产品的生产成本也许只占很小的比重，寿命周期成本的概念在管理上会显得更加重要。

1. 生产成本和期间费用

制造企业的成本按经济用途分为生产成本和期间费用。生产成本包括直接材料、直接人工、制造费用。制造费用用来归集生产单位（如车间）在生产产品过程中的费用并通过分配分别进入资产负债表或利润表。期间费用包括销售费用、管理费用、研发费用和财务费用，归集管理部门在组织和管理过程中的费用，并在当期扣除，一次进入利润表。比如，服装生产企业的布料是直接材料，计件工资是直接人工，缝纫机、锁边机、电熨斗等的折旧费是制造费用，这些都构成服装的成本；广告费用、门店租金等是销售费用，借款的利息支出是财务费用，制图费、办公费、后勤部门人员的工资等是管理费用；用于面辅料研发、服饰开发等的支出是研发费用。

按经济用途的分类是基于编制报表的需要进行的，但是对成本管理来说不尽如人意。

2. 寿命周期成本

广义的寿命周期成本是指产品从研制、生产到报废前整个使用周期内的成本，即从用户提出需要某种产品开始研制起,到满足用户需求直至报废为止的整个寿命期间的成本。这些费用可以大致分为两大部分,即生产成本和使用成本。生产成本包括设计、制造、外协等费用,产品设计和研制阶段上的成本是否节约,对产品投产后将产生很大的影响,因此企业在进行产品设计、研制时要求技术先进,经济合理;产品出厂以后的费用计入使用成本,主要包括产品使用过程中的能源消耗、维修费用、废弃处置成本、环境保护成本等项费用。

基于寿命周期的角度考虑成本管理,要求企业在确定产品的质量水平时,不仅要着眼于生产者(即企业)的经济效益,而且还要考虑用户使用周期的成本费用和效益,考虑用户能否买得起、用得起,并发挥其效用,以致整个国民经济的利益,用最少的社会劳动消耗取得最好的社会经济效益。

(二)直接成本和间接成本

成本按与特定产品的关系分为直接成本和间接成本。直接成本是在成本发生时即可确认直接计入某产品成本的项目,是可追溯成本(如制造成本中的直接材料、直接人工);间接成本是在成本发生时不能确认直接计入某产品成本而需要按照某种标准在几种产品之间分配的成本(如制造成本中的制造费用)。该种分类的目的是正确归集和分配费用,以便正确计算产品成本。因此,分配标准和分配方法的选择对于正确计算产品成本十分重要。

由于直接成本显而易见而且客观、较易衡量,经营者往往对直接成本的重视程度高于间接成本,所以,创业者在进行成本管理时应尽可能将间接成本直接化,让其在发生时可以直接匹配合适的成本对象,如产品、订单、项目、渠道等,如服装的设计费应尽可能计入生产服装的成本中而不是直接计入管理费用。

(三)固定成本和变动成本

成本按照其总额与业务量的关系分为变动成本、固定成本。

变动成本是在一定的时间和业务量范围(相关范围)内成本总额随着业务量变化而成正比例变化的成本(如直接材料费、产品包装费、按件计酬的工人薪金、推销佣金及按加工量计算的固定资产折旧费等)。但是,只是在相关范围内单位变动成本保持不变,如相同型号的衬衣使用的布料成本会保持不变。

固定成本是在相关范围内成本总额不随业务量变化而变化的成本(如行政管理人员的工资、办公费、财产保险费、固定资产折旧费、职工教育培训费等)。但是,相关范围内单位固定成本会随着业务量的提高而降低,如随着服装产量的增加,单位服装分摊的折旧费等会相应减少。

由于固定成本和变动成本的特性不同,企业在成本管理上的方法也应不同。借由工艺改进、产品结构改变或效率提高,比如机器人代替人工、长袖衬衣改为短袖衬衣等可能会降低直接人工或直接材料的成本,降低单位变动成本。固定成本却需要从充分利用生产能力的角度来管理,在有市场需求的情况下通过提高产量降低单位产品负担的固定成本。

(四)沉没成本和机会成本

沉没成本是指已经发生而且现在或未来的决策都不能改变的成本。从经济学的角度看,由于沉没成本是过去决策的结果，与现在或未来的决策无关，因此，在进行决策时一般不予考虑。如企业拟开发一种新产品，20×6年曾广泛征求意见，并向一家咨询公司支付5 000元咨询费，但根据当时的市场状况作出了拒绝开发的决策；20×7年旧事重提，重新就是否开发产品展开论证，则在新产品开发决策中，20×6年的咨询费5 000元就是沉没成本，无论20×7年是否决定了产品的开发，在进行成本分析时均不应将20×6年的成本考虑在内，否则可能会作出错误的决策。

机会成本是指选择一个方案时放弃其他方案的潜在最大利益。对任何一家创业企业来说，其所拥有的资源在任何时候都可以分别用于几个不同的方面，却不能同时在几个方面发挥作用。它用于某一方面可能取得的利益，是以放弃用于其他方面可能取得的利益为代价的。所以，机会成本并非企业的实际支出，但在决策时却应作为一个现实因素加以考虑。例如，创业者将200 000元投资在创业企业上，就不能再把这笔资金投在一个年收益率为8%的理财产品上，则投在企业的这笔资金可能产生的16 000元的投资收益就构成了创业投资的机会成本。由此，创业者起码应该给企业设定一个理想的投资回报率，让企业在经过一定的努力后获得这个回报。当然，考虑到创业的高风险，理想的投资回报率一定要高于8%，例如15%，其高出的7%部分为创业投资比理财产品高出的风险报酬。

（五）实际成本和目标成本

实际成本是企业在取得各项财产时付出的采购成本、加工成本，以及达到目前场所和状态所发生的其他成本之和。目标成本是企业在生产经营活动开始之前，预先为产品或服务制定的成本。它是根据产品或服务的性能、质量、价格和目标利润确定的企业在未来一定期间必须达到的成本水平。目标成本的表现形式很多，如计划成本、标准成本或定额成本等，一般情况下要比实际成本更加合理和科学。

目标成本的制定往往采用倒算法，在制定目标成本时，需要创业者首先确定企业的经营目标，从如何满足市场需求以及客户对产品性能、质量和价格的要求入手，确定目标销售收入，然后确定企业所期望的目标利润，最后由销售收入减去目标利润得到目标成本，即

$$目标成本 = 目标销售收入 - 目标利润$$

如预计某款衬衣的出厂价为850元，企业的单位目标利润是300元，则衬衣的生产成本不应该高于550元。

（六）功能成本和质量成本

功能成本是指为使产品或服务具有某项功能必须支付的成本。功能成本管理是将产品的功能（产品所担负的职能或所起的作用）与成本（为获得产品一定的功能必须支出的费用）对比，寻找优化产品成本的管理活动。据国外有关资料表明，企业取得的降低成本数额中80%来自产品设计阶段。因此，创业者应在保证产品质量的前提下改进产品设计结构，以最低的成本实现产品适当的、必要的功能，以降低产品成本、提高企业的经济效益。比如，一款普通的衬衣就没必要具有防盗、太阳能发电、根据外界温度自动变色等功能。

质量成本是指企业为确保规定的产品质量水平和实施全面质量管理而支出的费用，以及因为未达到规定的质量标准而发生的损失的总和。质量成本就其一般内容可以划分为五

类:预防成本、检验成本、内部缺陷成本、外部缺陷成本和外部质量保障成本。预防成本是为了防止产生不合格品与质量故障而发生的各项费用;检验成本是为检查和评定产品质量、工作质量、工序质量、管理质量是否满足规定要求和标准所需的费用;内部缺陷成本是指产品交付用户前由于自身的缺陷造成的损失,及处理故障所支出的费用之和;外部缺陷成本是指在产品交付用户后,因产品质量缺陷引起的一切损失费用;外部质量保障成本是指为提供用户要求的客观证据所支付的费用。质量的关键是"适用性"。质量必须给用户带来价值,明确产品的质量在于保证用户享用并使其满意的适用功能,不在超质量标准上多花一分钱。这就要求创业企业在进行研发时,不要忽略消费者的需求,盲目追求高精度、高性能,而是努力开发出令顾客满意的水平和服务即可。对衬衣来说,偶尔有一点小的瑕疵,只要比率不高,不会影响顾客选购和企业信誉,就不一定非要做到100%的合格率。

视频 5.1　成本费用管理

三、成本管理的原则和技巧

企业获得盈利的途径无非开源和节流,在创业初期收入难以快速增长的时候,成本管理就变得更加重要,因为活得越长创业企业就越接近成功。节流是摆在每一个创业者面前不可回避的话题,也是非常重要的管理内容。科学节流需要了解成本管理的基本原则和技巧。

(一)成本管理原则

成本管理需要遵循成本效益原则、相关性原则、重要性和例外性原则等。

1. 成本效益原则

成本控制的效益性原则要求成本控制指标的确定、成本控制方法的选择、成本控制组织体系的建立,都要以提高经济效益为出发点。但提高经济效益,不能仅依靠绝对成本的节约,更重要的是实现相对节约。如果一项巨额的广告支出能够带来可观的收入增长,则应该支持该预算;但是,即便是小额的浪费如果不能产生效益,则应该果断予以杜绝。

2. 相关性原则

相关性也叫有用性,是指企业提供的成本核算信息应当与会计报告使用者的成本管理决策需要相关,有助于会计报告使用者对企业过去、现在或者未来的成本情况作出评价或者预测。成本核算信息质量的相关性原则要求企业在确认、计量和报告成本核算信息的过程中,充分考虑使用者的决策模式和信息需要,全面并及时提供满足信息使用者成本管理决策的会计信息,以迅速作出生产经营决策,纠正和完善成本管理工作中的失误与不足,果断采取进一步加强成本管理的措施。

3. 重要性和例外性原则

重要性原则是指企业在进行成本核算时,应视其内容和对象的重要程度,采用不同的成本核算方法。在成本核算中采用重要性原则,能够使企业在全面、完整反映企业生产经营状况和成本水平的基础上,加强对那些对企业成本管理决策有重大影响的关键性成本内容和对象的核算,既节约人力、物力、财力,又事半功倍。

为了提高成本控制工作的效率，企业管理人员对控制标准以内的问题，不必事无巨细、不分大小地进行逐项控制，而应将控制的重点集中在不正常、不符合常规的例外差异上。所谓例外差异，一般有以下几种：一是较大的成本差异事项；二是经常出现的成本差异；三是可避免原因引起的性质严重的差异事项；四是影响企业决策的差异事项。成本控制人员应把工作重点放在那些不正常和不符合常规的关键性差异上，分析其产生的原因，采取有效措施加以解决。成本控制遵循例外管理原则，有利于将管理人员从烦琐的日常事务中解脱出来，集中力量抓显著、突出的问题，从而提高控制效率。

（二）成本管理技巧

创业企业可以通过将更多的间接成本变为直接成本，激励全体员工参与成本管理，以及树立正确成本观念等方法加强成本管理。

1. 将间接成本变为直接成本

按传统成本计算方法计算产品成本时，间接费用的界定及其分配方法选择是导致成本失真的主要原因。对高科技企业来说，机器设备的价值较高，其按直线法等方法计算的折旧费用在产品成本中占有较大的比重，但是，按照产品工时（或人工工资等，以下同）作为基数来分配间接费用，会导致产量低、生产过程复杂、耗用工时较少的产品承担较少费用，而产量高、生产工艺简单、耗用工时较多的产品承担较多费用，导致产品成本的错误计量，进而影响产品定价，最终影响企业利润。

对初创企业来说，从一开始就建立一套先进的成本核算方法（如采用作业成本法，对其的详细描述超出了本书的范畴，感兴趣的读者可查阅《成本管理会计》教材），尽可能降低间接成本的比重，提高直接成本的数量，选择多样的分配标准。这样有利于成本的准确计量和管理，提高企业在市场上的竞争能力。

2. 树立正确成本理念

如上所述，企业的成本按照不同标准可以进行不同的分类，有些成本概念是传统成本核算中使用的概念，有些则是成本管理过程中要用到的成本理念。加强成本管理要求初创企业要重视寿命周期成本的管理而不是仅仅着眼于制造成本，应更多关注目标成本而非实际成本，并合理界定和分配责任成本，将功能和质量控制在客户需求的范围之内、合理安排成本支出。同时，应充分利用各种固定成本、想方设法降低变动成本的金额。

3. 激励全员参与成本管理

当被管理者参与到管理工作中时，管理效率会大大提高。通过培养员工的积极心态和工作能力，利用考核来激励员工参与是成本管理的有效途径。

人是各项成本的最基本驱动因素。员工的行为和心态会决定成本的发生与否以及成本发生的方法，特别是作业成本，它是员工说了算的成本，它体现在员工工作态度的积极性，工作品质的高低、速度快慢，所使用的企业软硬件是否有效上。所以，企业应通过提高员工的整体素质，避免巨大的失败成本、无效成本及试错成本的发生；并通过对成本控制的考核，将成本与员工绩效挂钩，将员工降低的成本的一部分转化为员工收入，则会大大提高员工主动降低成本的积极性。

四、企业发展战略与成本管理

初创企业的发展战略不同,采用的成本管理方法也会不同。一般来说,企业的发展战略可以分为差异化战略和成本领先战略。

(一)差异化战略成本管理系统

差异化战略成本管理系统适用于发展尚未成熟,因而企业在市场中的地位还没有完全定型的行业,这种行业中企业的竞争手段是多样的,竞争的目标是在产品、服务等方面形成与其他企业相比的独特性。这种成本管理系统还适用于产品技术更新速度很快的行业,例如电脑业,市场的竞争更多地表现为技术的竞争和新产品上市速度的竞争。

差异化战略成本管理系统的成本管理战略则是为实现企业在某方面的差异化而服务的,其中的成本控制不是单纯对成本本身的控制,而是通过成本控制,使产品同时具有独特性和成本优势,从而最终赢得市场竞争。差异化战略成本管理系统的成本管理战略通常着重对产品全生命周期成本和新产品目标成本的管理;对包括研发成本、生产成本和消费成本在内的产品全生命周期成本的控制,往往需要考虑成本在行业价值链的分配情况,并通过行业价值链的整合以达到总成本的最低;对新产品目标成本的控制,则是利用价值工程法进行的,保证了新产品能够满足市场需求,并具有最低的成本。

差异化战略成本管理系统重视非成本因素在竞争中的作用,对日常成本信息的精度要求并不高,只要成本信息能够大致反映产品成本情况即可,因此选择成本计算方法时更加注重成本效益原则。这种成本管理系统还对产品全生命周期成本和新产品目标成本进行了计算。对前者计算的目的在于掌握生命周期各阶段成本所占的大致比重,以便找到降低成本的新领域;而对新产品目标成本计算的目的则是使新产品满足多样化需求的同时能够具有成本优势。目标成本是根据市场可接受价格和目标利润计算得到的,但是计算结果需要反复印证和分解才能确定。

差异化战略成本管理系统的成本控制目标是保证差异化战略的实现,并控制产品全生命周期成本。成本控制中较多地考虑了生命周期中产品成本在企业上下游的分布情况,将研发成本、消费成本纳入了成本控制的范围。产品成本的控制是在保证产品满足市场多样化需求的基础上进行的,将产品的成本与功能综合考虑,而不是孤立地进行成本控制。采用的成本控制手段是多方位的,经济手段是基础,并广泛利用了技术、组织等非经济手段。只注重控制成本本身的传统成本控制方法不能很好满足成本管理的需要,而面向市场并且注重战略控制的现代成本控制方法,如作业成本法和成本企划法,却在差异化战略成本管理系统中可以充分发挥作用。

(二)成本领先战略成本管理系统

成本领先战略成本管理系统适用于发展比较成熟的行业,这种行业的市场一般供大于求,竞争比较激烈,市场竞争较多地表现为价格竞争,如钢铁业、家电业。

成本领先战略成本管理系统的成本管理战略定位在追求最大程度的成本降低。无论是绝对成本降低还是相对成本降低,无论是通过价值链整合还是通过控制某项成本动因实现的成本降低,都必须最终导致企业内部资金消耗的绝对降低,否则就是失败的成本管理系统。

成本领先战略成本管理系统要求成本信息比较准确，能够真实反映成本发生情况，通常倾向于选用能够准确计算成本的方法，不同的环境基础也影响成本计算方法的选择，例如产品成熟的零部件装配企业一般适用标准成本法，而在间接费用占比重较大的情况下，企业愿意采用作业成本法而不是传统的制造成本法。但是当原有成本计算方法已满足成本精度的要求时，就没有必要追求高精度的成本计算方法。

成本领先战略成本管理系统的成本控制目标是最大限度地降低成本，以赢得价格竞争。成本控制主要通过强化成本动因的途径来实现，如扩大经营规模以实现规模经济、采用技术革新降低产品单位消耗的材料或人工。通过实际成本与标准成本间的差异分析来控制成本的传统成本控制方法一般就可满足需要，采用的方法多是标准成本制度、定额成本法、预算法、责任会计等。

小测试

1. 什么叫收入？不同的收入应该何时按照什么金额确定入账？
2. 变动成本都是直接成本，固定成本都是间接成本吗？
3. 沉没成本和机会成本对于创业企业的成本核算有何意义？
4. 成本管理有哪些原则和技巧？
5. 差异化战略和低成本战略在成本管理理念上有何区别？各自的适用范围如何？

第二节 成本计算及预测

对基于管理角度的成本概念的了解有助于创业者加强企业成本费用的管理，尽可能压缩不必要的支出，尽快实现盈利。对基于会计准则要求的成本计算方法的了解，则有助于创业者正确提供会计报表，满足纳税申报的要求。

一、不同类型企业成本的分类

创业者需要了解企业产品或服务的成本构成及其高低，以便分析不同产品或服务的盈利情况，作出正确决策。

企业应当根据所发生的有关费用能否归属于使产品达到目前场所和状态的原则，正确区分产品成本和期间费用，并根据生产经营特点和管理要求，确定成本核算对象，归集成本费用，计算产品的生产成本。

（一）制造企业的成本及其内容

制造企业一般按照产品品种、批次订单或生产步骤等确定产品成本核算对象。产品规格繁多的，可以将产品结构、耗用原材料和工艺过程基本相同的产品，适当合并作为成本核算对象。制造企业将材料投入生产到产品完工的过程称为产品的生产过程，这个过程也是资产的耗费过程。在这个过程中,劳动者运用劳动资料对劳动对象进行加工,改变劳动对象的性质、形态、功能等,使其成为预期的商品产品。在企业的生产经营过程中,费用按是否计入产品成本可分为生产费用和期间费用。生产过程中为进行产品生产所发生的费用称为生产费用,在生产的产品完工时,生产费用转变为产品的制造成本;在会计期间发生的用于企业经营管理的管理费用、销售费用、研发费用和财务费用统称为期间费用,期间费用直接计入当期损益。

生产费用是指生产过程中为进行产品生产所发生的费用,主要包括材料的耗费、活劳动的耗费、固定资产的价值磨损,以及生产车间的水电费、办公费等其他耗费,是企业在一定时期内为生产产品而发生的物化劳动和活劳动的货币表现。为了正确计算产品成本,通常将构成产品制造成本的各种耗费按其用途划分为三个成本项目:直接材料、直接人工、其他直接支出和制造费用。直接材料是指企业生产过程中,直接用于产品生产,构成产品实体的原材料、辅助材料、外购半成品及有助于产品形成的其他材料等。直接人工是指企业在制造产品的过程中,为获得直接参加产品生产人员提供的服务而给予各种形式的报酬以及其他相关支出。直接材料和直接人工统称为直接费用。制造费用是指企业为生产产品和提供劳务而发生的各项间接费用,包括车间管理人员的薪酬,机器设备和厂房的价值磨损以及修理费,车间的水电费、物料消耗、办公费、劳动保护费及其他制造费用。企业应当根据制造费用的性质,选择合理的制造费用分配方法,将其分配计入产品生产成本。制造费用的分配标准可以是生产工人职工薪酬的比例、工时比例、耗用原材料的数量或成本等。

在会计期间发生的用于企业经营管理的管理费用、销售费用、研发费用和财务费用统称为期间费用。管理费用是行政管理部门为组织和管理企业生产经营所发生的各种费用;销售费用是指企业在销售商品产品和材料、提供劳务过程中发生的各种费用;研发费用是指研究与开发某项目所支付的费用;财务费用是企业为筹集和使用生产经营所需资金等而发生的筹资和用资费用,包括利息支出(减利息收入)、汇兑损益及相关的手续费、企业发生的现金折扣或收到的现金折扣等。

制造企业生产经营过程中发生的各种耗费及其分类如图5.1所示。

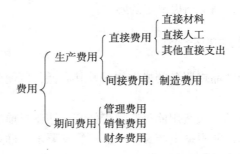

图 5.1　制造企业生产过程中发生的各种耗费及其分类

(二)其他类型企业的成本及其构成

批发零售企业一般按照商品的品种、批次、订单、类别等确定成本核算对象。在会计核算上设置进货成本、相关税费、采购费等成本项目。进货成本,是指商品的采购价款;

相关税费，是指购买商品发生的进口关税、资源税和不能抵扣的增值税等；进货成本、相关税费直接计入成本核算对象；采购费，是指运杂费、装卸费、保险费、仓储费、整理费、合理损耗以及其他可归属于商品采购成本的费用，发生的采购费，可以结合经营管理特点，按照合理的方法分配计入成本核算对象，采购费金额较小的，可以在发生时直接计入当期销售费用。企业可以根据实物流转方式、管理要求、实物性质等实际情况，采用先进先出法、加权平均法、个别计价法、毛利率法等方法结转产品成本。

信息传输企业一般按照基础电信业务、电信增值业务和其他信息传输业务等确定成本核算对象。会计核算上需要设置直接人工、固定资产折旧、无形资产摊销、低值易耗品摊销、业务费、电路及网元租赁费等成本项目。直接人工，是指直接从事信息传输服务的人员的职工薪酬；业务费，是指支付通信生产的各种业务费用，包括频率占用费、卫星测控费、安全保卫费、号码资源费、设备耗用的外购电力费、自有电源设备耗用的燃料和润料费等；电路及网元租赁费，是指支付给其他信息传输企业的电路及网元等传输系统及设备的租赁费等。企业可以根据经营特点和条件，利用现代信息技术采用作业成本法等对产品成本进行归集和分配。

软件及信息技术服务企业的科研设计与软件开发等人工成本比重较高的，一般按照科研课题、承接的单项合同项目、开发项目、技术服务客户等确定成本核算对象。合同项目规模较大、开发期较长的，可以分段确定成本核算对象。会计核算上要设置直接人工、外购软件与服务费、场地租赁费、固定资产折旧、无形资产摊销、差旅费、培训费、转包成本、水电费、办公费等成本项目。直接人工是指直接从事软件及信息技术服务的人员的职工薪酬；外购软件与服务费是指企业为开发特定项目而必须从外部购进的辅助软件或服务所发生的费用；场地租赁费是指企业为开发软件或提供信息技术服务租赁场地支付的费用等；转包成本是指企业将有关项目部分分包给其他单位支付的费用。

文化企业一般按照制作产品的种类、批次、印次、刊次等确定成本核算对象。会计核算上设置开发成本和制作成本等成本项目。开发成本是指从选题策划开始到正式生产制作所经历的一系列过程，包括信息收集、策划、市场调研、选题论证、立项等阶段所发生的信息搜集费、调研交通费、通信费、组稿费、专题会议费、参与开发的职工薪酬等；制作成本是指产品内容制作成本和物质形态的制作成本，包括稿费、审稿费、校对费、录入费、编辑加工费、直接材料费、印刷费、固定资产折旧、参与制作的职工薪酬等。电影企业的制作成本是指企业在影片制片、译制、洗印等生产过程所发生的各项费用，包括剧本费、演职员的薪酬、胶片及磁片磁带费、化妆费、道具费、布景费、场租费、剪接费、洗印费等。文化企业发生的有关成本项目费用，由某一成本核算对象负担的，应当直接计入成本核算对象成本；由几个成本核算对象共同负担的，应当选择人员比例、工时比例、材料耗用比例等合理的分配标准分配计入成本核算对象成本。

二、成本计算

鉴于制造企业的成本核算最为复杂，以下的成本计算以制造企业为例进行说明。

【例 5-1】 创业者小王创办的甲服装有限责任公司为一般纳税人，2024 年 9 月发生了如下经济业务。

（1）本月共生产完工西服套装 200 套，休闲男裤 300 条。

（2）服装公司工人的工资全部按照计件工资发放。生产工人每加工一件西服上衣的计件工资为 110 元，每加工一条西裤的计件工资为 40 元，每加工一条休闲裤的计件工资为 30 元。创业者本人的工资每月 3 000 元；企业按职工工资总额的 40%计提医疗保险、养老保险等"五险一金"。[1]

（3）给某会计公司当月的代理记账费用 300 元，税率 6%，款项 318 元用现金支付。

（4）购买 5 台设备，买价共计 25 000 元，购买其他固定资产 1 900 元，均取得增值税专用发票，增值税进项税额为 3 497 元，款项 30 397 元均用银行存款支付。

（5）生产服装领用的各种布料情况如表 5.2 所示。

表 5.2　材料耗用表　　　　　　　　　　　　　　单位：米

服装名称	纯毛布料	聚酯内衬	纯棉布料
西服上衣	320	300	
西裤	220	100	
休闲裤			330
合　计	540	400	330

各种布料的进价如下：纯毛布料 240 元/米，聚酯内衬 68 元/米，纯棉布料 100 元/米。

（6）生产领用纽扣、拉链等各种辅料 3 000 元。

（7）消耗自来水公司水费 1 000 元，税率 9%；电费 500 元，税率 13%。其中车间消耗水电共计 1 300 元，管理部门耗用 200 元；款项 1 655 元均用银行存款支付。

（8）缝纫机、锁边机等机器设备的折旧 600 元/月（按直线法计提折旧，下同）。

（9）厂房折旧 1 400 元/月。

（10）委托其他单位进行服装设计的费用 4 000 元，税率 6%。款项 4 240 元用银行存款支付。

（11）当月发生广告费 1 000 元，税率 6%。款项 1 060 元用银行存款支付。

（12）银行借款的年利率 5%，本月负担利息费用 2 500 元。

（13）用银行存款购进 20 000 元的原材料和辅料，已入库，材料的增值税率 13%。

（14）本月办公室租金 2 000 元，税率 9%，款项 2 180 元用银行存款支付。

（15）从银行借入 2 年期的借款 20 000 元。

（16）购入 1 000 元办公用品，税率 13%，款项 1 130 元用现金支付。

（17）本月共销售西服 150 套，休闲裤 200 条。售价为西服 1 200 元/套，休闲裤 200 元/条。收到了货款和税金的 90%，产品的增值税率为 13%。

（18）销售人员每销售一套西服可得 50 元提成，每销售一条休闲裤可得 10 元提成，本月销售人员提成为 9 500 元，已用银行存款支付。

（19）本月销售过程中产生 300 元运费，税率 9%，款项 327 元用现金支付。

（20）用银行存款支付上月应付的职工薪酬 66 000 元。

（21）税金及附加（城建税和教育费附加）按流转税额的 12% 计征。
（22）发生的间接成本按产品产量进行分配。
（23）企业的所得税率为 25%。
要求：（1）计算产品的单位生产成本。
　　　（2）思考将企业支出区分为成本和费用的原因。

案例分析

产品的生产成本需要按照产品品种进行明细核算。费用则按照发生的期间归集。

1. 产品成本的计算

本例中，需要分别计算西服上衣、西裤和休闲裤的成本，每种产品的成本都包括直接成本和间接成本。直接成本在发生的当期直接计入产品成本，间接成本则需要按一定标准分配计入产品成本。

本例中发生的间接成本包括如下内容：纽扣、拉链等各种辅料 3 000 元，车间水电费 1 300 元，机器设备的折旧 600 元，厂房折旧 1 400 元，共计 6 300 元。

间接成本按照产品的产量分配，因此，需要先计算产品的产量。本月共生产完工西服上衣和西裤各 200 件，休闲裤 300 条，产量共计为 700 件，每件产品应该负担的间接成本为

$$间接成本分配率 = 6\ 300/700 = 9$$

案例中的直接成本包括领用的布料成本和人工成本两部分。每套西服耗用的布料成本又包括纯毛布料和聚酯内衬两种。由上面的材料耗用表可以看出，每套西服上衣耗用纯毛布料的数量为 1.6（320÷200）米，耗用聚酯内衬的数量为 1.5（300÷200）米；同样可以算出每条西裤耗用的纯毛布料和聚酯内衬的数量分别为 1.1 米和 0.5 米；一条休闲男裤耗用的纯棉布料为 1.1 米。按照资料中给定的各种布料的进价，可分别计算出每件衣服耗用的材料价值：

西服上衣：1.6×240 + 1.5×68 = 486（元）
西裤：1.1×240 + 0.5×68 = 298（元）
休闲裤：1.1×100 = 110（元）

每件衣服的人工成本按计件工资计算，除考虑其工资总额外，还要考虑相应的"五险一金"支出。这样每件衣服的直接人工成本便计算如下：

西服上衣：110×（1+40%）= 154（元）
西裤：40×（1+40%）= 56（元）
休闲裤：30×（1+40%）= 42（元）

于是，每件衣服的成本可计算如下：

西服上衣：486 + 154 + 9 = 649（元）
西裤：298 + 56 + 9 = 363（元）
休闲裤：110 + 42 + 9 = 161（元）

2. 费用计算

本月发生的费用包括资金筹集和使用环节发生的利息，销售环节发生的运费、广告费

等支出，研发环节发生的服装设计费以及管理环节发生的电话费、管理人员工资等。

财务费用：本月负担的利息 2 500 元。

销售费用：广告费 1 000＋销售运费 300＋销售人员提成 9 500＝10 800 元。

管理费用：创业者的工资社保 4 200[3 000×（1+40%）]元，代理记账费用 300 元，管理部门水电费 200 元，电话费、办公用品等 1 000 元，房屋租金 2 000 元，计 7 700 元。

研发费用：服装设计费 4 000 元。

3. 将企业全部支出区分为成本和费用的原因

产品成本按其品种进行明细核算，可以起到多方面的作用。第一，可以根据成本的开支状况，分析企业成本计划的执行情况，分析成本是否节约或浪费；第二，尽管在买方市场情况下，产品价格由市场上的供给和需求决定，但产品成本依然是定价的主要依据之一，只有产品的定价能够超出其生产成本，企业才有可能获取利润；第三，产品成本的相关资料有助于进行产品品种的选择决策；第四，成本、费用计入企业利润的期间有所不同，成本在产品销售或服务提供之后才能得到补偿，费用则直接计入发生当期的损益，从当期收入中得到补偿；第五，可以根据以往的成本资料进行成本费用预测，分析以后期间可能发生的成本费用支出，以便预测未来期间的利润情况。

视频 5.2　成本费用预测

三、成本费用预测

每个创业者都应该时刻关注企业未来的发展趋势，并根据账簿记录资料对未来的经营状况作出正确的预测。通过市场调查，创业者应能够清楚企业将要销售的产品或服务数量，并据此制订基本的销售计划，然后根据销售计划和产品库存计划，制订相应的生产计划。当企业的生产数量发生变化时，相应的成本费用水平也会发生变化。所以，企业的创办者必须能够对未来的成本费用情况进行预测，编制成本费用预算，以了解企业一年之中（至少一年）所发生的总成本费用情况，进而弄清楚企业计划中的销售收入是否足以收回成本费用。

另外，成本费用预算作为商业计划书的主要内容，也是企业进行利润预测的基础。企业可以根据账簿记录和前面计算的成本费用资料，按照预测的销售量和决定的生产信息，预测以后期间可能发生的成本费用情况，以及可能实现的利润情况，以进行相应的生产决策和资金筹集决策等。成本费用的预算可以按照其开支项目，并结合现金预算的编制按是否需要支付现金分项进行。

（一）产品成本预算

编制产品成本预算可以分以下几步进行。

首先，根据市场调查和预测，编制销售预算。创业者应能够根据市场调查的资料，对其产品未来的销售情况进行预测，并进而编制销售预算。

其次，根据销售预算编制生产预算。按照以销定产的定律，企业生产什么，生产多少需要依靠市场的需求而定,因此,生产计划的编制应该以销售预算为基础,并结合企业的存货计划进行调整。如假定企业预测下月的销售数量为西服 300 套,同时企业计划存货保持在 100 套以内,如果期初不存在库存产品的情况下,则当期要生产的产品数量为 400 套。

最后,按成本项目编制产品成本预算。将产品成本按材料支出、人工支出和制造费用三项分别列示,同时将制造费用按照是否需要支付现金分成付现支出和非付现支出两类。付现支出是指企业在经营期间需要以现金支付的成本,如产品生产过程中发生的车间水电费、车间管理人员的工资等。非付现支出指企业在经营期间不需要以现金支付的成本,非付现成本一般包括固定资产的折旧、无形资产的摊销等项目。

(二)费用预算

相对于产品成本而言,企业在每个会计期间的费用变化不大,尤其是管理费用相对来说缺乏弹性。财务费用取决于以后期间的筹资决策及借款的使用数量和利率;销售费用主要来源于广告的支出,销售人员提成则可以根据预测销售量和规定的提成比例预测;研发费用取决于企业的研究开发计划。

(三)成本费用预算示例

成本费用预算的编制可参照表 5.3 开展。

表 5.3 成本费用预算

项	目	1	2	3	4	5	6	7	8	9	10	11	12	合 计
	销售量													
	生产量													
成本预算	材料													
	人工													
	其他付现支出													
	非付现支出													
成本合计														
费用预算	财务费用													
	销售费用													
	管理费用													
	研发费用													
费用合计														
成本费用合计														

【例 5-2】依例 5-1。创业者小王通过市场调查和自己对未来市场的变化情况,预测的 2024 年 10 月—2025 年 9 月的销售情况如表 5.4 所示(西服按套预测,休闲裤按条预测)。

表 5.4 未来 12 月销量预测

月份	10	11	12	1	2	3	4	5	6	7	8	9	合计
西服/套	200	250	280	300	400	320	300	260	200	150	140	120	2 920
休闲裤/条	300	300	350	400	400	380	350	350	350	250	200	250	3 880

第五章 收入管理是创业持续的保障

假定 2024 年 9 月，企业库存西服 60 套，库存休闲裤 80 条。创业者小王为避免在市场销量突然扩大时因库存不足而无法增加销售的风险，决定每月至少保持 50 套西服和 100 条休闲裤的存货，保持自己目前的收入水平和服装设计支出，并维持目前的广告策略和销售提成，而且在未来一年内不准备新增银行借款，也无到期须归还的银行借款。

要求：

（1）编制未来一年的成本费用预算。

（2）思考企业编制成本费用预算的原因。

案例分析

（1）小王需要先根据预测的销售情况和库存计划，分别计算出西服和休闲裤各月需要生产的产品数量，如表 5.5 和表 5.6 所示。

表 5.5　西服的生产计划　　　　　　　　　　　　　　　　　　　单位：套

月份	10	11	12	1	2	3	4	5	6	7	8	9	合计
销量	200	250	280	300	400	320	300	260	200	150	140	120	2 920
产量	190	250	280	300	400	320	300	260	200	150	140	120	2 910

西服 10 月的产量计算：销量（200）+预计期末存货（50）−期初存货（60）=190（套）

西服 11 月的产量计算：销量（250）+预计期末存货（50）−期初存货（50）=250（套）

其他月份的计算与此相同。

表 5.6　休闲裤的生产计划　　　　　　　　　　　　　　　　　　单位：条

月份	10	11	12	1	2	3	4	5	6	7	8	9	合计
销量	300	300	350	400	400	380	350	350	350	250	200	250	3 880
产量	320	300	350	400	400	380	350	350	350	250	200	250	3 900

休闲裤 10 月的产量计算：销量（300）+预计期末存货（100）−期初存货（80）=320（条）

休闲裤 11 月的产量计算：销量（300）+预计期末存货（100）−期初存货（100）=300（条）

其他月份的计算与此相同。

（2）根据生产计划编制的材料、人工成本预算如下。

车间水电费金额和辅料的成本均较小，为简化预算，可根据成本效益原则假定车间每月的水电费维持原来每月的 1 300 元，辅料成本为每月 3 000 元；机器设备折旧采用平均年限法计算，与产品产量没有关系，仍维持每月 2 000 元的水平。材料和人工支出预算如表 5.7 所示。

表 5.7　材料和人工支出预算　　　　　　　　　　　　　　　　　单位：万元

项目		10	11	12	1	2	3	4	5	6	7	8	9	合计
产量	X/套	190	250	280	300	400	320	300	260	200	150	140	120	2 910
	K/条	320	300	350	400	400	380	350	350	350	250	200	250	3 900
材料		18.416	22.9	25.802	27.92	35.76	29.268	27.37	24.234	19.53	14.51	13.176	12.158	271.044
人工		5.334	6.51	7.35	7.98	10.08	8.316	7.77	6.93	5.67	4.2	3.78	3.57	77.49

表中：X 表示西服套数，K 表示休闲裤条数，材料、人工费用单位均为万元。

其中，10月的材料和人工费用计算如下：

材料费用 =（486 + 298）× 190 + 110 × 320 = 18.416（万元）

人工费用 =（154+56）× 190 + 42 × 320 = 5.334（万元）

其他月份的计算方法相同。

（3）费用的发生与产品产量无直接相关，所以，费用预算取决于其对未来发展的筹划。由于小王决定保持目前的广告策略和销售提成，在预算期间的广告费用每月均为1 000元，销售提成则随销售数量有所调整。各月的销售费用预算如表5.8所示。

表5.8　销售费用预算　　　　　　　　　　　　　单位：万元

项目		10	11	12	1	2	3	4	5	6	7	8	9	合计
销量	X/套	200	250	280	300	400	320	300	260	200	150	140	120	2 920
	K/条	300	300	350	400	400	380	350	350	350	250	200	250	3 880
提成		1.30	1.55	1.75	1.90	2.40	1.98	1.85	1.65	1.35	1.00	0.90	0.85	18.48
广告费		0.10	0.10	0.10	0.10	0.10	0.10	0.10	0.10	0.10	0.10	0.10	0.10	1.20
费用合计		1.40	1.65	1.85	2.00	2.50	2.08	1.95	1.75	1.45	1.10	1.00	0.95	19.68

表中：X 表示西服套数，K 表示休闲裤条数，提成、广告费以及费用合计的单位均为万元。

10月的销售提成为：50 × 200 + 10 × 300 = 13 000元。

其他月份计算方法相同。

在未来一年内不准备新增银行借款，也无到期须归还的银行借款，所以，未来一年内每月的利息均为2 500元。

由于维持目前的工资收入和服装设计支出，所以，以后一年内每月管理费用的支出均为7 700元，研发费用支出为4 000元。

（4）未来一年的成本费用预算如表5.9所示。

表5.9　成本费用预算　　　　　　　　　　　　　单位：万元

项目		10	11	12	1	2	3	4	5	6	7	8	9
成本预算	材料	18.416	22.9	25.802	27.92	35.76	29.268	27.37	24.234	19.53	14.51	13.176	12.158
	人工	5.334	6.51	7.35	7.98	10.08	8.316	7.77	6.93	5.67	4.20	3.78	3.57
	Q	0.43	0.43	0.43	0.43	0.43	0.43	0.43	0.43	0.43	0.43	0.43	0.43
	F	0.20	0.20	0.20	0.20	0.20	0.20	0.20	0.20	0.20	0.20	0.20	0.20
成本合计		24.38	30.04	33.782	36.53	46.47	38.214	35.77	31.794	25.83	19.34	17.586	16.358
费用预算	C	0.25	0.25	0.25	0.25	0.25	0.25	0.25	0.25	0.25	0.25	0.25	0.25
	S	1.40	1.65	1.85	2.00	2.50	2.08	1.95	1.75	1.45	1.10	1.00	0.95
	G	0.77	0.77	0.77	0.77	0.77	0.77	0.77	0.77	0.77	0.77	0.77	0.77
	Y	0.4	0.4	0.4	0.4	0.4	0.4	0.4	0.4	0.4	0.4	0.4	0.4
费用合计		2.82	3.07	3.27	3.42	3.92	3.50	3.37	3.17	2.87	2.52	2.42	2.37
成本费用合计		27.20	33.11	37.052	39.95	50.39	41.714	39.14	34.964	28.70	21.86	20.006	18.728

表中：Q代表其他付现支出，F代表非付现支出，C代表财务费用，S代表销售费用，G代表管理费用，Y代表研发支出。

其他付现支出＝水电费（1 300）＋辅料成本（3 000）＝4 300（元）

非付现支出＝厂房折旧（600）＋机器设备折旧（1 400）＝2 000（元）

（5）编制成本费用预算的原因："预则立，不预则废"。成本费用预算的编制主要有以下作用：一是采购计划和企业用人计划制定的基础，企业的材料采购计划须以生产计划为基础，雇工也要根据生产预算来安排；二是编制现金预算的基础，现金预算中最复杂的内容便是成本费用预算部分，尤其是成本费用开支中的现金支出；三是利润预算的核心内容。

 小测试

1. 不同类型企业的成本计算对象应该如何确定？
2. 制造费用的分配基础有哪些？
3. 如何编制成本预算？

第三节　利润分配和纳税筹划

一、利润分配

虽然创业财务主要研究企业盈利之前的财务事项，但获利毕竟是创业企业的追求，获利之后的利润分配事项也需要提前规划。

视频5.3　利润构成和管理

（一）利润构成

利润是企业在一定会计期间的经营成果，在量上表现为全部收入递减全部支出后的余额。只有当企业的收入高于全部支出时，企业才可能获利。企业的利润包括营业利润、利润总额和净利润。

1．营业利润

营业利润是企业在一定时期内从事生产经营活动所获得的利润，是营业收入减去营业成本、税金及附加、销售费用、管理费用、研发费用和财务费用，加上投资收益（或减去投资损失）、其他收益、公允价值变动收益、资产处置收益后的金额。

营业收入是指企业销售商品和提供劳务实现的收入总额。

营业成本是指企业销售商品的成本和提供劳务的成本。

税金及附加是指企业经营活动发生的消费税、城市维护建设税、资源税、教育费附加及房产税、土地使用税、车船使用税、印花税等相关税费。

销售费用、管理费用、研发费用和财务费用核算的内容在第一节"成本计算"部分已经讲到，此处不再赘述。

投资收益，由企业股权投资取得的现金股利（或利润）、债券投资取得的利息收入和处置股权投资和债券投资取得的处置价款扣除成本或账面余额、相关税费后的净额三部分构成。

"其他收益"项目，反映企业确认的计入其他收益的政府补助等。

"公允价值变动收益"项目，反映企业确认的计入当期损益的公允价值变动收益或损失。

"资产处置收益"项目，反映企业出售固定资产、在建工程、生产性生物资产、无形资产等产生的处置利得或损失。

2. 利润总额

利润总额是指营业利润加上营业外收入，减去营业外支出后的金额。

营业外收入是企业非日常生产经营活动形成的、应当计入当期损益、会导致所有者权益增加、与所有者投入资本无关的经济利益的净流入。企业的营业外收入包括：捐赠利得、盘盈利得、罚款收入等。通常，企业的营业外收入应当在实现时按照其实现金额计入当期损益。

营业外支出是企业非日常生产经营活动发生的、应当计入当期损益、会导致所有者权益减少、与向所有者分配利润无关的经济利益的净流出。企业的营业外支出包括：盘亏损失、非常损失、罚款支出、公益性捐赠支出等。通常，企业的营业外支出应当在发生时按照其发生额计入当期损益。

3. 净利润

净利润，是指利润总额减去所得税费用后的净额。

公司制企业应当按照企业所得税法规定计算的当期应纳税额，确认所得税费用。企业应当在利润总额的基础上，按照企业所得税法规定进行纳税调整，计算出当期应纳税所得额，按照应纳税所得额与适用所得税税率为基础计算确定当期应纳税额。

个人独资企业和合伙企业不用缴纳企业所得税，只需要投资者个人按照生产经营所得计算缴纳个人所得税。

（二）利润管理

创业者还应该熟悉利润的管理方法，分析企业实现利润的可能时间及其盈利能力，做好利润规划。

1. 盈亏平衡分析

创业者可以通过计算盈亏平衡点的方式对企业实现利润的时间进行分析。盈亏平衡点是使企业达到盈亏平衡状态的业务量，在该业务量上，企业的销售收入等于总成本，不盈利也不亏损，利润为零。

盈亏平衡点可以用实物量的形式，也可以用金额的方式来表示。

根据第一节的成本概念，成本按照其总额与业务量的关系分为变动成本、固定成本。于是企业的 EBIT（息税前利润，支付利息和所得税之前的利润）计算如下：

$$P = (p-b)x - a$$

式中，P 为企业的息税前利润；p 为产品或服务的单价；b 为产品或服务的单位变动成本；a 为固定成本总额。

盈亏平衡点是企业利润为零的业务量。于是：

$$0 = (p-b)x - a$$

则

$$x = a \div (p-b)$$

即

$$\frac{盈亏平衡点}{业务量} = \frac{固定成本总额}{单价 - 单位变动成本}$$

在计算出盈亏平衡点的业务量之后，创业者可以通过分析达到该业务量所需要的时间来确定实现利润的可能时间。

【例 5-3】若某公司每月的固定成本为 20 000 元，每件产品的单位售价为 85 元，产品的单位变动成本为 35 元，则该公司的盈亏平衡点业务量为

$$20\ 000 \div (85 - 35) = 4\ 000 \text{（件）}$$

2. 盈利能力分析

创业者虽然可以委托会计公司代为记账，但是绝不应该为此忽视企业的财务管理工作。

同一种产品或服务，在不同市场上的售价可能会有差别，导致其毛利会有所不同；如果企业提供的是多种产品或服务，不同产品或服务的毛利也会不同。在进行成本计算时，应尽可能分产品、分市场计算，以便对产品或服务的获利能力进行分析。将资源优先配备到毛利高的产品或服务（或市场）上，优先发展能够使企业得以生存的业务，并结合企业的长远发展规划进行有重点的投资。

如山东某高校大学生就利用互联网络将其家族长期以来生产的汽车配件卖到非洲和拉丁美洲，既拓宽了产品的市场，又规避了国内的激烈竞争，使企业的销售收入有了大幅度增长，而且卖出了比国内更好的价格。于是，其便将更多精力投入非洲市场，拟和他人共同开发一款更有针对性的电商管理平台，实现更大突破。

（三）利润预算

利润的计算和管理主要针对过去与现在，但是，作为创业者还应该能够放眼未来，学会编制利润预算。

利润预算也称利润计划，是根据利润的预测结果，利用一定的表格形式，以货币为统一计量单位，反映预测营业活动及其财务成果的综合性计划。

利润预算的主要工具是利润表，详见第七章。

（四）利润分配

企业实现利润之后应该做一定的分配，使创业者分享创业成果，提振信心。

1. 利润分配顺序

公司制的创业企业在实现利润之后，需要按照以下的顺序进行分配：

（1）弥补以前年度亏损（连续五年税前补亏）。

（2）缴纳所得税。

（3）弥补亏损（连续五年税前未能弥补完的亏损，税后继续弥补）。

（4）提取盈余公积金。

（5）向投资者进行分配利润。

2. 利润分配建议

由于企业在发展过程中需要大量资金，创业团队往往倾向于将实现的利润大部分留存下来支持企业的发展。但是，这并不是非常推荐的做法，合理的建议是在实现利润后，最好做一定的利润分配。这样做的好处如下。

第一，可以合理避税。由于个人投资者对从企业分到的利润要按照个人所得税法的规定，根据超额累进税率计算应纳税所得额，一次分配的利润越多，对应的税率就会越高。分次支付可以降低应纳税所得额，降低税率，减少创业者的个人所得税支出；而如果一直不进行分配的话，会累积大量利润，日后如果有风险投资的资金进入，仍需要对累积利润进行分配，反而会涉及高额的所得税。

第二，有助于创业者树立正确的创业态度，将创业和生活分开。创业的目的之一是改善生活状况，因此，当创业企业实现盈利时，应该适当通过利润分配增强获得感，提高生活水平。

二、纳税筹划

创业企业的纳税筹划主要是充分利用国家的税收优惠政策，减少税费支出，增加企业的现金流量。

为鼓励创新创业，近些年国家出台了大量高科技企业和中小企业的税收减免政策，以下从流转税、所得税和费用的角度进行阐述。

（一）流转税的税收优惠[2]

按照《延续优化完善的税费优惠政策汇编（2023年版）》的规定，自2023年1月1日起至2027年12月31日，增值税小规模纳税人月销售额不超过10万元（含10万元，下同）的，免征增值税。其中，以1个季度为纳税期限的增值税小规模纳税人，季度销售额不超过30万元的，按照上述文件规定免征增值税。

自2023年1月1日起至2027年12月31日止，对持《就业创业证》（注明"自主创业税收政策"或"毕业年度内自主创业税收政策"）人员从事个体经营的，自办理个体工商户登记当月起，在3年内按每户每年20 000元为限额依次扣减其当年实际应缴纳的增值税、城市维护建设税、教育费附加、地方教育附加和个人所得税。限额标准最高可上浮20%，各省、自治区、直辖市人民政府可根据本地区实际情况在此幅度内确定具体限额标准。纳税人年度应缴纳税款小于上述扣减限额的，以其实际缴纳的税款为限；大于上述扣减限额的，应以上述扣减限额为限。

自2023年1月1日起至2027年12月31日止，企业招用在人力资源社会保障部门公共就业服务机构登记失业半年以上且持《就业创业证》或《就业失业登记证》（注明"企业吸纳税收政策"）人员（或自主就业退役士兵），与其签订1年以上期限劳动合同并依法缴纳社会保险费的，自签订劳动合同并缴纳社会保险当月起，在3年内按实际招用人数予以定额依次扣减增值税、城市维护建设税、教育费附加、地方教育附加和企业所得税优惠。定额标准为每人每年 6 000 元，最高可上浮 30%，各省、自治区、直辖市人民政府可根据本地区实际情况在此幅度内确定具体定额标准。按上述标准计算的税收扣减额应在企业当年实际应缴纳的增值税、城市维护建设税、教育费附加、地方教育附加和企业所得税税额中扣减，当年扣减不足的，不得结转下年使用。

【例 5-4】 2024 届毕业生小张于 8 月成立了张家餐馆从事个体经营，其享受免税的期限为 2024 年 8 月—2026 年 12 月。其所在地省人民政府已规定重点群体从事个体经营免税限额上浮 20% 为 24 000 元，该餐馆 2024 年度（8—12 月，共 5 个月）可享受的税收扣减限额为 10 000（24 000÷12×5）元。

请就以下相关情况计算小张可以享受的减免税金额。

（1）张家餐馆 2024 年 8—12 月，应缴增值税、城市维护建设税等及个人所得税合计 9 800 元。

（2）张家餐馆 2024 年应缴：8—12 月增值税 8 600 元，城市维护建设税 602 元及个人所得税 1 200 元，合计 10 402 元。

案例分析

（1）由于其应交税费合计为 9 800 元，未超过最高限额 10 000 元，所以，其 2024 年免税限额以应缴的 9 800 元为限，当年应缴税费全免。但当年扣减不足的可免税余额 200 元不得结转下年使用。

（2）由于其 2024 年可以享受的该项税收扣减限额为 10 000 元，可扣减的减免税费金额依次为：增值税 8 600 元、城市维护建设税 602 元、个人所得税 798 元，当年还应缴纳个税 402 元。

如果小张已分期将当期应缴的各税费缴纳，则可根据计算的可扣减的减免税费金额申请办理退还手续，同时办理免税备案手续。

（二）所得税的税收优惠

为鼓励"大众创业、万众创新"，国家层面对于企业所得税的优惠力度不断加大。自 2023 年 1 月 1 日至 2027 年 12 月 31 日对年应纳税所得额 100 万元以下，符合《中华人民共和国企业所得税法》及其实施条例以及相关税收政策规定的小型微利企业，其所得减按 25% 计入应纳税所得额，按 20% 的税率缴纳企业所得税。小型微利企业，是指从事国家非限制和禁止行业，且同时符合年度应纳税所得额不超过 300 万元、从业人数不超过 300 人、资产总额不超过 5 000 万元等三个条件的企业。对个体工商户年应纳税所得额不超过 200 万元的部分，减半征收个人所得税。个体工商户在享受现行其他个人所得税优惠政策的基础上，可叠加享受本条优惠政策。

视频 5.4 所得税及税收优惠

（三）技术入股的税收优惠

随着越来越多的企业和个人开始以技术成果投资入股，国家层面也在进一步加大税收优惠，降低企业和相关获激励者的税负。

1. 增值税

技术成果投资入股书面合同须经所在地省级科技主管部门认定并出具审核意见证明文件，报主管税务机关备查，免征增值税。

2. 所得税

境内的被投资企业支付的对价全部为股票（权）的，可选择递延纳税，经向主管税务机关备案，投资入股当期可暂不纳税，允许递延至转让股权时，按股权转让收入减去技术成果原值和合理税费后的差额计算缴纳个人所得税。如果一部分为股票（权），另一部分为货币，则不能递延纳税。

如果以技术成果投资入股方是个人，则涉及个人所得税，可以选择当期纳税或5年分期纳税；如果以技术成果投资入股方是企业，则涉及企业所得税，技术入股的企业也可以选择当期纳税或5年分期纳税。

科研机构、高等学校转化职务科技成果以股份或出资比例等股权形式给予科技人员个人奖励，经主管税务机关审核后，暂不征收个人所得税。2016年，税务总局又进一步简化审批科技成果转化暂不征收个人所得税备案手续，技术成果价值评估报告、股权奖励文件及其他证明材料由奖励单位留存备查，不再需要报送主管税务机关。2017年4月，上海理工大学在杨浦区税务局成功办理了《科技成果转化暂不征收个人所得税》备案，以太赫兹科技研发成果作为无形资产获得股权奖励的上海理工大学科研团队暂不缴纳个人所得税1 035.09万元，成为全国首单科技成果转化暂不缴纳个人所得税优惠案例。①

（四）研发费用的税收优惠

会计核算健全、实行查账征收并能够准确归集研发费用的居民企业，其开展研发活动中发生的研发费用可以享受相应的税收优惠。

1. 研发活动

研发活动，是指企业为获得科学与技术新知识，创造性运用科学技术新知识，或实质性改进技术、产品（服务）、工艺而持续进行的具有明确目标的系统性活动。

2. 研发费用的税收优惠

科技型中小企业开展研发活动中实际发生的研发费用，未形成无形资产计入当期损益的，在按规定据实扣除的基础上，按照本年度实际发生额的100%，从本年度应纳税所得额中扣除；形成无形资产的，按照无形资产成本的200%在税前摊销。

研发费用的具体范围包括人员人工费用、直接投入费用、折旧费用、无形资产摊销、新产品设计费、新工艺规程制定费、新药研制的临床试验费、勘探开发技术的现场试验费、其他相关费用，以及财政部和国家税务总局规定的其他费用。

烟草制造业、住宿和餐饮业、批发和零售业、房地产业、租赁和商务服务业、娱乐业，以及财政部和国家税务总局规定的其他行业不适用税前加计扣除政策。

---

① 我国首个科技成果转化暂不缴纳个税案例落地[OL]. 环球网科技，http://tech.huanqiu.com/news/2016-12/9852656.html.

（五）折旧的税收优惠

企业自 2024 年 1 月 1 日至 2027 年 12 月 31 日期间新购进的设备、器具，单位价值不超过 500 万元的，允许一次性计入当期成本费用，在计算应纳税所得额时扣除，不再分年度计算折旧；单位价值超过 500 万元的，可缩短折旧年限或采取加速折旧的方法，缩短折旧年限的，最低折旧年限不得低于企业所得税法实施条例第六十条规定折旧年限的 60%；采取加速折旧方法的，可采取双倍余额递减法或者年数总和法。

案例分享

2015 年 11 月 2 日，娱乐产业垂直媒体微信平台"首席娱乐官"创始人之一邹玲发文《很遗憾，"首席娱乐官"即日起将暂停更新！》，其与另一创始人陈妍妍因股权纠纷公开决裂。陈妍妍与邹玲最初约定四六开的股权分配方案。据邹玲介绍，陈妍妍为了确保"绝对大股东"身份，要求占股 70%以上，让邹玲退出部分股权。事后诸葛亮"专家"们纷纷站出来评论，陈妍妍应该持股 2/3 以上，以实现绝对控制公司。

"首席娱乐官合伙人股权纠纷，给创业者至少有以下教训：一是互信。合伙创业，既是合伙长期利益，也是合伙在具体事情上磨合后的信任。二是创业团队。一开始分配股权时，应该做好预期管理。三是应该保留股权调整机制。"

 小测试

1. 什么叫盈亏平衡点？它应该如何计算？
2. 公司制企业的利润分配应该按什么顺序进行？
3. 创业企业可享受哪些流转税的税收优惠政策？

注释

[1] "五险一金"即医疗保险费、养老保险费、失业保险费、工伤保险费、生育保险费和住房公积金。按照国家有关法律法规的规定，企业应当按照国务院、各省、自治区、直辖市和当地政府的规定，按照职工工资总额的一定百分比计提交纳。

[2] 国家税务总局网站：https://www.chinatax.gov.cn/chinatax/n810356/n3010387/c5220298/content.html。

课后讨论

1. 什么叫寿命周期成本？它对于创业企业有何启发？
2. 你是如何理解功能成本和质量成本的？它对创业企业的成本规划有何启示？
3. 所得税的税收优惠分为哪几种情况？分别就利润总额、技术入股、研发费用、折旧等进行陈述。

计算题

创业咖啡屋

佳佳和悦悦是某高校的大二学生,两人合伙租用了一间学校的空房开了间"创业咖啡屋"。咖啡屋每月的租金1 000元,装修费用5 000元,咖啡屋拥有一台价值14 000元的咖啡机,3 000元的咖啡桌椅和一个小展示柜,1 500元的咖啡壶,2 600元的咖啡杯。咖啡屋每天开业6小时,由两人轮流值班,每天平均可以出售80杯原味咖啡,每杯30毫升的原味咖啡售价5元。中等价位的咖啡豆平均50元/袋,每袋可磨制40杯咖啡,调制咖啡的独立包装的白砂糖0.3元/袋,咖啡机及桌椅的使用年限为2年,咖啡壶和咖啡杯为易耗品,使用年限按1年计算,创业者每人每天的工资为160元。

要求:计算每杯原味咖啡的成本。

技能训练

1. 某创业企业2024年7月有关业务如下:

用银行存款支付工人工资60 000元,支付水电费20 000元;计提机器设备折旧费40 000元;领用R_1、R_2材料各600公斤,材料成本均为100元/公斤。本月共生产P_1产品6件,计算每一件产品的生产成本。

2. 同1,如果8月预计产量为12件,预测8月的成本费用。

3. 产品资料同1,如果产品的售价为60 000元/件,固定成本只有折旧费和每月水电费的50%,计算企业的盈亏平衡点。

即测即练

自学自测 扫描此码

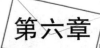

第六章 股权设计是企业发展的基因

 学习目标

知识目标：了解股权激励的方式、风险和防范策略，熟悉股权架构设计和股权激励的原则。

能力目标：掌握股权激励的技巧，能够对创业企业的价值进行评估。

素养目标：以估值和股票的不同权利为基础设计股权结构。

 故事思考

柯炳辉 2007 年毕业于浙江大学，软件工程硕士，从事电子商务、新零售行业 10 多年，先后经历支付宝、淘宝、嗨淘等公司的成长与发展，于 2019 年 1 月成立杭州厚小米网络科技有限公司，致力于打造"国内最专业的中小餐厅一站式采购服务平台"，努力构建让"餐厅生意简单一点"的"新批发"互联网平台，做中国的 SYSCO（西斯科公司）。截至 2020 年 12 月，公司业务覆盖了杭州、宁波、台州、温州等多个城市，拥有直营仓储 6 个，150 多辆新能源物流车，全职员工 400 多人，平台商家 10 万多家，单月交易额 4 000 万元。在 2020 年网易 CITC 创业大赛中斩获全国冠军。

课程思政点

从国家信用信息公示系统查到的企业 2022 年度年报信息，主要投资人及其投资额如下：

序号	股东	认缴出资额（万元）	认缴出资时间	认缴出资方式	实缴出资额（万元）	实缴出资时间	实缴出资方式
1	倪洁	22.0208	2021年7月28日	货币	22.0208	2021年12月31日	货币
2	杨利华	3.75	2021年7月28日	货币	3.75	2020年12月31日	货币
3	柯炳辉	54.2292	2021年7月28日	货币	54.2292	2021年12月31日	货币
4	台州市厚米企业管理合伙企业（有限合伙）	20	2039年12月31日	货币	0		

资料来源：

时代浙商微信公众号，https://mp.weixin.qq.com/s/ibh2Ueuaz2oCjs9FmxDylQ.

国家企业信用信息公示系统，https://shiming.gsxt.gov.cn/corp-query-search-1.html.

请思考：

你认为企业的股权结构应如何设计？如果你是风险投资公司的负责人，拟对杭州厚小米网络科技有限公司进行投资，你觉得企业的价值应该是多少？为什么？

第一节 企业价值评估

视频6.1 估值基础

企业的可持续发展，除依靠营业收入产生经营现金流之外，当经营过程中形成的现金不足以满足增长需求时，需要从外部筹集资金。如果从外部筹集的是股权资金，就会涉及企业的价值评估问题。只有对创业企业有一个合理的估价，才能在和投资者的谈判中有据可依。而且，企业价值评估的合理与否，还会对企业的股权构成有较大影响，从而可能影响企业的健康发展。

一、估值基础

通过评估所得到的价值，是企业的内在价值，它既不同于账面价值，也不同于市场价值。而且，创业企业的价值评估有一定特殊性，需要采用有别于传统在位企业的方法来进行。

（一）内在价值的含义

内在价值是一个经济概念，是对所有影响价值的因素都正确估价后所得到的企业自身所具有的价值，是一种客观存在的价值。创业企业和投资者对同一家企业内在价值的估计可能会存在差异。账面价值是企业资产负债表中所有者权益代表的价值，是由历史形成的资产和负债价值决定的数额，所以是一个历史数据，是可以被验证的数据。账面价值会受企业所采用的会计方法的影响。

市场价值是投资者愿意为企业一定数量的股票所支付的价格。

清算价值是一种拍卖价格，是企业由于破产和其他原因，被要求在一定期限内将特定资产快速变现的价格。

在创业企业吸引外部股权投资时，往往需要就创业者对企业的估值和投资者愿意支付的"价格"进行讨价还价，最终确定一个双方均可以接受的"价格"。

（二）创业企业价值评估的特殊性

创业企业价值评估困难的原因主要是其折现率和现金流量难以确定，团队的影响因素较大，难以从市场中找到可比数据等。

首先，采用现金流量折现法进行价值评估时难以选择合适的折现系数和增长率。初创企业的经营状况往往具有很大的不确定性，风险较高；加上外部环境的不确定，使对创业企业的估值难以选择合适的折现系数。另外，企业初创期往往意味着高增长的可能性，但是考虑企业自身和外部环境的风险，这种成长的可能性又难以预测，增长率不易确定，对未来现金流量的预测非常困难。

其次,可比企业少且数据不公开。创业企业都会具有一定程度的创新性,甚至可能面临尚未开拓的二级市场,难以找到真正可比的企业进行比较估值。即使有一些可比企业得到了私募股权投资,但此类交易一般不会公开,使相对估值模型的应用受到限制。

最后,创业团队对企业价值影响巨大。高素质的创业者及其团队可以把二流的项目做到优秀,但是二流的团队可能会把一流的项目经营失败,而且同样的项目只有少数的团队可以成功实施。所以,对于创业者团队的考核成为投资者最关注的要素,同时也是最难以评估的因素。

二、相对估值模型

相对估值模型可以分为两大类:可比公司法和可比交易法。

(一)可比公司法

可比公司法也叫相对价值法,是利用类似公司的市场定价来确定目标企业价值的估价方法。这种方法首先要选择同行业可比或可参照的上市公司,以同类公司的估价与财务数据为依据,计算出主要的财务比率,然后用这些财务比率作为市场价格乘数来推断目标企业的价值。

$$企业价值 = 价值驱动因素 \times 乘数$$

根据价值驱动因素的不同,可比公司法可分为市盈率法、市净率法、市销率法、公司价值倍数法和博克斯法等。

1. 市盈率法(P/E 法)

市盈率是指每股市价和每股盈余的比率(或者公司市值和净利润的比率)。常用的上市公司市盈率有两种:

$$历史市盈率 = 当前市值 \div 公司上一财务年度的净利润$$
$$预测市盈率 = 当前市值 \div 公司当前财务年度的净利润$$
$$目标企业价值 = 可比公司市盈率 \times 目标企业未来12个月的净利润$$

投资人投资的是企业的未来,是对企业未来经营能力作出的评价,所以预测市盈率更为常用。在国内风险投资市场上,P/E 法是一种比较常见的估值方法。创业企业的首轮融资中,投资后的估值大约是原来的 8~10 倍,这个倍数对不同行业的企业和不同发展阶段的企业有所不同。

目标企业未来 12 个月的利润可以通过企业的财务预测进行估计。因此,估值的关键问题是如何确定预测市盈率。一般来说,预测市盈率是历史市盈率的折扣。如假设美国纳斯达克某个行业的平均历史市盈率是 40 倍,则预测市盈率是 30 倍;对同行业、同等规模的非上市公司来说,参考的市盈率需要再打个折扣,比如是 15~20 倍;同行业且规模较小的初创企业可以是 7~10 倍。这是国内主要的风险投资机构对企业估值使用的 P/E 倍数。

【例 6-1】 如果某初创企业 2024 年度预测的净利润是 500 000 元,同行业可比公司的平均历史市盈率是 40 倍,则企业的估值为

企业估值 = 500 000 × 7（10） = 3 500 000（5 000 000）（元）

如果投资者投入 700 000 元，则创业企业需要出让的股份就是 14%～20%。（700 000 ÷ 3 500 000 = 20%，700 000 ÷ 5 000 000 = 14%）

计算市盈率的数据容易取得，市盈率因为把价格和收益联系起来，可以客观地反映投入产出的关系，而且涵盖了风险补偿率、增长率和股利支付率的影响，有很高的综合性；但是，如果初创企业没有盈利，则无法使用，而且会影响周期性强的行业的企业估值。

市盈率法主要适用于有形资产较少，主要依靠人才、技术和商业模式盈利的行业，以及医药、快消品等弱周期的行业。

2. 市净率法

市净率（P/B）是每股市价与每股净资产的比率（或者公司市值和所有者权益的比率）。与市盈率法相同，市净率也可以计算本期市净率和预期市净率。具体计算方法与市盈率法类似，此处不再赘述。

市净率法采用净资产的账面数据容易取得和理解，可以规避经济周期波动的影响，可以衡量起步发展阶段的企业；但是，市净率受企业会计政策选择的影响，对服务型企业和高科技企业等固定资产少的企业来说相关度不高，也不能反映企业人力资本、企业家才能等无法用货币计量的资产的价值。

主要适用于依赖有形资产的资本密集型企业的估值。

3. 市销率法

市销率（P/S）也叫收入乘数，是每股市价与每股销售收入的比率（或者公司市值和收入总额的比率）。与市盈率法相同，市销率也可以计算本期市销率和预期市销率。具体计算方法与市盈率法类似，此处不再赘述。

收入乘数不会出现负值，对于亏损企业和资不抵债的企业，也可以计算出一个有意义的价值乘数；比较稳定、可靠，不容易被操纵；对价格政策和企业战略变化敏感，可以反映这种变化的后果。但是，不能反映成本的变化。

主要适用于销售成本率较低的服务类企业，或销售成本率趋同的传统行业企业。

4. 公司价值倍数法

公司价值倍数是公司市值和息税折旧摊销前利润的比率。

$$公司价值倍数 = EV/EBITDA$$

其中

$$EV = 公司市值 + 公司债务净额 = 公司市值 + 负债 - 现金及其等价物$$
$$EBITDA = 息税前营业利润 EBIT + 折旧费用 + 摊销费用$$
$$目标公司价值 = 可比公司的公司价值倍数 × 目标企业的 EBITDA$$

由于该比率不受所得税率的影响，使得不同国家和市场的公司估值更具有可比性；并且该方法排除了折旧摊销这些非现金成本的影响，可以更准确反映公司估值。

5. 博克斯法

初创企业可能仅仅只有一个想法或一个计划，也许还没有营业收入；营业历史很短，还没有产生利润；但是，初创企业存在能够带来未来利润的无形资产价值，其预测收入及利润会大幅度增长，给投资者带来丰厚的利润回报。因此，美国硅谷，有些VC（风险投资者）会用较为简易的方法对好的创意、销售收入、优秀的管理团队及董事会等因素分别进行估值，再据此计算创业企业的价值。

博克斯法对于初创期企业进行价值评估时，就是对所投企业根据下面的公式来估值：

一个好的创意100万元，一个好的盈利模式100万元，优秀的管理团队100万~200万元，优秀的董事会100万元，巨大的产品前景100万元。加起来一家初创企业的价值为100万~600万元。

这种方法的好处是将初创企业的价值与各种无形资产的联系清楚地展现出来，比较简单易行，通过这种方法得出的企业价值一般比较合理。

（二）可比交易法

可比交易法是指通过选择与初创企业同行业，且在前段时间被投资或被并购的公司为参考，以其融资或并购交易的定价为依据，在进行一定调整后对初创企业进行估值的方法。

【例6-2】甲公司与乙公司处于同一行业，20×7年下半年甲公司刚通过出让20%股权的方式获得1 000 000元的风险投资。假定甲公司的经营规模比乙公司的经营规模大一倍，发展阶段接近，则乙公司的估值应该为

甲公司的估值 = 1 000 000 ÷ 20% = 5 000 000（元）

乙公司的估值 = 5 000 000 ÷ 2 = 2 500 000（元）

可比交易法不对市场价值进行分析，只是统计同类公司融资并购价格的平均溢价水平，再用这个溢价水平来计算目标企业的价值。这种方法也是中国风险投资界经常采用的估值方法。

ofo和摩拜两家公司在2016年8月2日到10月13日，70天进行了8次融资，大约5亿美元上下，腾讯、滴滴、小米、美团王兴等大玩家相继入场，红杉、高瓴、经纬等多家顶级投资机构也先后注资。这些投资者在对两家企业进行估值的时候就可以相互参考其他人对于对方企业的估价，进行判断。表6.1是两家企业的融资记录。

表 6.1 ofo 和摩拜的融资记录

	2015年10月	2016年1月	2016年8月	2016年9月	2016年10月	2017年1月	投资方
ofo	Pre-A	A	A+	数千万美元	1.3亿美元 C轮		滴滴、小米
摩拜	数百万美元 A轮		数千万美元 B轮	1亿美元 C轮		2.15亿美元 D轮	创新工场、腾讯

三、绝对估值模型

绝对估值模型主要采用现金流量折现法。现金流量折现法是一种比较成熟的估值方法，是通过预测企业未来现金流量和资本成本，用预计资本成本对企业未来的现金流量进行贴现计算企业价值的方法。其计算公式为

$$\frac{企业}{价值} = \sum_{t=1}^{n} \frac{企业自由现金流量}{(1+企业加权平均资金成本)^t}$$

$$企业自由现金流量 = 经营现金净流量 - 资本支出$$
$$= （EBIT - 所得税 + 折旧与摊销 - 营运资本增加）- 资本支出$$

其中，

营运资本 = 流动资产 - 流动负债；营运资本增加 = 期末营运资本 - 期初营运资本

资本支出 = 长期资产增加 + 折旧与摊销 = 期末长期资产 - 期初长期资产 + 折旧与摊销

需要说明的是，初创企业的现金流量有很大的不确定性，因此，其贴现率比成熟的在位企业要高很多。对寻求种子资本的初创企业来说，其资本成本可能高达50%~100%，早期创业企业的资本成本为40%~60%，更加成熟的有丰富经营记录的公司的资本成本一般为10%~25%。

这种方法一般适用于较为成熟、偏后期的私有公司或上市公司。

四、风险资本法估值

风险资本法也叫风险投资家专用评估法。在很多国家，尤其是美国，该方法被认为是可以为面向未来的有着高度不确定性的投资提供粗略估值的最好方法。

（一）风险资本法的内涵

风险资本法综合了乘数法与现金流量贴现法两者的特点，并进行改进，将投资与回报、定价与股权份额融入估值之中，更贴近高风险、中长期的风险投资。这种方法站在投资者的角度，而不是像传统方法那样依赖于被估价企业的运营。

风险投资把对企业的估值分为投资前估值和投资后估值。

$$投资后估值 = 投资前估值 + 投资额$$
$$投资者所占股份 = 投资额 \div 投资后估值$$

（二）风险资本法的步骤

在一般情况下，在不考虑其他因素（如多轮投资股权稀释、期权池、联合投资等）时，风险资本法往往基于以下步骤。

1. 估计被投资公司价值的终值 V_1

这里的终值是风险投资机构投资 t 年后退出时公司的价值。

2. 将公司价值终值折现成现值 V_0

一般使用目标回报率 r 作为折现率。目标回报率是风险投资机构认为特定投资的风险和投入所对应的必要回报率。

3. 计算投资者的股份比例

用拟投资金额除以经折现的价值 V_0，以确定风险投资机构为获得要求的回报率应获得的股份比例 F。

4. 计算投资者股份数量与股价

根据公司被投资前的股份数量 X 和投资者所占股份比例 F，确定向投资者新增发的股份数量 Y，并最终确定每股价格 PS。

【例 6-3】 如果某风险投资机构认为初创企业 A 公司 5 年后的价值为 2 500 万元，其要求的目标回报率为 50%，拟投资 10 万元，A 公司被投资前的股份数量为 200 万股，则相应计算为

V_1 = 2 500（万元）

V_0 = 2 500 ÷ （1+50%）^{5} = 2 500 ÷ 7.593 75 = 329.218 1（万元）

F = 10 ÷ 329.218 1 = 3%

Y = 2 000 000 × 3% = 60 000（股）

PS = 10 000 ÷ 60 000 = 1.67（元/股）

五、互联网企业估值法

互联网企业的估值除前面讲到的方法之外，基于互联网行业本身的特性，还有一些其他的常用方法，如 P/GMV（市值/交易流水）、P/DAU（市值/日活数）、P/MAU（市值/月活数），以及基于互联网特征指标的估值模型等。

（一）日活数（Day Active Users，DAU）估值法

活跃用户是指那些会时不时地浏览网站，并为网站带来价值的用户，是相对于"流失用户"的一个概念。流失用户是指那些曾经访问过网站或注册过的用户，但由于对网站渐渐失去兴趣后逐渐远离网站，进而彻底脱离网站的那批用户。活跃用户用于衡量网站的运营现状，而流失用户则用于分析网站是否存在被淘汰的风险，以及网站是否有能力留住新用户。

用日活跃用户对公司价值进行评估的计算公式如下：

公司价值 = 日活跃用户 × 单日活价值

日活跃用户的统计标准有日活跃角色数和日活跃账号数等。一般比较多见的是日活跃账号数，因此可以将其作为日活跃用户数的衡量指标。DAU 是投资者所看重的显示企业硬实力的指标，与 MAU（Month Active Users）一起表征着互联网业务的活跃度，因此，上市公司、待融资项目比较乐于公开该指标。下面以微博的估值为例进行说明。

微博的估值可以比照日活跃用户的价值进行。如果推特每个日活跃用户的市值大约为 90 美元，而脸书则超过 300 美元，考虑到脸书拥有的用户地位牢固性不是微博所能比的，因此推特更具有可比性。如果算上潜在的被收购价值，Twitter 每个用户的价值可能会超过 140 美元。所以，可以尝试给予微博每个日活跃用户 90～110 美元的相对保守的估值，按照微博日活跃用户 1.26 亿户计算，微博对应的公司估值为 110 亿～140 亿美元。[1]

交易流水估值法和月活数估值法的应用和日活数估值法类似，不再赘述。

（二）梅特卡夫法则

梅特卡夫法则（Metcalfe's Law）是一个描述网络价值与网络规模之间关系的模型。该

法则认为网络价值与网络上的用户数量的平方呈正比。其隐含的理论基础为网络外部性和其产生的正反馈性，可用于对互联网企业进行估值。

该法则认为一个企业要实现未来盈利水平的保障，需要明确用户乃至潜在用户是企业关键的资源，也是企业价值增值的根本所在。企业应在充分利用和深入发掘用户资源的基础上进一步实现用户规模增长，继而带来更大的利润。

该法则具体内容是：一个网络的价值 V 与该网络用户数 N 的平方成正比关系，计算公式如下：

$$V = K \times N^2$$

式中，K 为价值系数；N 为网络用户数。

根据互联网企业的特点及行业特殊性，K 值可以看成是一个综合性较强的系数，它的大小会受到多种因素的影响，如表6.2所示。

表6.2　K 值的影响因素

影响因素	具体含义
用户活跃度和用户黏性	网络平台的差异会导致对用户的吸引能力的差异，互联网企业价值与用户活跃度和用户黏性呈正向关系
溢价率系数	互联网的马太效应极其突出，且互联网行业的先发优势尤为明显，因此一个企业的市场份额或者市场占有率应包含其中
企业的变现能力	企业的变现能力越强，其价值就越高

（三）国泰君安估值模型

由国泰君安证券研究所首席策略分析师乔永远等提出。模型认为在尚且看不到投入资金变现前景的情况下，投资者们愿意给予互联网企业很高估值并投入大量资金，可能因为以下三个因素的影响，使互联网企业变得极有价值：用户规模、市场占有率和节点距离。

企业拥有大量的用户规模或者是潜在用户会使企业价值提高；企业在互联网细分领域的行业前端，只有进行不断扩张发展才能占据先发优势（较大的市场占有率），摆脱可能被吞并或者不得不倒闭的命运；从整体网络结构特征来看，网络中高质量节点越多，说明网络连通度越高，节点之间距离越短，信息传播速度越快。

于是，当企业变现能力增强，企业价值也随着增加，两者呈正相关关系；当企业的市场占有率提升，企业价值也会增加，两者呈正相关关系；随着网络节点之间距离下降，企业价值也会加速增加。估值模型应该为

$$V = K \times P \times N^2 / R^2$$

式中，K 为变现因子；P 为溢价率系数（市场占有率）；N 代表用户规模；R 为节点距离。

该模型的贡献：在价值系数方面更加细分化为企业溢价率系数 P 和变现因子 K 两个部分，在一定程度上提高了企业价值评估的精确性，并考虑了网络节点距离对企业价值的影响。

小测试

1. 什么是内在价值？它和账面价值和市场价值之间是什么关系？
2. 采用可比公司法时的价值驱动因素有哪些？
3. 什么是可比交易法？它是如何应用的？
4. 如何采用绝对估值模型对创业企业的价值进行评估？
5. 风险投资法对创业企业进行估值分哪几步？

第二节 股权结构和再融资

2015年的"宝万之争"，将公司股权设计的重要性推到了一个新的高度。对初创企业来说，其股权设计不仅会影响外部股权融资的难易程度，甚至会影响企业的可持续发展。因为股权不仅是分红比例，而且是掌权比例，它涉及人类最敏感的两个话题：财富与权力。这个权力越大的人就越能控制团队的方向，包括日常生活中一些小事的决策。而财富直接关系到将来你能分多少钱，如果一个团队不把这些事说清，等于埋了一颗定时炸弹，爆炸只是时间问题。

视频 6.2 股权结构设计

一、股权设计的原则

股权是一种股东基于其身份享有的权利与义务的集合体，股权设计就是为满足创业创新企业发展的特点，对这一系列的权利义务进行设计安排。

（一）创业企业股权结构的类型

1. 股权的种类

创业企业的股权一般来说需要分成资金股和人力股两大类，而且随企业类型不同，其比例构成不同。关于这一点，可以通过表6.3予以说明。

表 6.3 市值与投资额

市值排名位次	1	2	3
公司名称	阿里巴巴	腾讯	工商银行
成立时间	1999年	1998年	1984年
投资额	50万元	50万元	208亿元
2019年市值	39 695亿元	32 139亿元	20 957亿元

通过表6.3可以看出，对于资源驱动型的企业来说，资金等物质资源应该占大股，人力资本占小股；而对于人力驱动型的企业来说，人力资本应该占大股，资金等物质资源占

小股。这样才能突出企业特点，充分肯定战略性资源的价值。

律师建议的资金股比例为：如果企业初创启动资金不超过 30 万元，资金股不应超过 10%；启动资金不超过 50 万元，资金股不应超过 15%；不超过 100 万元，则资金股不超过 20%。[2]

2. 创业企业股权结构的类型

创业企业的股权结构按照创始人所占的股份比例不同，可以分为以下几种类型，如图 6.1 所示。

由图 6.1 可以看出，典型的企业股权结构可以分为绝对控股型、相对控股型、安全控股型和其他类型。

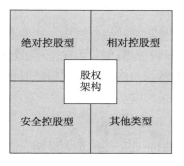

图 6.1 创业企业股权结构典型类型

（1）绝对控股型

绝对控股型的股权结构中，创始人拥有企业 67%的股权，在企业中占有绝对的控制地位（见图 6.2）。适用于创始人全职投入，既出钱又出力，且出得最多、贡献最大的情况。对公司制企业来说，创始人除了作出日常的生产经营决策之外，还可以作出修改公司章程、增加或者减少注册资本的决议，以及公司合并、分立、解散或者变更公司形式的决议。

（2）相对控股型

相对控股型的股权结构中，创始人拥有企业 51%的股权（见图 6.3），直接拥有了股东会上过半数的表决权，创始人基本上可以保持对股权的绝对优势。对于那些需要半数以上投资者同意的事项可以直接作出决定。如向股东以外的人转让股权，企业决定投资计划、更换董事等；其他的日常经营事项更是由创始人作出决策。适用于公司有一个老大，创业能力相对比较集中的企业。

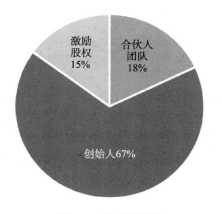

图 6.2 绝对控股型

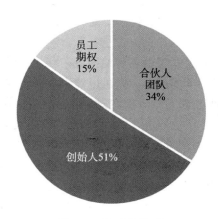

图 6.3 相对控股型

第六章 股权设计是企业发展的基因

（3）安全控股型

安全控股型的创始人拥有企业 34% 的股权（见图 6.4）。创始人只拥有对公司重大的核心事项的一票否决权，既不绝对控制，也不相对控制。

从绝对控股权到相对控股权再到安全控股权，创始人的股权越来越少，合伙人的股权越来越多，员工集体股权没有变。并且没有投资人的股权。因为投资人进来是同步稀释的，一开始不需要考虑投资人，也不需要预留。

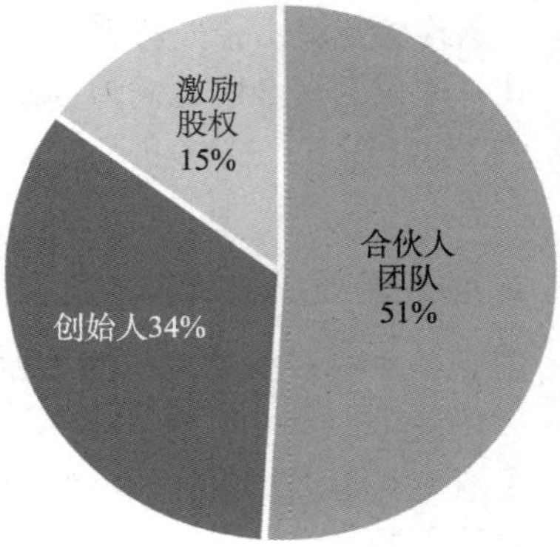

（4）其他类型

图 6.4　安全控股型

除了上述三种典型的创业企业股权结构外，现实社会中大部分企业的股权结构与此不同，可以统称为其他类型的股权架构。此处不再赘述，但后面会有关于股权架构设计时应该注意的问题的阐述，只要创业者在进行股权结构设计时能够规避最糟糕的情况即可。需要提醒的是，创业者应关注 10% 控股权的问题，因为拥有 10% 股权的股东在特殊情况下可以申请解散公司。

（二）股权结构设计原则

创业企业进行股权结构设计时，要关注特定股权比例对企业可能的重大影响，这些对企业发展来说比较重要的股权比例常常被称为企业的"生命线"。

1. 股权设计的六条生命线

创业企业股权的六条生命线指的是会影响到创业企业命运的六个股权比例，分别是：67%、51%、34%、10%、3% 和 1%，下面分别予以说明。

67%、51% 和 34% 的股权比例在企业的重要性已经在上面股权架构的种类中进行了说明，此处不再赘述，下面只陈述后三个比例在创业企业中的意义。[3]

10% 代表临时会议权。单独或者合计持有公司全部股东表决权 1/10 以上的股东，可提请召开临时会议，提出质询、调查、起诉、清算和解散公司。这是提议召开股东（大）会、董事会的最低比例。

如果公司经营不善使得股东利益受损，通过其他途径无法解决，持有公司 10% 以上股份一年时间的股东，就可以请求人民法院解散公司。

3% 意味着临时提案权。股份有限公司单独或者合计持有公司 3% 以上股份的股东，可以在股东大会召开 10 日前提出临时提案并书面提交召集人。

1% 为代位诉讼权，也叫派生诉讼权，是股份有限公司的股东拥有的可以间接调查和起诉的权利。是公司利益受损，大股东不行权时，股东委托董事或监事维权，甚至以个人身份对高管提起诉讼的最低比例。

腾讯在创立之初，5 个人共凑了 50 万元启动资金。其中马化腾出了 23.75 万元，占 47.5% 的股份；张志东出了 10 万元，占 20% 的股份；曾李青出了 6.25 万元，占 12.5% 的股份；其他两人各出了 5 万元，占 10% 的股份。后来，马化腾在接受多家媒体采访时承认，他最开始考虑过和张志东、曾李青三个人均分股份的办法，但最后还是采取了 5 人的创业团队，根据分工占据不同股份比例的策略。[4]

2. 股权设计的原则

 案例导入

"罗辑思维"是传统媒体人罗振宇和"独立新媒"创始人申音于 2012 年打造的知识型视频脱口秀，口号是"有种、有趣、有料"，是新时期的知识社群，它满足了信息泛滥时代人们对可信知识源和可靠知识的需求。

从上线起，"罗辑思维"就坚持在微信公众平台于每日早上 6 时发布罗振宇的 60 秒语音，全年无休，风雨无阻，雷打不动。另外，还于每周五在优酷网发布高质量的视频节目，每期 50 分钟，每年 48 期，这些内容都是免费的。

2013 年推出的付费会员制，是"罗辑思维"初步试水商业化，尝试将知识产品变现，效果显著。2014 年开始，"罗辑思维"相继推出微信自媒体电商平台、"得道"App 以及独立电商平台"生活作风"网站，"罗辑思维"估值超过 1 亿美元。

2014 年 5 月，"罗辑思维"两大合伙人正式"分手"，申音退出，罗振宇继续操盘这个项目。

"罗辑思维"两大股东之所以散伙，主要是由于股权结构设计上的本末倒置。尽管在公众面前"罗辑思维"基本上等同于罗振宇，但罗振宇只是个小股东，占股比例不足 18%，而幕后的合伙人申音才是大股东、大老板，持股比例超过 82%。[5]由于干活的罗振宇只占小股，久而久之，自然会心理不平衡，达到临界点，矛盾就会出现，于是合伙人分崩离析，还好没有影响到公司的后续发展。

案例进一步支持了本章开始的观点，创业企业的股权应该分成资金股和人力股两部分，资金股的比例在不是资金驱动型的企业中不应过高。具体来说，股权架构在设计时可以遵循如下原则。

（1）科学设定股权结构

股权分配背后对应的是如何搭班子，因此，在划分股权比例时，可以参照典型股权架构的模式，也可以按照实际情况设定，但最好不要在创始人之间均分股份（平股），而且最好有大股东（半数以上投票权）；且大股东不要"吃独食"，要合理分配股权。

举例如下。

如果是 3 人一起创业，可以采用 5∶3∶2 或 6∶3∶1 的股权比例，这样看起来既有大股东的存在，中小股东的股权比例也比较适当，有利于企业日后的生产经营决策。

如果是 4 人一起创业，不建议采用 50%∶40%∶5%∶5%的比例，因为这样的股权架构会使得公司的决策权飘忽不定，5%的持股者的支持将影响企业的决策，使得持股 5%的小股东会成为持股 50%和 40%股东的拉拢对象，不利于公司决定权的稳定性；如果 40%的持股者是投资人的话，一旦出现决策与创业者不和，由于他的股权占比超过了 1/3，有可能使创业者无法推进任何公司重大决策。4 人创业可采用 50%∶25%∶15%∶10%的比例，这样设定使企业创始人股权较大,投资人和其他创始人的股份比例相对比较小,有利于决策权的稳定。[6]

根据对硅谷以及中国赴美上市的互联网公司股权架构的实证分析,可以得出一个创新创业企业股权分配的框架,为种子或天使阶段的创业企业股权比例分配作为一个参考。如图 6.5 所示,这个参考模型将各发起创业项目的全职参与者(发起人)应获得的股权比例,进行了结构化的安排,即每个发起人的股权比例取决于四个因素:创始人身份、发起人身份、出资额、岗位贡献。创始人身份占 25%的股权比例,发起人身份占 10%比例,出资额占 20%的比例,岗位贡献占 45%的比例。从这个股权架构

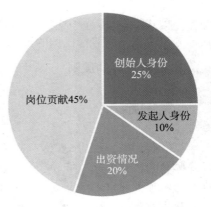

图 6.5　创新企业股权分配框架

中可以看出,创新创业类的企业中人力资本更为重要,发起人身份、创始人身份和岗位贡献的比例合计达到了 80%左右,可以为种子或天使阶段的创业企业股权架构设计提供参考。

(2)明确界定投资者权利

创业者需要明白持股比例和控制权比例并不一定对等,同股不一定同权。所以,进行股权设计时应约定好股权代表的权利,比如有的股权可以只享有分红权,有的可以享有分红和股份增值权,有的享有除决策权之外的其他权利等。

另外,为保障股权结构的稳定性,最好设置股权池,采用股权成熟机制。在进行股权架构设计时,创始人应充分考虑控制权保护条款,创业团队的实力不同,预留的股权池大小也会不同,用奇虎公司董事长周鸿祎的话来说:不管你团队强弱,都不要把股票分完,再强的团队,也要留个 15%~20%的池子,团队弱一些的,你要懂得大方地留下 40%甚至50%的池子才行。这样的好处在于一开始大家利益均沾也无所谓,不过当日后有更强的人进入团队,或是你们(创业团队的成员)的贡献与股权不一致,总可以从"大锅饭"里给牛人添点。毕竟再从别人口袋掏钱这事儿太悬。

股权成熟机制也叫股权绑定,在做股权分割的时候最好约定任何人都必须在公司做够起码 1 年才可持有股份(包括创始人)。好的股份绑定计划一般是头一年给 25%,然后接下来每个月落实 2%。

例如:A、B、C 三人合伙做项目,A 是 CEO,B 是 CTO,C 是 COO,股权比例为 50%、30%、20%,约定所持有的股权,分四年成熟,每年成熟 25%。如在四年内,任一合伙人退出,则未成熟股权由其他合伙人回购(也可以约定公司回购,但建议尽量约定合伙人回购,因为公司回购涉及减资,程序相对麻烦)。假定项目启动后刚好满一年,作为 COO 的C 不干了。那么,C 成熟的股权为:20%×1/4=5%,余下 15%股权属于未成熟的股权,即 C离职后,仍可以持有 5%的股权,未成熟股权由 A、B 合伙人按股权比例回购。如此,一方面可以承认 C 对于公司的贡献,另一方面可以用回购的未成熟股权吸收替代的新 COO 合伙人。实践中也有约定按项目进展进度,比如产品测试、正式推出、迭代、推广、总用户数和日活用户数等阶段分期成熟,也有按融资阶段分期成熟,也有按项目运营业绩递增情况分期成熟。

（3）选择适合的保护控制权的法律条款[7]

如果企业创始人不控股，可以采用以下方法实现对企业的控制权：一是投票权委托制度；二是一致行动人制度；三是持股平台制度；四是AB股计划制度。

投票权委托，即公司部分股东通过相关协议约定，将手中持有的股票投票权委托给特定股东（通常是创始人），以增加特定股东的投票权重，增加其投票权比率。根据京东商城的招股书，在该公司上市前，就有包括老虎基金、高瓴资本、今日资本以及腾讯在内的11家投资机构将投票权委托给了刘强东行使，使其拥有了超过半数的投票权。

一致行动人制度指通过协议约定，当股东之间意见不一致时，某些股东就特定事项跟随一致行动人投票，采取一致行动的制度。一致行动协议内容通常体现为一致行动人同意在其作为公司股东期间，在行使提案权、表决权等股东权利时作出相同的意思表示，以其中某方意见作为一致行动的意见，以巩固该方在公司中的控制地位。当公司无控股大股东，也没有实际控制人时，公司创始人就可以和其他股东签署一致行动人协议，以确保在股东意见不一致时，某些股东能够跟随自己采取统一行动，保证自己对公司的控制力。一致行动协议在境内外上市公司中都很常见，境内上市公司如网宿科技、中元华电、海兰信等也均有涉及，而境外上市公司如腾讯及阿里巴巴也同样存在。[8]

持股平台，是指自然人并不是直接持股主体公司，而是通过一个平台来间接持有主体公司的股权，这个用于间接持股的平台就是持股平台。常见的持股平台模式有有限合伙、公司制（有限公司或股份公司）。华为正是通过持股平台制度把公司的长远发展和员工的个人贡献有机结合在一起，形成了长远的共同奋斗和分享机制，让更多的员工有机会享受员工和股东的双向回报。华为投资控股有限公司工会委员会（工会）是华为的员工持股平台。

双重股权结构，也称为AB股制、二元股权结构，是一种通过分离现金流和控制权而对公司实行有效控制的手段，区别于同股同权的制度。在双重股权结构中，股份通常被划分为高、低两种投票权。高投票权的股票拥有更多决策权，但不会赋予投资者太大的话语权。谷歌在上市时就是采用的AB股模式，佩吉、布林、施密特等公司创始人和高管持有B类股票，每股表决权等于A类股票10股的表决权。2012年，谷歌又增加了不含投票权的C类股用于增发新股。这样，即使总股本继续扩大，即使创始人减持了股票，他们也不会丧失对公司的控制力。脸书上市时同样使用了投票权1:10的AB股模式，这样扎克伯格一人就拥有28.2%的表决权。此外，扎克伯格还和主要股东签订了表决权代理协议，在特定情况下，扎克伯格可代表这些股东行使表决权，这意味着他掌握了56.9%的表决权。国内企业比较典型的有京东、陌陌和聚美优品。京东的刘强东及管理层持有的股份每股代表20份投票权，陌陌的唐岩及聚美优品的陈欧持有的股份每股代表10份投票权，其他股东持有的股份每股只能代表一个投票权。

阿里巴巴的"双层股权+有限合伙人"制度也是创业者值得借鉴的案例。通过双层股权、董事提名权和投票权等的约定，使得持股比例分别为4.8%和1.6%的马云、蔡崇信可以将公司紧紧抓牢在自己手中。[9]

（4）谨慎选择初创股权分配的参与者

不是所有参与创业的人都可以给企业股权的，而是要进行谨慎选择。对于那些不能保证持续保有的资源提供者、兼职者、专家顾问、不认同合伙事业发展理念，不能长期坚持，不能同舟共济的人不要让其分享企业股权。建议以顾问的形式，交换和取得初始资源提供者提供的资源；更不要以小比例股折抵工资，减少工资支出的方式留住早期员工，因为早期的股权是非常珍贵的，不能轻易给；而且初创公司的股权，在员工眼里，也是不值钱，起不到激励作用。

（5）妥善处理投资者和创业者的关系

投资者的投资目的是获取高额财务利益，创业者创业的目的是实现心中那份不变的信念，理念不同，对资本和股权的看法也会有所不同。创业投资的逻辑是投资人投大钱、占小股，用真金白银买股权；创业合伙人投小钱、占大股，通过长期全职服务公司赚取股权。简言之，投资人只出钱，不出力。创始人既出钱（少量钱），又出力。因此，天使投资人购买股票的价格应当比合伙人高，不应当按照合伙人标准低价获取股权。如果在日后融资过程中，外部投资者持股比例过高，可以借鉴阿里巴巴的模式采用有限合伙制的方法，或腾讯一致行动人协议的方法等保证创业者对企业生产经营的决策权。

 温馨提示

（1）尽量避免出现1人有限责任公司。按照《中华人民共和国公司法》第六十三条的规定："一人有限责任公司的股东不能证明公司财产独立于股东自己的财产的，应当对公司债务承担连带责任。"由此，许多律师建议，创业者可以通过将少部分股权，如1%的股权给自己信赖的亲属的方式规避无限责任的履行，降低创业风险。

（2）不拿工资的投资者，可以给工资欠条，而不是增加其股权比例。对于不拿工资的创始人，最好在企业的账上做工资"欠条"记录，当公司有了足够现金时，根据工资欠条补发工资；并且可以在接下来的几年中，当公司现金收入逐步增加，或者当完成第一轮风险投资后，给每一位创始人补发工资，以确保每一位创始人都可从公司得到完全一样的工资收入。

（3）获得控制权的非持股途径。除了从持股权上控制企业外，创始人还可以通过以下方式获得企业控制权。第一，在股东会层面维持创始人的控制权，创始人要实现达到控制比例的表决权，主要有三种办法。一是归集表决权，即通过投票权的委托、一致行动协议、持股实体（有限合伙企业）等归集其他合伙人或者部分投资人的投票权来实现；二是设置多倍表决权，即在公司章程中约定，创始人每百分之一股权，拥有多倍于其他股东的表决权；三是设计创始人否决权，即通过章程或协议约定，创始人对重大事项（合并、分立、增资或上市）享有否决权。第二，在董事会层面维持创始人的控制权，也有三个方法：一是约定创始人有委派或提名多数董事的权利；二是创始人董事拥有多倍的表决权；三是采用阿里巴巴的合伙人制度。

案例分析

阿里巴巴和万科均是非常分散的股权结构、同是合伙人制度，但是马云一直紧紧把控着阿里，王石却引发了"万宝之争"；真功夫和蓝色光标均是平股的企业，但是真功夫发生了反目大战，蓝色光标却能健康发展。

请收集上述四家公司的股权结构数据，分析其原因。建议以小组的方式展开，将分析结果做成课件在班里分享。

二、股权激励的方式及技巧

股权激励是企业对员工进行长期激励的一种方法，是企业为了激励和留住核心人才，而推行的一种长期激励机制。创业企业可以采用股权激励的方式，让核心员工与企业结成利益共同体，实现企业的长期目标。

企业应该制定内部股权管理办法来管理股权的授予和收回。

 案例导入

某家创业刚满两年的公司，对公司的总经理、财务总监、营销总监这三名核心人员进行了股权激励。按照规定，如果当年公司能够完成年度计划，各个部门也能够完成部门计划，公司会拿出总股本5%的股份对他们进行激励。结果，在大家的共同努力下，公司和部门不但顺利完成了计划和任务，甚至某些指标还超额完成。于是，公司非常爽快地兑现了承诺，给予他们三人分配了股份：总经理获赠2%，财务总监和营销总监各获赠1.5%。由于用于激励的股份属于注册股份，是实股，所以，这三位骨干一下子就成为公司的注册股东。

但是，令公司意想不到的是，在获取股份后，该营销总监就经常以股东身份要求财务部门提供公司的财务报表给他看。同时，他也经常以股东的身份影响和干扰公司决策，使公司有时处于被动局面。

点评：当初在进行股权激励的时候，公司并没有完全明确激励对象获取股份后的权利，造成了核心骨干在签署股份赠予合同后，就完全拥有了国家规定的合法股东的全部权利。如果当初公司在授予股份时，明确规定激励对象在获取股权后，第一年只拥有分红权而没有其他任何权利，第二年起根据实际情况再规定赋予其他权利（如表决权建议权、转让权等），这类情况就完全可以避免。

资料来源：华一世纪，股权持有者的权利有哪些，豆瓣网 https://www.douban.com/note/665268509/.

现在越来越多的企业开始采用股权激励的方式，将员工变成合伙人，谋求企业更好的发展。但由上述案例可以看出，进行股权激励时如果激励合同设计不合理，激励股权的权利不明晰，可能会对企业未来发展造成不利影响。

（一）股权激励方式[10]

创业者可以采用实股、限制性股票和股票期权等方式对员工进行股权激励。具体形式可以是期股、员工出资购股、虚拟股票等。

限制性股票是企业按照预先确定的条件授予激励对象一定数量的本公司股票，激励对象只有在工作年限或业绩目标符合股权激励计划规定条件的，才可出售并从中获益的股票。

第六章　股权设计是企业发展的基因

股票期权是由企业向特定的个人（一般为高级管理者、技术核心人员或突出贡献者）授予的、在未来一定时期内按照约定价格购买公司一定数量股票的权利。当企业有较高的可以被员工感知到的成长性时，通过对股权激励，可以使其更加努力工作，通过提高企业业绩增加行使权力的可能性及其权利的价值。

期股是企业所有者向经营者提供激励的一种报酬制度，其实行的前提条件是经营者必须购买本企业的相应股份。企业可以通过向员工提供符合法律规定的支持手段、允许雇员分期返还，或者提供购买股票折扣，或给予相应的股票红利等措施鼓励员工购买期股。"年薪+期股"的激励模式被众多企业认可，并逐渐成为"年薪制"之后对经营者实施长期激励的有效措施。

员工出资购股是内部员工通过支付一定的现金购买公司的股票。在拟上市阶段较为常用。但使用时需关注购股价以及员工范围的界定。

虚拟股票也称模拟股票分红，是企业授予激励对象一种"虚拟"的股票，激励对象可以据此享受一定数量的分红权和股价的升值收益。华为一直采用这种方式激励员工，98.99%的股权全部为华为投资控股有限公司工会委员会（以下简称华为工会）持有，这一方面帮助华为工会融到大量资本，另一方面对员工有很大的激励作用。拥有虚拟股的员工，可以获得一定比例的分红，以及虚拟股对应的公司净资产增值部分，但没有所有权、表决权，也不能转让和出售。在员工离开企业时，股票只能由华为工会收回。

（二）股权激励技巧

激励技巧是实现激励效果的催化剂，创始人一定要对股权激励的技巧做到心中有数。

1. 巧妙选择激励对象、时间和股权比例

在激励对象的选择上，初创企业可以遵循伞形变化的规律，即激励对象范围逐渐扩大，按照企业规模变化和发展时间，将激励对象由高管慢慢扩散至普通员工。初期的激励对象适合选择以下三类人员：第一，功臣。企业过去需要的人。对功臣的激励是对历史的认可和尊重，也可以起到稳定现在的能臣的作用。第二，骨干。企业现在需要的人，通过期权激励的方式既给其现在的收益，也给其对未来的预期。第三，苗子。企业未来需要的人，通过激励机制的设计，对那些对企业未来发展有利的苗子，通过将其与骨干之间期权的差距作为激励措施，可以起到更好的激励效果。

用于激励员工的股权比例严格来说没有统一规定，创始人可以根据企业的性质、发展状况以及员工的表现酌情确定。在上述典型的股权架构中，员工激励的股权比例一般为10%~25%，并认为15%左右是一个合理的比例。

2. 科学确定激励成本

期权激励有一些是免费的，有一些是需要支付成本的。原则上说，有付出时会更加珍惜，付出越多就越珍惜。加上初创企业一般资金都比较紧张，因此，建议在进行期权激励时让被激励者付出一定的成本较好。期权的行权成本按照律大大联合创始人杨学均的建议，对尚未对外融资的企业来说，可以采用以下两种方式：一是按照原始股价等价购买，即按照创始人创业时的每股价格等价购买；二是可以按照激励时的每股净资产购买，也可以

在此基础上给予一定折扣。根据易趣老总邵亦波和有律创业创始人王英军的建议,对于已经有过外部股权融资的企业来说,"可以以上一轮优先股股价的十分之一作为期权的行权价格",但可以根据激励对象工作时间的不同,以及贡献的不同,在购买成本上予以一定折扣。

有律创业的创始人王英军认为:①股权激励时间建议在天使投资之后,A轮投资前后为宜;②在股权激励对象上,建议对企业新晋员工给予分红权、对企业核心成员给予股权;③股权激励方式可以采用分红权和股权两种模式,其中股权建议以代持或有限合伙企业方式进行;④激励股权来源,分为预留或股权稀释两种方式;⑤激励资金来源,以被激励者出资购买或公司出资购买赠予等方式;⑥股权激励周期,以3~4年比较常见;⑦激励退出机制,建议在公司章程或内部协议中对何时、何种方式、退出价格等进行约定或明确。

3. 把握好激励的艺术

在进行股权激励时遵循以下原则可以起到很好的激励效果:第一,保密原则。对于不同激励对象明确规定不同职位可以购买的股份数量的上限,但是每个人实际购入的数量一定要求全员保密;第二,先小人后君子,制定严格的规章制度和法律规定,激励对象违反其中的任何一条企业都可以按规定处理,比如未遵循保密原则,则泄密者的股权应该被收回;第三,对于创始人的亲属应一视同仁;第四,要规定完善的期权收回制度,详细内容在下一节"创业资金退出"部分讲解。用于激励的股票可以来自大股东的转让,或者创始人股东的等比例转让。

4. 制定好股权退出机制

股权退出分正常退出和非正常退出。正常退出的情形包括退休、丧失劳动能力、决策层认为应该收回的情况等。正常退出时,可以按照退出时的净资产和购股成本孰高的原则购回,给他人最大的利益。对于轻资产类的互联网公司,如果近期有融资记录,也可以参照最近融资估值的价格,打一个折扣,还可以按照初始投资加一定的报酬率作为退出时的股权定价。

对于劳动合同有效期内主动辞职、被公司除名、在工作中有重大过失或涉嫌刑事犯罪等情形的退出,应将其持有的股权强行收回。可以按照当初的买价,或者现在净资产的价格进行回购。

对于合伙人离婚或去世的特殊情况,则采用特殊的方式应对。第一,离婚。如合伙人未作夫妻财产约定,则股权依法属于夫妻共同财产。如A合伙人离婚,则其所持有的股权将被视为夫妻共同财产进行分割,这显然不利于项目的开展。所以,在合伙协议里,建议约定特别条款,要求合伙人与现有或未来配偶约定股权为合伙人一方个人财产,或约定如离婚,配偶不主张任何股份权利(但可以给一定的经济补偿),即"土豆条款"(离婚事件,影响的不仅有家庭,还影响企业的发展时机,如土豆网)。第二,继承。公司股权属于遗产,依《中华人民共和国民法典》《中华人民共和国公司法》规定,可以由其有权继承人继承其股东资格和股权财产权益。但由于创业项目"人合"的特殊性,由继承人继承合伙人的股东资格显然不利于项目事业。《中华人民共和国公司法》未一概规定股东资格必须被继承,公司章程有规定，从公司章程规定。言下之意，公司章程可以约定合伙人的有权继承人不可以继承股东资格，只继承股权财产权益。因此，创业团队为确保项目的有序、良性推进，最好在公司章程中约定合伙人的有权继承人只能继承股权的财产权益，不能继承股东资格。

三、股权激励的纳税筹划

企业实施股权激励时应充分考虑被激励对象相应的个人所得税支出，设计合理的激励方案，帮助被激励对象实现收益最大化的投资目标。

【例 6-4】 某非上市公司 A 很看重其核心员工陈某，2022 年 2 月承诺发给陈某 10 万股股票期权，分 5 年成熟，每年授予其 20%，股权成熟 1 年后可以按当时每股净资产的价值行权，授予股票期权时公司的每股净资产 16 元。

如果陈某在工作 3 年后辞职，他可以获得 6 万股股票期权，剩余部分将被没收还给公司。同时，已经获得的股票期权需在公司规定的期限内行权，否则会面临被公司取消的风险。

陈某在决定是否行权时需要对 A 公司的前景进行预判。假设有以下两个方案可供选择。

方案一： 在股票期权可行权时，陈某对公司后续发展有信心，立即行权。

方案二： 在股票期权可行权时，由于对公司后续发展信心不足，继续持观望态度，等待公司上市后，再行权。

若 2024 年 2 月，A 公司每股净资产的价值为 48 元；公司于 2024 年 8 月 10 日上市，上市当天股票市价为 158 元，陈某转让其持有的全部股权。

分析：截至公司上市前，陈某获得的可以行权的股票期权是 2 万股。

方案一：

（1）实际行权时应缴纳的个人所得税。2024 年 2 月，实际行权时，取得股票的实际购买价（行权价）16 元与低于公司每股净资产 48 元的差额，按"工资、薪金所得"适用的 3%～45%税率，计算缴纳个人所得税。

股票期权形式的工资薪金应纳税所得额 =（行权时非上市公司的账面每股净资产价 - 员工取得该股票期权支付的每股行权价）× 股票数量

陈某在 2024 年 2 月行权时取得工资薪金应纳税所得额 =（48 - 16）× 20 000 = 640 000（元）

应纳个人所得税 = 640 000 × 30% - 52 920 = 139 080（元）

（2）股票转让时应缴纳的个人所得税。

转让时应纳税所得额 =（158 - 48）× 20 000 = 2 200 000（元）

应纳个人所得税 = 2 200 000 × 20% = 440 000（元）

陈某共计缴纳个人所得税 = 139 080 + 440 000 = 579 080（元）

方案二：

对于大多数人来说，在还没有产生实际收益前，就先行支付一大笔钱，来购买股票期权和缴纳一大笔税款压力较大。因此，会有许多员工，在可行权日时先不行权，持观望态度，等待公司上市后再行权。

(1)实际行权时应缴纳的个人所得税。

股票期权形式的工资薪金应纳税所得额=(行权股票的每股市场价-员工取得该股票期权支付的每股施权价)×股票数量

2024年8月10日行权时取得工资薪金应纳税所得额=(158-16)×20 000=2 840 000(元)

应纳个人所得税=2 840 000×45%-181 920=1 096 080(元)

(2)转让时个人所得税。由于行权和转让是在同一天,所以实际行权价格和转让市场价格都是158元,适用"财产转让所得"项目,按照20%的税率计算缴纳个人所得税。

转让时应纳税所得额=(158-158)×20 000=0(元)

应纳个人所得税=0×20%=0(元)

共计缴纳个人所得税=1 096 080(元)

从计算结果来看,方案一较方案二少缴纳个人所得税税额517 000元。该案例说明,安排跨年度的行权日,可以节约税款。同时,安排跨年度行权日时,分解了每次行权日的股票数量,使每次行权的金额控制在低税率的临界点,也可以降低适用税率。因此,对于持有量较高的个人(特别是管理层),在其愿意承担风险的前提下,应立即行权。另外,对于未上市的创业公司,股价的公允价值缺乏客观的衡量标准,可以按惯例用每股账面净资产衡量(前提是需到税务局去核定),也可以采用其他方法,对行权价格的不同认定方法,为个人所得税的纳税筹划带来一定空间。

四、再融资

此处的再融资主要是指创业企业的股权融资。创业企业股权融资的方式有内部股权融资和外部股权融资两种。内部股权融资一是来源于留存收益;二是员工的股权激励。由于创业财务只讲盈亏平衡之前的做法,所以留存收益融资的内容不会涉及;员工股权激励的方式上面已经讲到,此处只涉及外部股权融资的问题。

(一)企业发展阶段和融资轮次

创业企业的发展阶段可以分为种子期、初创期、发展期、成长期和成熟期五个阶段,相对应就会有种子轮、A轮、B轮、C轮及C轮以后的不同轮次的融资。

1. 种子轮

种子轮融资主要是种子期和初创期的企业。种子轮的融资主要来源于创始团队成员、亲朋好友、天使投资人或天使投资机构。资金用途主要是支付管理团队工资、支持产品研发、实现产品概念、开发原型产品与测试等。种子轮的融资数量较少,对企业的估值较低,对创始人股权的稀释效应较大。

风险投资机构较少参与种子轮的融资。早期风险投资机构会参与初创期的投资,这一阶段企业完成了产品的初步开发,有了产品原型,并制订了商业计划,准备将产品或服务推向市场。

2. A轮

A轮融资主要是发展期的企业。此阶段的企业完成了产品开发,产品受到了市场的逐步认可,市场开拓对象由最早的试用者向早期大众过渡,企业仍未达到盈亏平衡点。由于尚未实现大规模销售,银行贷款难度较大,股权众筹又难以满足较大的资金需求量,所以,这一阶段的融资主要是面向风险投资机构。资金主要用来帮助企业实现产品生产的规划、培育市场、建立销售队伍和产品的深入开发。

3. B 轮、C 轮及 C 轮以后的融资

对大部分创业企业来说,B 轮以后的融资基本上会发生在盈利以后,不属于创业融资的范畴,此处不再赘述。

根据投融界研究院统计显示,2023 年创投市场公开披露 4 118 起融资案例,融资总额超 5 700 亿元。A 轮和天使轮,融资数量占比都在 18% 以上;A 轮和 B 轮在融资金额上均超过 800 亿元,远超其他轮次。[11]

(二)天使投资

创业企业在选择天使投资人时,首先,要考察其是否符合"合格投资者"身份;其次,要尽可能拿到"聪明的钱",考察天使投资人是否具有一定的经验和经历,是否能在企业成长过程中给予一定的非金钱支持;最后,一定要把天使投资人当成企业的"辅导员",勤向其汇报企业进展,寻求意见和指导,因为许多天使投资人不仅仅为赚钱,而是愿意在帮助初创企业成长过程中找到自我价值。

(三)风险投资

风险投资是由职业金融家投入新兴的、迅速发展的、有巨大竞争潜力的企业中的一种权益资本,其本质内涵是"投资于创新创业企业,并通过资本经营服务培育和辅导新企业,以期分享高增长带来的长期资本增值"。

风险投资机构为降低代理成本,保护自己的权益,投资协议中往往会包括如下条款,如董事会席位与一票否决权,管理层雇用条款(股份回购和转让条款,非竞争性条款),反稀释条款,优先分红条款,回售条款,共同出售权条款,强制随售权等;而且,如果风险投资机构和创始人对企业的估值有异议,还可能会签订对赌协议作为投资协议的补充协议。对赌协议有股权调整类、货币补偿型和混合型三种类型,有企业绩效指标、回购补偿、管理行为考核和衍生类评判标准四种评价方法,既有利于平衡投资方和管理层的不同利益诉求,也有利于调动管理层的积极性,以共同提高企业价值。更多内容请关注专门介绍风险投资的读物。

 小测试

1. 企业股权结构的类型有哪几种?
2. 企业的股权结构设计有哪些原则?
3. 你了解哪些股权激励的方式?
4. 应如何理解股权激励技巧?
5. 不同轮次的融资和企业发展阶段之间有何关系?

第三节 创业资金退出

视频 6.3 创业资金退出

如前所述,天使投资或风险投资进入创业企业并不是想和创业者并肩坚持到底,而是想在一段时间之后套利撤出,实现其期望的收益。创业企业应该在筹集资金时即规划好创业资金的退出策略,通过利润分配,或资金回购或上市等措施满足风险投资的要求。

本节所说的创业资金主要是指天使投资或风险投资等外部股权投资者投入创业企业的资金,不包括创业者或创业团队投入的资金。也就是说,本部分只探讨外部的风险资金的退出问题。

一、创业资金退出的原因

创业资金高风险的特性促使其更追求预期收益的高增值性,这种特性使创业资金不会计划在某个投资企业投入的时间过久,而是在情况恰当的时候寻求退出。

(一)创业资金的增值性

创业资金与其他直接投资[12]的不同在于,其他直接投资是通过控制投资企业的经营活动和管理决策,获取投资企业的经营收益——股息和红利,作为主要的获利途径;创业资金则不经营具体的产品,其最终目的是监控而非独占,是通过支持创建企业,并在适当时机转让所持股权,获得未来资本增值的收益,借助被投资企业的成功,实现股权增值。因此,创业资金要实现价值增加就要实现持续的流动,要实现持续流动性,创业资金就要在创业企业步入正常经营轨道后,寻求资金退出,达到其投资目的。

例如,1999年,在马云刚开始创业的7个月后,高盛联合富达投资等首轮投资了阿里巴巴500万美元,虽然在2004年互联网泡沫时,高盛以2 200万美元价格出让了其在阿里巴巴所持有的股份,而没有等到2014年9月阿里巴巴在纽交所上市的时候,但高盛还是获得了7倍的投资收益;日本软银公司的孙正义则凭借2000年向阿里巴巴投资的2 000万美元,及之后又追加的投资6 000万美元,趁阿里巴巴IPO之机收获了1 000亿美元,成了新的世界首富。[13]

(二)创业资金的风险性

资金只有在不断的投资和再投资过程中才能实现其货币的时间价值,达到增值的目的。正如第二章关于"风险投资"的描述,美国由风险投资所支持的企业,只有5%~10%的创业可获得成功,风险投资的高风险可见一斑。由于创业投资的高风险,为获取相应的风险报酬,就要求创业资金加速周转,尽快将占用在实物形态的资金转化为货币资金。为此,创业资金在创业企业的投资一般都会有一定的时间限制,时机成熟的时候,其投资者会选择将资金从创业企业退出,通过转让其持有的股权规避单个创业企业的风险,进一步实现资金的增值。

(三)创业资金高收益的预期性

创业资金考虑到其投资的高风险,就会要求获取高收益。鉴于大多数风险投资家要在未来 5 年内将其投资翻 6 倍,实现高收益的要求,必然会使创业资金在进行投资时追求短期效益,会通过相对较短时间内、以较小投资获得高风险企业的较高股权的方式,在适当时机退出创业企业。在创业企业获得高增长实现高盈利的情况下,或者为达到预期目标,在所投资企业出现经营困境甚至亏损的情况下,创业资金为获取高利或者避免更大损失,都会选择退出投资企业。

二、创业资金退出的渠道

一般来说,创业资金的退出可以采用公开上市、买壳上市或借壳上市、并购、回购及清算五种渠道。

(一)公开上市

公开上市是指企业第一次向社会公众发行股票,是风险资本最主要的,也是最理想的一种退出方式。创业企业在满足一定条件下,可以在创业板、科创板、北交所、主板等市场公开上市,投资者可以在创业企业公开上市之后转让所持股权,成功退出投资企业。据统计,大约有 30%创业资本的退出都采用这种方式。2023 年共有 313 家企业首发上市,累计募集资金 3 654.36 亿元,计算机、专用设备、化学制品是当年 IPO 的主要行业,占据 IPO 数量的前三位,近 60%的企业选择在创业板或北交所首发上市。[14]

境外证券市场的开放为我国企业上市提供了有利的通道。根据 Wind 数据资料,截至 2023 年 12 月 18 日美股 IPO 筹资规模为 267 亿美元,合约人民币 1 907 亿元;A 股(包括北交所在内)的新股筹资规模达到 3 497 亿元人民币,是美国股市的 1.84 倍;A 股市场不仅持续保持全球新股市场筹资规模前列的地位,而且中概股与中资股也在国际资本市场中保持了活跃的表现,为风险投资通过 IPO 方式退出提供渠道。[15]据统计,创业投资所投资企业平均投资时间为 4.36 年,以 2008 年 12 月 31 日收盘价为准计算,平均投资回报 10.08 倍。[16]

2015 年 12 月 23 日国务院常务会议确定,建立上海证券交易所战略新兴板,依法推动特殊股权结构类创业企业在境内上市;2019 年 6 月 13 日科创板正式开板,试行注册制,科创板的推出,为新一代信息技术、高端制造、生物医药等六个大行业领域的创业企业上市提供了便利条件;2021 年 9 月 2 日宣布设立北京证券交易所,打造服务创新型中小企业主阵地,北交所的提出为深化"新三板"改革、服务创新型中小企业提供融资便利。主板市场、创业板市场、科创板市场、"新三板"市场、区域股权市场明确各自定位,建立转移和转板机制,使上市退出的方式更加多样化。采用公开上市的方式,一方面可以表明金融市场对公司发展业绩的一种认可,保持公司的独立性;另一方面股票公开上市可以让风险投资机构和创业者获得丰厚收益,还为公司获得证券市场上可能的持续筹资渠道奠定基础。但是,公开上市的企业必须达到一定条件,大部分创业企业会由于达不到要求而无法实施;上市后成为公众公司,需要定期披露相关信息,泄露企业的商业机密,有利于竞争对手对其经营状况的掌握,且信息的提供和披露会加大企业成本;上市之后一旦业绩下滑,股民可能会争相抛售企业股票，导致股价下跌；而且企业首次公开上市之后，投资者不能立即售出它所持有的全部股份，需要在规定的一段时间后才能逐步售出。因此，采用公开上市的方式，风险资本的退出并不是当即就可以实现，上市后遇到股市不振时，这种退出方式获得的回报难以估计。

（二）买壳上市或借壳上市

买壳上市与借壳上市是较高级形态的资本运营现象，对于不满足公开上市条件而不能直接通过公开上市方式顺利退出投资领域的风险资本，这是一种很好的退出方式。

买壳或借壳上市指创业企业通过证券市场收购上市公司的股权，从而控制上市公司，再通过各种方式，向上市公司注入自己的资产和业务，达到间接上市的目的，然后风险资本再通过市场逐步退出。

买壳或借壳上市可以绕过公开上市对企业的各种要求，间接实现上市目的，使企业获得新的融资渠道；而且通过配售新股可以降低融资成本，缓解资金压力。在买壳上市或借壳上市时由于股票二级市场的炒作，会带来巨大的收益。借壳上市时间成本低，企业选择借壳免除了IPO排队等待之苦，借壳上市不用路演和询价、与新股IPO的发售流程相比优势更明显。对借壳重组企业来说，从上市公司推出重组预案，到最后获批完成，一般仅需一年时间，更快者半年即可完成重组。但是，不管是二级市场公开收购还是非流通股的有偿转让都需要上市公司大股东的配合，否则会增加收购成本与收购难度；而且"壳"目标大都是一些经营困难的上市公司，在借"壳"上市后，一般不能立即发售新股，不仅如此，还要负担改良原上市公司资产的责任，负担较重。

（三）并购

并购是指由一家一般的公司或另一家风险投资公司，按协商的价格收购或兼并风险投资企业或风险资本家所持有的股份的一种退出渠道。股份出售分两种情况：一般购并和第二期购并。一般购并主要指公司间的收购与兼并，第二期购并指由另一家风险投资公司收购，并追加第二期投资。如果原来的风险投资公司只出售部分股权，则原有投资部分实现流动，并和新投资一起形成投资组合，如果完全转让，原始风险投资公司全部退出，但风险资本并没有从投资企业中撤出，企业不会受到撤资的冲击。随着对高新技术需求的增加和发展高新技术产业重要性的深刻认识，这种渠道的退出方式被采用得越来越多。

当创业企业发展到一定阶段后，各种风险不断减少，技术、市场优势已培养出来，企业前景日趋明朗，此时，想进入这一领域的其他公司将会非常乐意用收购的办法介入。在我国采用此种方式退出是目前较为常见的。采用并购退出的方式程序简单，退出迅速，较容易找到买家，交易比较灵活。但是，收益较公开上市要低，且风险公司一旦被一家大公司收购后就不能保持其独立性，公司管理层将会受影响。

（四）回购

被其他公司并购，意味着创业企业将会失去独立性，公司的经营常常也会受影响，这是公司管理层所不愿看到的，因此，将企业出售给其他企业有时会遇到来自创业企业管理层和员工的阻力。而采用企业管理层或员工进行股权回购的方式，则既可以让风险资本顺利退出，又可以避免由于风险资本退出给企业运营带来太大的影响。由于企业回购对投资双方都有一定的诱惑力，因此，这种退出方式发展很快。

管理层收购的方式可以保持公司的独立性，避免因风险资本退出给企业运营造成大的震动，创业者可以由此获得已经壮大了的企业的所有权和控制权。但是，回购要求管理层能够找到好的融资杠杆，为回购提供资金支持。

例如，北京科技风险投资股份有限公司（简称北科投）投资于华诺公司（从事宽带网络通信技术开发及其应用推广的高新技术企业）之初，双方在遵循国际惯例的基础上，结合我国的具体实际，设定了管理层回购条约，即北科投投资 1 500 万元人民币，占有 30% 的股份，一年以后，管理层以 1 500 万元人民币的价格，回购风险投资公司一半的股份。这一条款最大限度地锁定了投资风险，保证北科投可以获得较其他投资人更为优先的套现权利。

（五）清算

大部分的风险投资不会很成功，当被投资企业因不能清偿到期债务，被依法宣告破产时，按照有关法律规定，将组织有关部门、机构人员、律师事务所等中介机构和社会中介机构中具备相关专业知识并取得执业资格的人员成立破产管理委员会，对企业进行破产清算。对风险资本家来说，一旦确认企业失去了发展的可能或者成长太慢，不能给予预期的高额回报，就要果断撤出，将能收回的资金用于下一个投资循环。

这种方式可以阻止损失进一步扩大或资金低效益运营。但资金的收益率通常为负，据统计，清算方式退出的投资大概占风险投资基金投资的 32%，仅能收回原投资额的 64%。[17]

当然，不是所有投资失败的企业都会进行破产清算，申请破产并进行清算是有成本的，而且还要经过耗时长，较为复杂的法律程序，如果一个失败的投资项目没有其他的债务，或者虽有少量的其他债务，但是债权人不予追究，那么，一些风险资本家和风险企业家不会申请破产，而是会采用其他的方法来经营，并通过协商等方式决定企业残值的分配。

发行股票上市是投资回报率最高的方式，风险企业被兼并收购是投资收回最迅速的方法，股份回购作为一种备用手段是风险投资能够收回的一个基本保障，而破产清算则是及时减少并停止投资损失的最有效的方法。目前，我国创业风险投资的退出方式以并购和股权转让为主。与非上市公司相比，上市公司不论从其内在需求、融资渠道和资金能力等方面来看，都更有并购被风险资本支持企业的动力和能力，风险资本支持企业也更愿意被上市公司收购。上市公司通过收购高科技风险资本支持企业的股权，实现了自身价值的提升，股价会随之上涨。被收购的高科技风险资本支持企业的投资者，则通过出售公司的股份而获得了较为可观的投资回报。

随着我国多层次资本市场和产权交易市场的不断完善，科创板和北交所的推出为创业投资的退出提供了很大便利。根据上海证券交易所和北京证券交易所数据统计，截至2024年1月16日，科创板上市公司567家，总股本2 121.24亿股；北交所上市公司241家，总市值321.69亿股。

 **小测试**

1. 创业资金为什么要从被投资企业退出？
2. 创业资金退出的渠道有哪些？

注释

[1] "微博月活2.82亿美元，估值冲百亿美元，是虚高泡沫还是价值重现？" 2016年8月10日，中国企业家. 世界经理人网站，http://www.ceconline.com/strategy/ma/8800082833/01/.

[2] 冯珊珊. 创业公司的"股权架构师"[J]. 首席财务官，2016，（3）：72-75.

[3] 股权九大生命线详解！搜狐网，https://www.sohu.com/a/290103554_100076162.

[4] 张志，乔辉.大学生创业指南[M].北京：人民日报出版社，2016：58-59.

[5] 余玥，"罗辑思维"分家：自媒体的分水岭？南方都市报，转引自T科技先生，网址：https://www.techsir.com/a/201405/18468.html.

[6] 王君卫. 创业股权架构设计要害[J]. 董事会，2015，（11）：103-105.

[7] 王艳茹，应小陆，杨树军.创业企业财务管理[M].北京：中国人民大学出版社，2022：243-245.

[8] 以京东、腾讯、阿里为例，深度分析创业者要如何避免痛失公司控制权，钛媒体，网址：https://www.tmtpost.com/2410958.html.

[9] 阿里股权曝光：马云持股降至4.8%蒋凡被除名合伙人，凤凰网财经，http://finance.ifeng.com/c/7y0wwkdabUd.

[10] 郭凡生. 股权激励的艺术[J]. 商界评论，2010，（4）：84-88.

[11] 2023年度创投市场融资数据报告：市场复苏，机会与挑战并存，5 700亿收官2023！投融界，https://www.trjcn.com/news/detail_49599.html.

[12] 直接投资是指投资者将资产直接投入投资项目，拥有全部或一定数量的被投资企业资产及经营的所有权，直接进行或参与被投资企业的经营管理.

[13] 阿里上市谁最神伤：高盛曾投500万美元帮马云起步，中国经济周刊2014年09月23日，转引自中国经济网，http://finance.ce.cn/rolling/201409/23/t20140923_3579933.shtml.

[14] 2023年A股IPO市场全览，东方财富网，https://caifuhao.eastmoney.com/news/20240115070909548236200

[15] 全球IPO市场2023年度大盘点，钛媒体App，转引自百家号，https://baijiahao.baidu.com/s?id=1785772769888929900&wfr=spider&for=pc.

[16] 张俊芳. 中国风险投资退出渠道的现状问题及政策建议[J]. 科技创新与生产力，2010，（8）：19.

[17] 侯静如. 我国风险投资退出方式选择[J]. 发展研究，2012，（4）：69.

课后讨论

1. 创业企业的内在价值应该如何确定？
2. 可比公司法对创业企业估值共有多少种方法？各自的适用范围如何？
3. 你是如何理解股权架构设计原则的？它对你有何启发？
4. 天使投资和风险投资有何区别和联系？

技能训练

某创业企业在经营到第 3 年时，产品所在行业的快速发展带给了企业高速增长的美好前景，被某风险投资机构看中。风险投资在进行了一系列评估后决定投入资金，并扶持企业成长。企业获得消息后，估计了今后一段时间销售收入的增长率：第 4 年～第 5 年的销售收入增长率为 40%，第 6 年以后随着竞争者的增加，销售收入增长率下降为 15%并可以持续。企业第 3 年的销售收入为 100 万元，现金流量为 40 万元，同行业企业要求的报酬率此时为 22%。

要求：

1. 假定可比公司的市销率为 10 倍，使用市销率法估计企业的价值。
2. 根据给定的销售收入增长率数据，运用绝对估值法估计企业的价值。

第七章 财务报表是得到认可的桥梁

学习目标

知识目标：了解报表的概念和报表项目的内涵，熟悉报表分析的方法。

能力目标：能够对企业报表进行比较分析、比率分析和综合分析。

素养目标：通过报表分析作出合理的财务决策。

课程思政点

故事思考[1]

赵总是一个经营地板销售生意的企业负责人，门店开业已经一年多时间。企业有一个专职的会计负责账务处理和报表编制的基本工作，每个月会计都会把企业的报表准时呈给赵总，也会及时申报纳税。不过，这些数字对于没学过财务基本知识的赵总来说无疑跟天书一般。令他非常不理解的是，企业一直在做市场推广，每次不但和卖场一起搞促销活动，而且门店还专门做过很多宣传；从销售收入上看，好像一直呈上升趋势，可是为啥企业就不赚钱呢？经营这段时间以来，赵总非但没有从企业经营中分享到创业的利润，而且基本处于一直贴钱（继续追加投资）的状态。

请思考：

1. 会计编制的利润表和资产负债表是否完全符合企业管理的要求？
2. 赵总应该如何来阅读报表？

报表是企业和外界沟通的桥梁，也是加强企业管理的主要依据。创业者需要通过报表了解企业整体经营状况，作出科学的生产经营决策，外部投资者需要通过报表了解企业的盈利能力作出是否投资的决策，供应商需要根据企业的偿债能力作出赊销与否的决策，国家有关部门需要通过报表分析企业的纳税状况。财务报表将企业自身的经营情况和诸多的利益相关者连接起来，起到了桥梁的作用。

第一节 财务报表的作用和编制

创业者创业的目的是赚取利润，其最关心投资的收益状况；债权人将钱借给企业，也是为了获取一定的收益——固定的利息，但是，债权人对企业获利的高低并不像投资者一样感兴趣，相反，其最关心借出资金能否得到按时足额的还本付息；税务部门关注企业纳税的状况，市场监督管理部门关注企业经营范围的变化。因此，为了向企业的利益相关者提供相关信息，企业必须编制财务报表。创业者作为企业的所有者最好能够编制简单的财务报表，并能够根据报表提供的信息，作出正确决策。

一、财务报表的概念和作用

财务报表是指企业对外提供的反映企业某一特定日期的财务状况和某一会计期间的经营成果、现金流量等会计信息的文件。小企业编制的财务报表，应当包括利润表和资产负债表。

财务报表对于改善企业外部有关方面的经济决策环境和加强企业内部经营管理具有重要作用。具体包括以下几个方面。

（1）向企业利益相关者提供相关的会计信息。企业提供的财务报告中含有丰富的会计信息，如资产、负债、所有者权益、收入、费用、利润等各种会计指标，这些指标对于企业利害关系集团，特别是投资者、债权人从整体上了解企业的财务状况和经营成果发挥着其他书面文件所不可替代的作用，是利益相关者进行科学决策的主要依据。

（2）为实施内部控制和会计监督提供依据。财务报表提供的经济指标，为企业所有者、经营者、债权人和国家职能部门对企业进行控制和监督提供依据。所有者可利用财务报告的有关信息对企业实施控制及监督，经营者可利用财务报告检查经营成果的实现情况，债权人可利用财务报告监督企业借入资金的使用情况，掌握企业偿债能力，国家可利用企业财务报告提供的信息进行宏观经济管理，制定合理的经济政策。

（3）有利于评价企业业绩。财务报告有利于企业所有者和管理者评价经营业绩，改善经营管理，寻找提高经济效益的途径和方法。通过财务报告所提供的指标，不仅有利于各方进行科学、合理的决策，同时也有利于评价企业经营的业绩，并在此基础上找问题，分析原因，促进企业生产经营管理的改善，寻找出提高企业经济效益的途径和方法。

二、财务报表的种类

财务报告可按不同的标准进行分类，常见的财务报告分类主要有以下几种。

（一）按财务报告反映的经济内容分类

企业财务报告按反映经济内容的不同，可分为资产负债表、利润表、所有者权益（股东权益）变动表、现金流量表和附注等。资产负债表是反映会计主体在一定日期财务状况的报表；利润表是揭示企业实现的收入、成本费用的耗费和利润形成情况的报表；所有者权益变动表是反映企业在一定期间内构成所有者权益的各组成部分增减变动情况的报表；现金流量表是揭示企业在一定期间内现金流入、现金流出及投资与筹资活动方面信息的会计报表。

（二）按财务报告报送对象分类

企业的财务报告按报送对象不同，可分为对外报表和对内报表。对外报表是会计主体按照有关法律法规编制的对外公开报送的会计报表，如资产负债表、利润表、所有者权益变动表、现金流量表等。对内报表是会计主体根据单位管理需要编制的会计报表，这些会计报表往往仅限于会计主体内部使用，如销售分析表、成本分析表、经营费用表等。

(三）按财务报告编制时间分类

企业的财务报告按编制时间不同，可分为月度报表、季度报表、半年报表和年度报表。月度报表是会计主体在月份终了编制的会计报表，如资产负债表和利润表等；季度报表是会计主体在季度终了利用相关资料编制的会计报表，它介于月度报表与半年报表和年度报表之间；半年报表是每个会计年度的前6个月结束后编制的会计报表；年度报表是会计主体在年度终了后编制的报表，如资产负债表、利润表、现金流量表等。一般来说，月度报表简明扼要，反映及时；年度报表综合详细，反映全面；季度报表和半年报表介于两者之间。

创业企业财务报表既要按照会计准则的要求编制需要对外报送的如资产负债表、利润表等，也要按照管理需要编制销售分析表、成本分析表、经营费用表等内部报表。外部报表一般要编制月度报表和年度报表，内部报表则没有明确的编制时间要求，由经营管理决策的需求而定。

视频 7.1 基本财务报表

鉴于现金流量表的编制太过复杂，已超出本书范围，本章不再赘述。感兴趣的读者可以从笔者主编的《基础会计》教材中得到相关内容的讲解。

三、利润表

利润表是用来反映企业在某一会计期间的经营成果的财务报表。该表是根据"收入－费用＝利润"的会计等式，按营业利润、利润总额、净利润的顺序编制而成的，是一个时期的、动态的报表。

按照我国会计准则的规定，企业应当编制多步式利润表。简单的多步式利润表的格式如表 7.1 所示。

表 7.1 利　润　表

编制单位：　　　　　　　　　　年　　月　　　　　　　　　　　　会企 02 表
单位：元

项　　目	本期金额	上期金额
一、营业收入		
减：营业成本		
税金及附加		
销售费用		
管理费用		
研发费用		
财务费用		
加：其他收益		
二、营业利润（损失以"－"填列）		
加：营业外收入		
减：营业外支出		
三、利润总额（损失以"－"填列）		
减：所得税费用		
四、净利润（损失以"－"填列）		

其中:"营业收入"项目,反映企业经营主要业务和其他业务所确认的收入总额[2]。

"营业成本"项目,反映企业经营主要业务和其他业务所发生的成本总额[3]。

"税金及附加"项目,反映企业经营业务应负担的消费税、城市建设维护税、资源税、教育费附加及房产税、土地使用税、车船使用税、印花税等。

"其他收益"项目,反映计入其他收益的政府补助等"营业利润"项目,反映企业实现的营业利润。如为亏损,则以"-"列示。

"营业外收入"项目,反映企业发生的与经营业务无直接关系的各项收入和利得。如盘盈利得、捐赠利得、罚款收入等[4]。

"营业外支出"项目,反映企业发生的与经营业务无直接关系的各项支出和损失。如公益性捐赠支出、非常损失、盘亏损失、罚款支出等。

"利润总额"项目,反映企业实现的利润。如为亏损,则以"-"列示。

"所得税费用"项目,反映企业应从当期利润总额中扣除的所得税费用。

"净利润"项目,反映企业实现的净利润。如为亏损,则以"-"列示。

四、资产负债表

资产负债表是总括反映企业在某一特定日期全部资产、负债和所有者权益状况的报表。资产负债表是根据"资产=负债+所有者权益"这一会计基本等式,依照流动资产和非流动资产、流动负债和非流动负债大类列示,并按照一定要求编制的,是一张时点的、静态的会计报表。

根据财务报表列报准则的规定,资产负债表采用账户式的格式。简单的资产负债表的格式如表7.2所示。

表7.2 资产负债表

会企01表

编制单位:　　　　　　　　　　年　月　日　　　　　　　　　单位:元

资产	期末余额	年初余额	负债和所有者权益	期末余额	年初余额
流动资产			流动负债		
货币资金			短期借款		
应收账款			应付账款		
预付款项			预收款项		
应收利息			应付职工薪酬		
应收股利			应交税费		
其他应收款			应付利息		
存货			应付利润		
一年内到期的非流动资产			其他应付款		
其他流动资产			一年内到期的非流动负债		
流动资产合计			其他流动负债		
			流动负债合计		
非流动资产			非流动负债		

续表

资　　产	期末余额	年初余额	负债和所有者权益	期末余额	年初余额
长期应收款			长期借款		
长期股权投资			其他非流动负债		
固定资产			非流动负债合计		
在建工程			负债合计		
工程物资			所有者权益		
无形资产			实收资本		
其他非流动资产			资本公积		
非流动资产合计			盈余公积		
			未分配利润		
			所有者权益合计		
资产合计			负债和所有者权益总计		

其中：

资产类项目的填报方法及内容如下：

"货币资金"项目，反映企业"库存现金""银行存款""其他货币资金"[5]的合计。

"应收账款"项目，反映企业因销售商品、提供劳务等经营活动应收取的款项。

"预付款项"项目，反映企业按照购货合同规定预付给供应单位的款项等。

"应收利息"项目，反映企业应收取的债券投资等的利息。

"应收股利"项目，反映企业应收取的现金股利和应收取其他单位分配的利润。

"其他应收款"项目，反映企业除应收账款、预付账款、应收股利、应收利息等经营活动以外的其他各种应收、暂付的款项。

"存货"项目，反映企业期末在库、在途和在加工中的各种存货的可变现净值[6]，包括原材料、在产品、库存商品等的价值。

"一年内到期的非流动资产"项目，反映企业将于一年内到期的非流动资产项目金额。

"其他流动资产"项目，反映企业除货币资金、应收账款、应收利息、应收股利、其他应收款、存货等流动资产以外的其他流动资产。

"长期应收款"项目，反映企业融资租赁产生的应收款项、采用递延方式具有融资性质的销售商品和提供劳务等产生的长期应收款项等。

"长期股权投资"项目，反映企业持有的对子公司、联营企业和合营企业的长期股权投资。

"固定资产"项目，反映企业各种固定资产原价减去累计折旧和累计减值准备后的净额。

"在建工程"项目，反映企业期末各项未完工程的实际支出，包括交付安装的设备价值、未完建筑安装工程已经耗用的材料、工资和费用支出、预付出包工程的价款等的可收回金额。

"工程物资"项目，反映企业尚未使用的各项工程物资的实际成本。

"无形资产"项目，反映企业持有的无形资产，包括专利权、非专利技术、商标权、著作权、土地使用权等。

"其他非流动资产"项目，反映企业除长期股权投资、固定资产、在建工程、工程物资、无形资产等资产以外的其他非流动资产。

负债类项目的填报方法及内容如下：

"短期借款"项目，反映企业向银行或其他金融机构等借入的期限在一年以下（含一年）的各种借款。

"应付账款"项目，反映企业因购买材料、商品和接受劳务供应等经营活动应支付的款项。

"预收款项"项目，反映企业按照销货合同规定预收购货单位的款项。

"应付职工薪酬"项目，反映企业根据有关规定应付给职工的工资、职工福利、社会保险费、住房公积金、工会经费、职工教育经费、非货币性福利、辞退福利等各种薪酬。

"应交税费"项目，反映企业按照税法规定计算应交纳的各种税费，包括增值税、消费税、所得税、资源税、土地增值税、城市维护建设税、房产税、土地使用税、车船使用税、教育费附加、矿产资源补偿费等。

"应付利息"项目，反映企业按照规定应当支付的利息，包括分期付息到期还本的长期借款应支付的利息、企业发行的企业债券应支付的利息等。

"应付利润"项目，反映企业分配的尚未支付的利润。

"其他应付款"项目，反映企业除应付票据、应付账款、预收款项、应付职工薪酬、应付股利、应付利息、应交税费等经营活动以外的其他各项应付、暂收的款项。

"其他流动负债"项目，反映企业除短期借款、交易性金融负债、应付票据、应付账款、应付职工薪酬、应交税费等流动负债以外的其他流动负债。

"长期借款"项目，反映企业向银行或其他金融机构借入的期限在一年以上（不含一年）的各项借款。

"其他非流动负债"项目，反映企业除长期借款、应付债券等负债以外的其他非流动负债。

"一年内到期的非流动负债"项目，反映企业非流动负债中将于资产负债表日后一年内到期部分的金额，如将于一年内偿还的长期借款。

所有者权益类项目的填报方法及内容如下：

"实收资本"项目，反映企业各投资者实际投入的资本（或股本）总额。

"资本公积"项目，反映企业资本公积[7]的期末余额。

"盈余公积"项目，反映企业盈余公积[8]的期末余额。

"未分配利润"项目，反映企业尚未分配的利润。

【例7-1】 甲服装有限责任公司2024年9月发生的经济业务如第五章例5-1和例5-2所示，预计9月税金及附加的金额为3 500元。期初的资产负债情况如表7.3所示。

表 7.3　资产负债表

编制单位：甲服装有限责任公司　　　　2024 年 8 月 31 日　　　　　　　　单位：元

资　产	期末余额	期初余额	负债和所有者权益	期末余额	期初余额
流动资产			流动负债		
货币资金	20 500		短期借款	0	
应收账款	0		应付账款	0	
存货	191 000		应付职工薪酬	66 000	
一年内到期的非流动资产	0		应交税费	0	
其他流动资产	0		一年内到期的非流动负债	0	
			其他流动负债	0	
流动资产合计	211 500		流动负债合计	66 000	
非流动资产			非流动负债		
长期股权投资	0		长期借款	30 000	
固定资产	285 000		其他非流动负债	0	
无形资产	0		非流动负债合计	30 000	
其他非流动资产	0		负债合计	96 000	
非流动资产合计	285 000		所有者权益		
			实收资本	500 000	
			资本公积	0	
			盈余公积	0	
			未分配利润	-99 500	
			所有者权益合计	400 500	
资产合计	496 500		负债和所有者权益总计	496 500	

要求：编制该公司 2024 年 9 月的利润表和资产负债表。

案例点评

企业在编制财务报表时应该先编制利润表后编制资产负债表。因为利润表中的净利润数字为资产负债表的未分配利润的填制提供依据。

1. 甲服装有限责任公司的利润表编制如表 7.4 所示。

表 7.4　利　润　表

编制单位：甲服装有限责任公司　　　　2024 年 9 月　　　　　　　　　　单位：元

项　目	本期金额	上期金额
一、营业收入	220 000	略
减：营业成本	184 000	
税金及附加	2 603.16	
销售费用	10 800	
管理费用	7 700	
研发费用	4 000	
财务费用	2 500	
二、营业利润（损失以"-"填列）	8 396.84	
加：营业外收入	0	
减：营业外支出	0	
三、利润总额（损失以"-"填列）	8 396.84	
减：所得税费用	0[9]	
四、净利润（损失以"-"填列）	8 396.84	

表中的有关数据计算如下：

营业收入 = 150 × 1 200 + 200 × 200 = 220 000（元）

营业成本 = 150 × 1 012 + 200 × 161 = 184 000（元）

税金及附加 =〔销项税额（28 600）– 进项税额（6 907）〕× 12% = 2 603.16（元）

其中：进项税额包括采购材料的进项税额（2 600）+ 固定资产的进项税额（3 497）+ 设计费的进项税额（240）+ 广告费的进项税额（60）+ 水电费的进项税额（155）+ 房屋租金的进项税额（180）+ 办公用品的进项税额（130）+ 运费的进项税额（27）+ 代理记账的进项税额（18）= 6 907（元）

销售费用、管理费用、研发费用和财务费用的计算见第五章成本、费用计算部分。

2. 甲服装有限责任公司的资产负债表编制如表 7.5 所示。

表 7.5　资产负债表

编制单位：甲服装有限责任公司　　　　2024 年 9 月 30 日　　　　　　　　　　　　单位：元

资产	期末余额	期初余额	负债和所有者权益	期末余额	期初余额
流动资产			流动负债		
货币资金	122 333	20 500	短期借款	0	0
应收账款	24 860	0	应付账款	0	0
存货	84 900	191 000	应付职工薪酬	58 800	66 000
一年内到期的非流动资产	0	0	应交税费	24 296.16	
其他流动资产	0	0	一年内到期的非流动负债	0	0
			其他流动负债	0	0
流动资产合计	232 093	211 500	流动负债合计	83 096.16	66 000
非流动资产			非流动负债		
长期股权投资	0	0	长期借款	50 000	30 000
固定资产	309 900	285 000	其他非流动负债	0	0
无形资产	0	0	非流动负债合计	50 000	30 000
其他非流动资产	0	0	负债合计	133 096.16	96 000
非流动资产合计	309 900	285 000	所有者权益		
			实收资本	500 000	500 000
			资本公积	0	0
			盈余公积	0	0
			未分配利润	–91 103.16	–99 500
			所有者权益合计	408 896.84	400 500
资产合计	541 993	496 500	负债和所有者权益总计	541 993	496 500

表中有关数据计算为

货币资金 = 期初余额（20 500）+ 本期增加额（243 740）– 本期减少额（141 907）= 122 333（元）

其中：本期增加货币资金 = 销售收入的 90% + 增加的银行借款 = 220 000 × 1.13 × 90% + 20 000 = 243 740（元）

本期货币资金减少 = 采购原材料 + 固定资产购置 + 水电费、设计费、广告费、房屋租金、记账费 + 办公用品 + 运费 + 利息 + 代理记账 + 销售提成 + 支付上月薪酬
= 20 000×1.13 + 30 397 + 9 453 + 1 130 + 327 + 2 500 + 9 500 + 66 000 = 141 907（元）

应收账款 = [本期收入及相应销项税额 220 000×（1 + 13%）]×10% = 24 860（元）

存货 = 期初余额（191 000）+ 本期增加额（270 700）− 本期减少额（376 800）= 84 900（元）

固定资产 = 期初余额（285 000）+ 本期则增加额（26 900）− 本期计提的折旧（2 000）
= 309 900（元）

应付职工薪酬 = 生产西服工人工资（210×200）+ 生产休闲裤工人工资（42×300）+ 创业者工资（4 200）= 42 000 + 12 600 + 4 200 = 58 800（元）

应交税费 = 应交增值税〔销项（28 600）− 进项（6 907）〕+ 税金及附加（2 603.16）+ 应交所得税（0）= 24 296.16（元）

长期借款 = 期初余额（30 000）+ 本期增加额（20 000）= 50 000（元）

未分配利润 = 本期净利（8 396.84）− 上期累计亏损（99 500）= −91 103.16（元）

 小测试

1. 企业为什么要编制财务报表？
2. 企业需要对外报送哪些报表？
3. 企业应该在什么时间编制报表？
4. 什么是利润表和资产负债表？

第二节 财务报表的解读和分析

创业者可以不会编制财务报表，但不能看不懂财务报表，不能不会进行财务分析。一般来说，对一个企业的财务报表进行解读，可以从盈利能力、偿债能力、营运能力等方面入手，也可以从创业者最关注的指标入手进行综合分析。

一、财务报表分析概述

视频 7.2 财务报表分析概述

财务报表分析是指根据企业生产经营活动和财务管理活动的内在关系，以企业的财务报表和其他资料为依据和起点，采用专门的技术和方法，系统分析和评价企业过去和现在的财务状况、经营成果及其变动情况的过程。

（一）财务报表分析的作用

财务报表分析的目的是了解过去、评价现在、预测未来，为利益相关者提供决策支持信息。在进行报表分析时，除关注企业的财务报表外，在条件允许的情况下还须关注专业财务数据库中相关行业、相关竞争企业的财务数据，并参考开放性网络资源中相关企业的

经营状况和财务状况研究报告、行业景气指数[10]分析报告等,以将财务相关数据转换成有助于决策的有用信息。在进行财务报表分析时,需要创业者或专业分析人员不断地收集、筛选、归纳、分析企业内外部的各种相关信息,而不仅仅局限于财务报表。

(二)财务报表分析的方法

财务分析的方法包括比较分析法、比率分析法等。

1. 比较分析法

比较分析法是指将同一企业不同时期的经营状况、财务状况进行比较,或将不同企业之间的经营状况、财务状况进行比较,揭示其中差异的方法。比较分析法按照比较对象的不同可分为横向比较和纵向比较。

横向比较是指将企业数据与行业整体水平或者主要竞争对手进行比较,发现企业在市场占有率、品牌影响力、经营战略等方面与其他企业的差异,或者发现企业在盈利水平、资产质量、现金流量管理等方面与其他企业的差异,从而发现有助于企业增强其核心竞争力的优势和可能会降低其核心竞争力的劣势。纵向比较法是指企业自身不同时期数据的比较。可以运用趋势分析的方法,与本企业历史业绩指标进行比较,如不同时期(2~10年)的指标进行比较;也可以运用差异分析的方法,与本企业计划或预算比较。通过纵向比较法可以发现本企业在市场占有率、品牌影响力、经营成果等方面与历史时期或计划预算之间的差异,从而发现企业从战略制定、战略执行、战略控制及战略调整等过程中存在的问题,或者发现企业在盈利水平、资产质量、现金流量管理等方面与历史时期和计划预算之间的差异,以判断企业财务状况的发展趋势,发现财务管理过程中存在的问题。

2. 比率分析法

比率分析法是指将企业同一时期财务报表中的相关项目进行对比,得出一系列财务比率,以此来揭示企业财务状况的分析方法。通常财务比率主要包括三大类:构成比率、效率比率和相关比率。构成比率是反映某项经济指标的各个组成部分与总体之间关系的财务比率,如流动资产占总资产的比率;效率比率是反映某项经济活动投入与产出之间关系的财务比率,如资产报酬率等;相关比率是反映经济活动中某两个或两个以上项目比值的财务比率,如流动比率、速动比率等,以考察各项经济活动之间的相互关系,揭示企业的财务状况。

(三)财务报表的基本信息

1. 资产负债表的基本信息

资产负债表是一张静态报表,反映了报表截止时间时企业的资金来源及其分布状况。资产负债表中的资产项目按照各项资产的流动性[11]或变现能力的强弱进行排列,流动性越大、变现能力越强的资产项目排列得越靠前,反之,则排列得越靠后,而且不同类别资产内部的各个项目也按照流动性的大小进行排列;负债项目按照每个项目偿债的紧迫性依次排列,由近及远,偿还期越近的项目排列得越靠前。所有者权益内部各个项目按照稳定程度依次排列,稳定程度越强的项目越往前排列。利用资产负债表的资料可以分析企业资产的分布状况、负债和股东权益的构成状况，为报表使用者提供以下信息：企业资产的规模和结构、企业资产的质量、企业负债的规模和结构、企业股东权益的规模和结构、企业的融资结构和资本结构等。

（1）资产的规模和结构。资产规模一方面是指某一时点企业资产的存量总额；另一方面也可以是部分或单项资产的存量，如流动资产与非流动资产的金额，或者应收账款、存货的金额。资产结构是指部分资产与单项资产占全部资产的比例，如流动资产占全部资产的比例。资金在转换过程中不断流出又收回，在运转中会产生一些中间性资产，形成流动资产，它占据了企业资金的绝大部分。可供运转的资金多且运转速度快，企业就会产生很高的利润。所以，企业应把对流动资产的管理置于首位，让流动资产周转得越快越好。

各行业及企业之间在资产规模与结构上存在明显差异，资产结构既与行业特征有关，也与企业自身对资产的配置决策有关。根据国泰安数据库整理的不同行业 2022 年的资产负债结构如图 7.1 所示。

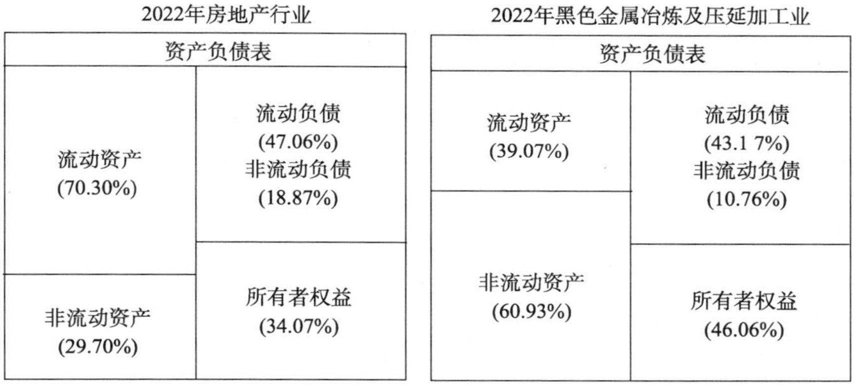

2022年房地产行业		2022年黑色金属冶炼及压延加工业	
资产负债表		资产负债表	
流动资产 (70.30%)	流动负债 (47.06%) 非流动负债 (18.87%)	流动资产 (39.07%)	流动负债 (43.17%) 非流动负债 (10.76%)
非流动资产 (29.70%)	所有者权益 (34.07%)	非流动资产 (60.93%)	所有者权益 (46.06%)

图 7.1　不同行业 2022 年的资产负债结构

（2）企业资产质量。资产质量是企业财务状况运转的质量，是对不同资产产生主营业务现金流量能力的反映。一般而言，一个主营业务持续增长且财务状况较为稳定的企业，其主营业务的现金流量也会表现为持续稳定增长的特征。能够产生较多主营业务现金流量的资产运营效率较高，质量也较高；反之，则质量较低。

（3）负债的规模和结构。负债规模说明企业全部资金来源中负债所占的比重，负债的结构则反映了企业全部借入资金中不同负债的构成情况。在企业资金来源总额相同的情况下，负债的规模越大，企业的债务负担越重，不能偿还债务的可能性也越大；在全部负债的构成中，流动负债的比重越大，企业的偿债压力越大，偿债的紧迫性越强，对企业可随时用于偿还债务的资金需求就越大。

（4）股东权益的规模和结构。股东权益是投资者对企业净资产所享有的剩余权益，净资产指企业资产扣除负债后由所有者享有的权益。股东权益由投资者投入的资金和留存收益两部分构成。投资者投入的资金包括企业的实收资本以及在资本投入过程中或其他环节形成的资本公积两项，而且资本公积可以用来转增资本；留存收益是企业在经营过程中形成的收益的留存，包括盈余公积和未分配利润两部分，其中盈余公积可以用来转增资本、弥补亏损或者扩大再生产，未分配利润是以前年度的盈利中没有被指定用途的部分，企业可随时对其进行处理，如用于利润分配等。实收资本和资本公积的稳定性最强，是企业可以长期使用的资金，是对企业最低资金需求的保障。在企业资金来源总额相同的情况下，股东权益的规模越大，对债权人权益的保障性越强。

（5）融资结构和资本结构。融资结构反映了企业主要的融资来源及全部的权益融资数量和债权融资数量之间的比例关系。资本结构是指企业各种长期资金筹集的来源构成和比例关系。企业融资结构和资本结构的变化既反映其不同资金筹集渠道的变化，同时又对其未来的融资能力和偿还债务的能力有直接影响。所以，创业者应努力在企业内部建立一个合理的融资结构和资本结构，使企业在健康发展的同时为其创造更多的经济效益。

2. 利润表的基本信息

利润表披露了企业在某一特定时期内所实现的收入、利润及发生的成本费用。利润表向报表使用者提供了企业一定会计期间收入的来源及结构、费用的消耗情况以及企业生产经营活动的成果，有助于报表使用者根据利润的来源和构成判断净利润的质量及风险，并可以预测净利润的持续性，从而作出正确的决策。

利润表将企业的成本拆分成四个类别：营业成本、营业费用、营业外支出和所得税费用。营业成本的负责人是车间主任或采购部经理，营业费用的负责人是运营总监，营业外支出的负责人主要是企业的管理部门，所得税费用的负责人是财务部门（企业的财务人员可以通过熟悉税收法规做到合理避税）。四大类成本影响着企业的四大利润水平——毛利（营业收入减去营业成本的差额）、营业利润、利润总额和净利润。所以，企业的利润管理实质上是成本费用的管理。

一般来说，营业利润代表了企业的盈利能力和核心业务能力，是利润总额最主要的构成部分。

在对企业的资产负债表和利润表信息进行了基本了解之后，创业者还应该能够将不同报表之间的信息联系起来，通过计算各种财务比率，来分析企业盈利的能力、偿债的能力以及资产的运营效率等。

二、盈利能力分析

盈利能力是企业在一定时期内产生利润的能力。企业经营的直接目的是赚取利润，在保持企业经营持续稳定的基础上追求良好的成长性。盈利能力较强的企业具有较强的主营业务竞争力和通过持续投入研发与投资新项目拓展新业务的能力，同时，盈利能力对投资者的收益回报和再投资产生重要影响。因此，盈利能力通常被认为是企业最重要的经营业绩衡量标准。常用的衡量盈利能力的指标有净资产收益率、总资产收益率、营业收入净利率等，分别从净资产收益率、总资产净利率和营业收入净利率的角度计算企业产生净利润的能力。

（一）净资产收益率

净资产收益率是净利润与平均净资产的百分比，也叫股东权益净利率或股东权益报酬率，反映单位股东资本获取的净收益，可以用于不同行业、不同业务类型的企业之间的比

较。净资产收益率衡量的是股东投入资本的保值、增值能力，可以概括反映企业的全部经营业绩和财务业绩。其计算公式为

$$净资产收益率 = \frac{净利润}{平均净资产} \times 100\%$$

其中，

$$平均净资产 = （期初净资产 + 期末净资产）\div 2$$

影响净资产收益率变动的因素可以通过对指标的分解得出。

$$净资产收益率 = \frac{净利润}{平均总资产} \times \frac{平均总资产}{平均净资产} \times 100\% = 总资产净利率 \times 权益乘数 \times 100\%$$

可见，总资产净利率和权益乘数是影响净资产收益率的主要因素。可用于对净资产收益率的变动作进一步分析。

（二）总资产净利率

总资产净利率是指净利润与平均资产总额的比值，反映企业单位总资产产生的净利润。总资产净利率是企业盈利能力的关键测度指标，受企业总资产和净利润的双重影响。其计算公式为

$$总资产净利率 = \frac{净利润}{平均资产总额} \times 100\%$$

影响总资产收益率变动的因素也可以通过对指标的分解得出。

$$总资产净利率 = \frac{净利润}{销售收入} \times \frac{销售收入}{平均总资产} \times 100\% = 营业收入净利率 \times 总资产周转率 \times 100\%$$

可见，营业收入净利率和总资产周转率是影响总资产净利率的主要因素。可用于对总资产净利率的变动作进一步分析。

（三）营业收入净利率

营业收入净利率也叫销售净利率，是指利润额与营业收入的比值，反映了企业单位营业收入创造利润的能力。其计算公式为

$$营业收入净利率 = \frac{净利润}{营业收入} \times 100\%$$

利润表的各个项目都会对营业收入净利率产生影响，当企业的该指标下降时可以通过对利润表各项目金额变动的情况，或者不同成本费用项目占销售收入比重的变化情况进行分析，找出主要的影响因素，进行管理控制。

企业盈利能力的分析指标均是正指标，在其他条件相同的情况下，越高越好，说明企业单位总资产、净资产和营业收入赚取利润的能力越好。创业者出于对投资资产保值增值的需要，会密切关注企业的盈利能力。

三、偿债能力分析

偿债能力是企业用资产和经营过程中创造的收益清偿长、短期债务的能力。分析企业偿债能力的指标主要有流动比率、速动比率、现金比率、现金流量比率，以及资产负债率、

产权比率、已获利息倍数等。

（一）短期偿债能力比率

流动比率、速动比率、现金比率和现金流量比率是反映企业用流动资产偿还各种1年内到期的或超过1年的一个营业周期内到期的流动负债的能力。

1. 流动比率

流动比率是流动资产除以流动负债的比值，反映企业以流动资产数量偿还流动负债的能力。如果企业当前的流动资产数量规模大于流动负债，且保持经营状况稳定的持续性，则一般有理由认为企业具备产生足够现金流量用于偿还即将到期的负债的能力。流动比率的计算公式为

$$流动比率 = \frac{流动资产}{流动负债}$$

2. 速动比率

速动比率是速动资产与流动负债的比值，速动资产是指流动资产中扣除存货后剩余的部分。由于在流动资产中存货的变现速度最慢，部分存货可能已损失或报废还没有进行处理，部分存货可能已抵押给某债权人，存货估价成本与合理市价相差悬殊等原因，把存货从流动资产总额中减去而计算出的速动比率反映的企业的短期偿债能力更加令人信服。速动比率的计算公式为

$$速动比率 = \frac{速动资产}{流动负债}$$

3. 现金比率

现金比率是现金资产与流动负债的比值，它假设现金资产是可偿债资产，表明单位流动负债有多少现金资产作为偿还保障。在速动资产中，流动性最强、可直接用于偿债的资产称为现金资产，所以现金比率更直接地反映了企业的短期偿债能力。现金比率的计算公式为

$$现金比率 = \frac{货币资金 + 交易性金融资产}{流动负债}$$

4. 现金流量比率

现金流量比率是指经营活动现金流量净额与流动负债的比率。运用企业在经营活动中产生的现金流量考核企业的偿债能力。经营活动的现金流量代表了企业创造现金的能力，且已经扣除了经营活动自身所需要的现金流出，是可以用来偿债的现金流量。该比率表明每1元流动负债的经营活动现金流量保障程度。该比率越高，企业的偿债能力越强。

其计算公式为

$$现金流量比率 = \frac{经营活动现金流量}{流动负债}$$

一般来讲，该比率中的流动负债采用期末数而非平均数，因为实际需要偿还的是期末金额，而非平均金额。

（二）长期偿债能力比率

长期偿债能力是指企业在长期借款使用期内的付息能力和长期借款到期后归还借款本金的能力。反映企业长期偿债能力的指标有资产负债率、产权比率、已获利息倍数、现金流量利息保障倍数等。

1. 资产负债率

资产负债率是负债总额与资产总额的比值，反映债权人提供的资金占企业全部资产的比重。从债权人的角度看，比值越小，企业投资者对债权人债务的保障程度越高；从投资者角度看，借款利率低于资产报酬率时，该比率越大，投资者得到的利润会越高；从经营者的角度看，需要根据预期的利润和增加的风险，权衡利弊，找到一个合适的资产负债率。其计算公式为

$$资产负债率 = \frac{负债总额}{资产总额} \times 100\%$$

其中：平均负债和平均资产总额为负债或资产的期初与期末数的简单平均数。

2. 产权比率

产权比率是负债总额与股东权益的比值，反映由债权人提供的资本与股东提供的资本的相对关系、企业财务结构的稳定性，以及企业清算时对债权人的保障程度。产权比率高，显示企业是一种高风险高报酬的财务结构。其计算公式为

$$产权比率 = \frac{负债总额}{股东权益总额} \times 100\%$$

3. 已获利息倍数

已获利息倍数是企业息税前利润与利息费用的比率，反映企业息税前利润为所需支付的债务利息的倍数，用于衡量企业偿付借款利息的能力。其计算公式为

$$已获利息倍数 = \frac{息税前利润}{利息费用}$$

创业者应时刻关注企业的偿债能力，确保在债务到期时能够有足额的现金偿还，避免由于无法偿债导致企业被迫清算的风险。

4. 现金流量利息保障倍数

现金流量利息保障倍数是指经营活动现金流量净额对利息费用的倍数。该指标是现金基础的利息保障倍数，表明每1元利息费用有多少倍的经营活动现金流量净额做保障。它比利润基础的利息保障倍数更可靠，因为实际用于支付利息的是现金，而不是利润。其计算公式为

$$现金流量利息保障倍数 = 经营活动现金流量净额 \div 利息费用$$

四、营运能力分析

营运能力是企业在一定时期管理资产运营效率的能力。通常用各种资产的周转率表示，反映企业资产使用的效率情况，代表企业投入和运用单位资产产生营业收入的能力。资

产周转得越快,企业创造营业收入的能力越强。测度资产运营效率的指标主要有总资产周转率、非流动资产周转率、流动资产周转率、存货周转率和应收账款周转率等。

(一)总资产周转率

总资产周转率是指营业收入与平均资产总额的比值,表明企业全部资产在1年中的周转次数,反映企业单位资产投资所产生的营业收入。在营业收入净利率不变的情况下,资产周转的次数越多,资产的运营效率越高,产生的利润就越多。其计算公式为

$$总资产周转率(周转次数)=\frac{营业收入}{平均资产总额}$$

一年按365天计算,则365与总资产周转率的比值便是资产周转天数,表示总资产周转一次所需要的时间。时间越短,总资产的运营效率越高,盈利性越好。

$$总资产周转天数 = 365 \div 总资产周转率$$

总资产周转次数的倒数是总资产与营业收入之比,表示单位收入需要的总资产投资。收入相同时需要的投资越少,说明总资产的盈利性越好,或者说总资产的运营效率越高。

影响总资产周转率的因素是各种资产周转速度的快慢,可以通过对非流动资产周转率和流动资产周转率的计算进行分析。

(二)非流动资产周转率

非流动资产周转率是营业收入与平均非流动资产的比值,表明非流动资产1年中周转的次数,反映单位非流动资产所产生的营业收入和非流动资产的管理效率。其计算公式为

$$非流动资产周转率(周转次数)=\frac{营业收入}{平均非流动资产}$$

非流动资产周转率的影响因素是在建工程、工程物资等当期不能投入企业生产中的资产项目,以及固定资产、无形资产、其他长期资产等项目。过多的在建工程、工程物资等会导致整个企业的资产周转率下降。

(三)流动资产周转率

流动资产周转率是营业收入与平均流动资产之比,表明流动资产1年中周转的次数,反映单位流动资产所产生的营业收入。流动资产周转速度快,会相对节约流动资产,等于相对扩大资产投入,增强企业盈利能力。其计算公式为

$$流动资产周转率(周转次数)=\frac{营业收入}{平均流动资产}$$

同理,365天与流动资产周转率的比值便是流动资产周转天数,表明流动资产周转一次所需要的时间。流动资产周转次数的倒数表明单位收入所需要投入的流动资产投资。

制造企业的流动资产中,应收账款和存货占到很大比重,其周转率的高低会对流动资产周转率有较大影响。

(四)存货周转率

存货周转率是指营业成本与平均存货的比值,表明存货在1年中的周转次数,是衡量和评价企业购入存货、投入生产、销售收回等各环节管理状况的综合性指标。存货周转速

度越快，存货的占用水平越低，流动性越强，存货转换为现金、应收账款的周转速度越快。其计算公式为

$$存货周转率（周转次数）=\frac{营业成本}{平均存货}$$

用 365 天除以存货周转率同样可以计算存货的周转天数，反映存货周转一次所需要的时间。

企业的运营模式、组织结构、生产流程、其他财务政策及行业特征等都可能会影响企业的存货周转次数。企业可以通过采用订单式生产、减少分支机构、优化生产工艺流程、较为紧缩的信用政策等方式加速存货周转，提高存货的管理效率。

另外，企业可以采用存货的 ABC 管理法，将企业全部存货分成不同的种类，给予不同的管理重视程度。存货的 ABC 管理法见第四章。

（五）应收账款周转率

应收账款周转率是指营业收入与平均应收账款的比值，表明应收账款在 1 年中的周转次数，是反映企业应收账款变现速度和管理效率的指标。应收账款周转率越高，周转次数越多，表明企业应收账款的回收速度越快，企业经营管理的效率越高，资产的流动性越强，短期偿债能力也越强。应收账款周转率的计算公式为

$$应收账款周转率（周转次数）=\frac{营业收入}{平均应收账款}$$

企业通过赊销可以扩大产品的销量、增强竞争力、提升市场份额、巩固客户关系等，但应收账款作为企业扩大销售和盈利进行的投资，也会带来管理成本、机会成本、收账成本、坏账损失成本等成本。企业应在赊销带来的收入和应收账款增加带来的成本之间进行比较分析，以寻求总成本最小的应收账款管理政策，见第四章第二节的讲解。

创业者应充分关注企业的营运能力，通过提高各种资产的周转速度，使其发挥更大的作用，用有限的资金创造无限的财富。

五、综合分析

财务状况的综合分析是指以财务报表等核算资料为基础，将各项财务分析指标作为一个整体，系统、全面、综合地对企业财务状况、经营成果进行剖析、解释和评价，说明企业整体财务状况和效益的优劣。

（一）杜邦分析体系的构成

上面提到的资产负债表和利润表分析，以及偿债能力、盈利能力和营运能力的分析分别从不同侧面对企业的财务状况与经营成果进行了具体分析，但无法揭示企业不同报表之间以及各种财务比率之间的相互关系。实际上，企业的财务状况是一个完整的系统，内部各种因素都是相互依存、相互作用的，任何一个因素的变动都会引起企业整体财务状况的改变。因此，创业者在进行财务状况分析时，必须深入了解企业财务状况内部的各项因素及其相互之间的关系。杜邦分析法正是这样一种综合分析的方法，它利用几种主要财务比

率之间的关系综合地分析企业的财务状况。

杜邦财务分析体系如图7.2所示。

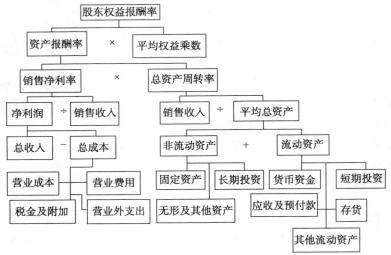

图 7.2　杜邦财务分析体系

其中：平均权益乘数＝平均总资产/平均股东权益，是股东权益比率的倒数，反映资产总额是股东权益的倍数。该乘数越大，说明股东投入资本在资产中所占的比重越小，企业利用的负债越多。

杜邦分析法运用几种主要财务指标之间的关系，直观、明了地反映出企业的财务状况。

（二）杜邦分析体系揭示的信息

1. 股东权益报酬率是杜邦分析系统的核心

从图7.2中可以看出，股东权益报酬率（也叫股东权益净利率，净资产收益率）是一个综合性极强、最有代表性的财务比率，是杜邦分析系统的核心。企业财务管理的重要目标之一是实现股东财富最大化，股东权益报酬率正是反映了股东投入资金的获利能力，可以反映企业筹资、投资和生产运营等各方面活动的效率。股东权益报酬率取决于企业的资产报酬率和权益乘数。资产报酬率主要反映企业运用资产进行生产经营活动的效率，权益乘数则主要反映企业的筹资情况，即企业资金来源的结构。

2. 资产报酬率是综合性极强的反映企业获利能力的指标

资产报酬率是反映企业获利能力的一个重要财务比率，它揭示了企业生产经营活动的效率，综合性极强。企业的销售收入、成本费用、资产结构、资产周转速度及资金占用量等各种因素，都直接影响资产报酬率的高低。资产报酬率是销售净利率与总资产周转率的乘积。因此，创业者可以从企业的销售活动与资产管理两个方面进行分析。

3. 销售净利率是反映企业净利润与销售收入之间关系的指标

从企业的销售方面看，销售净利率反映了企业净利润与销售收入之间的关系。一般来说，销售收入增加，企业的净利润也随之增加，但是，要想提高销售净利率，必须一方面提高销售收入，另一方面降低各种成本费用，这样才能使净利润的增长高于销售收入的增长，使销售净利率提高。由此可见，提高销售净利率必须在以下两个方面下功夫。

（1）开拓市场，增加销售收入。在市场经济中，企业必须深入调查研究市场情况，了解市场的供求关系。在战略上，从长远利益出发，努力开发新产品；在策略上，保证产品的质量，加强营销手段，努力提高市场占有率。这些都是企业面向市场的外在能力。

（2）加强成本费用控制，降低耗费，增加利润。从杜邦体系中，可以分析企业的成本费用结构是否合理，以发现企业在成本费用管理方面存在的问题，为加强成本费用管理提供依据。企业要在激烈竞争的市场上立于不败之地，不仅要在营销与产品质量上下功夫，还要尽可能降低产品成本，这样才能增强产品在市场上的竞争力。同时，要严格控制企业的管理费用、财务费用等各种费用，降低耗费增加利润。

4. 可以从资产结构和资产周转效率两个方面分析企业资产状况

在企业资产方面，主要应该从企业的资产结构和资产周转效率两个方面进行分析。

第一，分析企业的资产结构是否合理，流动资产和非流动资产的比例是否恰当。资产结构实际上反映了企业资产的流动性，它不仅关系企业的偿债能力，也会影响企业的获利能力。一般来说，如果企业流动资产中货币资金占的比重过大，就应当分析企业现金持有量是否合理，有无资金闲置现象，因为过量的现金会影响企业的获利能力；如果流动资产中的存货与应收账款过多，就会占用大量的资金，影响企业的资金周转。

第二，结合销售收入，分析企业的资产周转效率。资产周转速度直接影响企业的获利能力，如果企业资产周转缓慢，就会占用大量资金，增加资金成本，减少利润。资产周转情况的分析，不仅要分析企业总资产周转率，还要分析企业的存货周转率和应收账款周转率，并将其周转情况与资金占用情况结合分析。

对以上两个方面的分析，可以发现企业资产管理方面存在的问题，以加强资产管理，提高资产的利用效率。

（三）杜邦财务分析体系的适用范围

杜邦财务分析体系适用于企业不同期间财务状况的比较，通过不同期间股东权益报酬率及其影响因素的变化，创业者可以发现企业在经营过程中存在的问题或者先进的经验，以更好地发扬长处，改进短处，寻求更快更好地发展。

从杜邦分析体系可以看出，企业的获利能力涉及生产经营活动的方方面面。股东权益报酬率与企业的筹资结构、销售规模、成本水平、资产管理等因素密切相关，这些因素构成一个完整的系统，系统内部各因素之间相互作用。只有很好地协调系统内部各个因素之间的关系，才能使股东权益报酬率得到提高，实现股东财富最大化的目标。

【例 7-2】 依例 7-1，根据甲服装有限责任公司的报表资料，对企业净资产的获利能力进行综合分析，并就其偿债能力和营运能力作出判断。

案例分析

1. 净资产获利能力及其影响因素

净资产收益率 = 净利润 ÷ 平均净资产 × 100% = [8 396.84 ÷ (408 896.84 + 400 500) ÷ 2] × 100% = (8 396.84 ÷ 04 698.42) × 100% = 2.07%

总资产净利率 = 净利润 ÷ 平均资产总额 × 100% = [8 396.84 ÷ (541 993 + 496 500) ÷

　　　　　2］× 100% =（8 396.84 ÷ 519 246.5）× 100% = 1.62%

销售净利率 = 净利润 ÷ 销售收入 = 8 396.84 ÷ 220 000 × 100% = 3.82%

净资产收益率 = 总资产净利率 × 权益乘数 = 1.62% ×（519 246.5 ÷ 404 698.42）

　　　　　　　= 1.62% × 1.28 = 2.07%[12]

总资产周转率 = 220 000 ÷ 519 246.5 = 0.424

总资产净利率 = 总资产周转率 × 销售净利率 = 0.424 × 3.82% = 1.62%

可见，影响净资产收益率的因素包括总资产净利率和权益乘数，继而又可分解到总资产周转率和销售净利率。即企业经营环节的资产管理能力和盈利能力，以及资产负债状况都会影响到净资产的获利能力。所以，提高净资产获利能力需要从资产的盈利能力和资产管理水平两个方面下功夫，同时适当运用负债获得财务杠杆效益。

如果有上年的相关比率，则可以和上年对比分析本年经营环节的获利能力；还可以和同行业水平或先进水平相比，分析企业经营环节获利能力在整个行业的水平。

2. 偿债能力比率分析

由于有期初的资产负债表，偿债能力可分别以期初期末单独计算，再通过对比分析发现其变化趋势（见表7.6）。

表 7.6　偿债能力比率分析

指标	期末	期初	指标	期末	期初
流动比率	2.79	3.2	资产负债率	24.56%	19.34%
速动比率	1.77	0.31	产权比率	0.33	0.24
现金比率	1.47	0.31	已获利息倍数	4.36	—

现金流量比率和现金流量利息保障倍数两个指标由于没有经营活动现金流量信息无法计算。

根据以上计算可知，尽管期末的流动比率比期初降低，但是速动比率和现金比率均比期初提高，所以，企业在期末的短期偿债能力有了大幅度提升。但是，由于资产负债率和产权比率的提高，使企业期末的长期偿债能力比期初有所降低。企业可以和同行业平均比率进行比较，分析自身负债的情况。

3. 营运能力比率分析

总资产周转率计算同上。

非流动资产周转率 = 营业收入 ÷ 平均非流动资产 = 220 000 ÷（309 900 + 285 000）÷ 2 = 0.74

流动资产周转率 = 营业收入 ÷ 平均流动资产 = 220 000 ÷（232 093 + 211 500）÷ 2 = 0.99

存货周转率 = 营业收入 ÷ 平均存货 = 220 000 ÷（84 900 + 191 000）÷ 2 = 1.59

应收账款周转率 = 营业收入 ÷ 平均应收账款 = 220 000 ÷（24 860 + 0）÷ 2 = 17.70

如果有上年的相关比率，则可以和上年对比，分析本年的资产管理能力；还可以和同行业水平或先进水平相比，分析企业资产管理水平能力在整个行业的地位，以便找差距出对策，增强在市场上的竞争力。

小测试

1. 财务报表分析的方法有哪些？
2. 在进行报表分析时，可以把什么作为比较对象？
3. 什么是资产的流动性？资产负债表中的资产、负债和所有者权益是按照什么顺序排列的？
4. 企业的哪一部分利润最为重要？为什么？
5. 常用的衡量企业盈利能力的比率指标有哪些？
6. 常用的衡量企业偿债能力的比率指标有哪些？
7. 常用的衡量企业营运能力的比率指标有哪些？
8. 影响权益净利率的指标有哪些？影响方向如何？

第三节　内部财务报表及其解读

创业者不能仅仅依靠根据会计准则编制的外部报表进行决策，而是要和根据管理需要编制的内部报表一起分析，方能对企业状况进行全面的了解，作出科学决策。根据管理需要，编制的内部报表主要有销售分析表、成本分析表、经营费用表等。

一、销售分析表

对于产品或服务的销售分析，可以基于不同产品或服务的品种进行分析，也可以基于不同客户进行分析，还可以同时进行同比或环比分析。

（一）基于不同产品或服务品种的分析

按照"20/80法则"，企业80%的利润基本上是由20%的产品或服务提供的。因此，当企业生产不同种类的产品或提供一种以上的服务时，创业者不但要关注全部收入的情况，还要关注不同产品或服务的销售收入完成情况及其毛利的不同状况，找到毛利高的产品或服务，将管理的重点放在这些产品或服务上，不断扩大这些种类产品或服务的销售，获取更多利润；同样，找出毛利率低的产品或服务，分析其原因，以便寻求改进措施。这种分析可以借助表格（见表7.7）或通过柱状图的方式进行。

表7.7　不同产品或服务销售情况

	计划销售		实际销售		回款百分比	毛利率	
	收入	占比	收入	占比		计划	实际
A产品							
B产品							
C产品							
合计							

柱状图的方式略。

回款百分比可以分析销售收入的质量,以及与企业信用政策的匹配情况。

在进行不同产品或服务的销售收入完成情况分析时,还可以结合去年同期数据进行同比分析,或根据上月数据进行环比分析。

(二)基于不同客户进行分析

同样按照"20/80法则",企业80%的销售基本上是由20%的客户带来的。因此,创业者还应该关注不同客户的销售收入状况,尤其是销售给不同客户形成的毛利状况,找到销售毛利率高的20%客户,将80%的管理精力放在这些客户身上,以增加对这些客户的销售额,获取更多利润;对于那些毛利率低的客户,分析其原因,以便提高对其的销售收入或销售毛利率。这种分析也可以借助表格(见表7.8)或通过柱状图的方式进行。

表 7.8　不同客户的销售和毛利情况

	计划销售		实际销售		回款百分比	毛利率	
	收入	占比	收入	占比		计划	实际
甲客户							
乙客户							
丙客户							
合计							

(三)基于不同市场进行分析

不同产品或服务在不同市场的毛利也会有所不同,创业者应对此有所了解,以便了解不同客户的"画像",制定有针对性的销售策略。基于不同市场的分析方法同上,此处不再赘述。

二、成本分析表

视频 7.3　成本分析

通过成本分析表,创业者可以将成本管理与技术管理相结合,分析成本升降的具体原因,寻求降低成本的途径和方法。比如,通过全部产品生产成本表和主要产品单位成本表可以反映企业为生产一定种类与数量的产品所发生的生产费用水平及其构成情况,并与计划数、上年实际数、企业历史最好水平或同行业同类产品先进水平相比较,以反映产品成本的变动情况和趋势。

(一)全部产品生产成本表

全部产品生产成本表可以根据分析的需要,按照产品品种或者成本项目分别编制。以下以二者结合的方式为例进行说明,如表7.9所示。

表 7.9　全部产品生产成本

20××年××月　　　　　　　　　　　　　　　　　　单位：元

产品		项目	本期计划	本期实际	去年同期（±%）	上月实际（±%）
可比产品	甲产品	直接材料				
		直接人工				
		制造费用				
		生产费用合计				
		单位产品成本				
	乙产品	直接材料				
		直接人工				
		制造费用				
		生产费用合计				
		单位产品成本				
不可比产品	丙产品	直接材料				
		直接人工				
		制造费用				
		生产费用合计				
		单位产品成本				

可比产品指的是上年或者以前年度正式生产过的，成本资料保存比较完备并且可以比较的产品。不可比产品指的是企业以前年度没有生产过而本年度初次生产的，或虽非初次生产但以前仅属试制而未正式投产的，因此没有成本资料可以参考的产品，即除可比产品以外的其他产品。

这样编制的分析表不但可以了解本期计划和实际的对比情况，还可以了解同比和环比的成本项目变动情况，以及不同产品成本项目的变动情况，还可以发现不同产品成本变化的基本原因，以便对症下药寻求降低成本的对策，加强成本管理。

（二）主要产品单位成本变动分析

主要产品是指企业经常生产、在企业全部产品中所占比重较大、能总括反映企业生产经营情况的产品。

主要产品单位成本表是反映企业年度内生产的主要产品单位成本构成和比较的报表。利用主要产品单位成本表，可以按成本项目分析和考核主要产品单位成本计划的执行情况；按成本项目将本月实际和本年累计实际平均单位成本，与上年实际平均单位成本进行对比，了解单位成本的变动情况，可以分析和考核各种主要产品的主要经济技术指标，进而查明引起主要产品单位成本变动的具体原因。如果企业想了解主要产品成本构成情况和历史最好水平的差异，也可以在表中每个成本项目下增加"历史最好水平"一栏。主要产品单位成本表的格式与全部产品成本分析表类似，只是根据分析需要增加栏目即可，此处不再赘述。可参见笔者主编的《成本管理会计》教材。

在进行产品成本变化分析时，还可以借助于柱状图或饼状图的方式，将不同产品成本项目的构成情况标注在图上看起来更加醒目，如图 7.3 和图 7.4 所示。

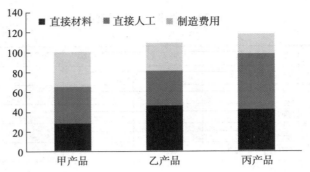

图 7.3 不同产品成本项目分析

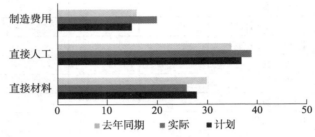

图 7.4 甲产品成本项目对比分析

运用图的方式进行分析时，可以将不同产品成本项目进行对比分析，也可以将同一种产品的成本构成和计划、去年同期，以及历史最好水平或者同行业最好水平进行对比分析，找对标杆，赶超先进，不断提高企业的成本管理水平。

（三）成本变动的影响因素分析

进行成本分析时，除了了解成本项目的变动外，还可以进一步分析各个成本项目变动的原因，进行因素分析。

因素分析法是依据分析指标与其影响因素之间的关系，按照一定的程序和方法，确定各因素对分析指标差异影响程度的一种技术分析方法。

1. 材料成本变动的因素分析

影响材料成本变动的因素有材料的单位成本和消耗量，具体分析时可采用连环替代的方法和差额分析的方法。

【**例 7-3**】 某企业 20××年有关材料费用、产品产量、材料单耗和材料单价的计划和实际资料表 7.10 所示。要求：分析各因素变动对材料费用的影响程度。

表 7.10 材料费用资料

指标	计划	实际
材料费用/元	320 000	369 000
产品产量/件	2 000	2 200
材料单耗/千克	16	14
材料单价/元	10	12

解：根据连环替代法的程序和上述对材料费用的因素分解式，可得出：

第一步，计算分析对象。

实际指标体系：$2\,200 \times 14 \times 12 = 369\,600$（元）

基期指标体系：$2\,000 \times 16 \times 10 = 320\,000$（元）

分析对象：$369\,600 - 320\,000 = 49\,600$（元）

第二步，进行连环替代。

在此基础上，进行连环顺序替代，并计算每次替代后的结果：

替代第一因素：$2\,200 \times 16 \times 10 = 352\,000$（元）

替代第二因素：$2\,200 \times 14 \times 10 = 308\,000$（元）

替代第三因素：$2\,200 \times 14 \times 12 = 369\,600$（元）

第三步，确定各因素对材料费用的影响程度。

产品产量的影响：$352\,000 - 320\,000 = 32\,000$（元）

材料单耗的影响：$308\,000 - 352\,000 = -44\,000$（元）

材料单价的影响：$369\,600 - 308\,000 = 61\,600$（元）

第四步，检验分析结果。

$$32\,000 - 44\,000 + 61\,600 = 49\,600（元）$$

由此可以看出，材料的实际成本比计划高出 49 600 元，主要是由材料的单价提高和产品产量上升引起的。单价提高使得材料多消耗 61 600 元，产量提高导致材料成本增加了 32 000 元，但是由于材料的单位消耗下降使得材料成本降低了 44 000 元，这是个利好因素，企业应该在单耗降低的同时合理寻求降低单价的方法；当然也可能是由于买了质量较高的材料（所以单价较高）使得单耗降低所致，创业者应具体分析原因，以便更好制定降低成本的措施。

采用连环替代法时应注意计算程序的连环性、因素替换的顺序性和计算条件的假定性。

通常各因素的替换顺序是：基本因素在前，从属因素在后；数量因素在前，质量因素在后；实物量指标在前，货币指标在后。而且在测定某一因素变动影响时，是以假定其他因素不变为条件的。

除此之外，还可以采用差额计算法分析材料成本变动的原因。差额计算法是连环替代法的一种简化形式，是利用各个因素比较期与基期之间的差异依次按顺序替换，直接计算出各个因素变动对综合指标变动影响程度的一种分析方法。应用这种方法的要求与连环替代法相同，只是在计算上简化一些。所以，在实际工作中应用得较为广泛。

【例 7-4】 资料同例 7-3，用差额计算法分析各因素变动对材料费用的影响程度。

解：（1）产量变化对材料费用的影响为

$$(2\,200 - 2\,000) \times 16 \times 10 = 32\,000（元）$$

（2）材料单耗变化对材料费用的影响为

$$(14 - 16) \times 2\,200 \times 10 = -44\,000（元）$$

（3）材料单价变化对材料费用的影响为

$$(12 - 10) \times 2\,200 \times 14 = 61\,600（元）$$

（4）各因素的共同影响 = 32 000 − 44 000 + 61 600 = 49 600（元）

2. 直接人工成本变动的影响因素分析

分析产品单位成本中的人工费用，须按照不同的工资制度和工资费用计入成本的方法来进行。

在计件工资制度下，计件单价不变，单位成本中的工资费用一般也不变，除非生产工艺或劳动组织方面有所改变，或者出现了问题；在计时工资制度下，如果企业生产多种产品，产品成本中的工资费用一般是按生产工时比例分配计入的。这时产品单位成本中工资费用的多少，取决于生产单位产品的工时消耗和小时工资率两个因素。生产单位产品消耗的工时越少，成本中分摊的工资费用也越少；而小时工资率的变动则受计时工资总额和生产工时总数的影响，其变动原因需从这两个因素的总体角度去查明。基于这种原因，分析单位成本中的工资费用，应结合生产技术、工艺和劳动组织等方面的情况，重点查明单位产品生产工时和小时工资率变动的原因。

$$直接人工成本 = 单位产品工时 \times 小时工资率$$

关于直接人工成本变动影响因素的分析，原理和直接材料相同，此处不再举例。感兴趣的读者可从《成本管理会计》教材中得到答案。

3. 制造费用变动的影响因素分析

制造费用在多产品生产中通常是间接计入费用，分配标准一般是受益产品所耗用工时。因此，产品单位成本中的制造费用就取决于单位产品工时消耗量和每小时制造费用两个因素。其计算公式为

$$单位产品制造费用 = 单位产品工时消耗量 \times 小时制造费用额（或小时制造费用率）$$

对其成本变动影响因素的分析，原理也和直接材料相同，此处不再举例。感兴趣的读者可从《成本管理会计》教材中得到答案。

三、经营费用表分析

经营费用表分析的主要内容是将企业在一定时期内各种费用的发生额及其构成情况与计划（或预算）数及上年实际数进行对比，反映各项支出的变动情况及变动趋势。创业者可以对制造费用明细表、管理费用明细表、销售费用明细表和财务费用明细表等进行详细分析，判断企业经营费用的开支情况。

进行期间费用增减变动情况分析时，首先，需要计算各项费用具体项目的构成情况，以判断各项费用中应重点关注的费用项目。其次，可以根据各种费用明细表中的资料，将本月实际数与上年同期实际数进行对比，揭示本月实际与上年同期实际之间的增减变化，以便从动态上观察、比较各项费用，特别是一些主要的、重点的费用项目的变动情况和变动趋势。在进行分析时应注意前后期费用指标的口径是否一致，如果不一致，应按照基期或报告期的口径进行调整，调整后再进行比较分析。最后，在对管理费用、财务费用、研发费用和销售费用进行分析时，还应注意对于变动费用项目，应联系业务量的变动，计算相对的节约或超支；对于固定费用项目，可以用实际数与基数相比较，直接确定其绝对差

异,即节约或超支;对于某些支出和损失项目,应结合其抵消数进行分析。这样,通过上述分析,应促使企业不断总结经验,改进企业的生产经营管理,有效控制各种费用支出,最终提高企业的经济效益。

【例 7-5】 某公司销售费用上年同期实际数、本年计划和本年累计实际数见表。

要求:分析该公司销售费用的计划完成情况并进行费用增减变动情况的分析。

解:销售费用计划完成情况及各项目增减变动情况分析如表 7.11 所示。

表 7.11 销售费用计划完成情况及各项目增减变动情况分析　　　单位:元

项目	本年计划数	本年实际数	实际比预算		各项目占总体比重(%)	
			增减金额	变动率(%)	预算数	实际数
运输费	36 000	35 000	-1 000	-2.78	8.23	7.78
装卸费	2 500	2 600	100	4	0.57	0.58
包装费	20 000	19 000	-1 000	-5	4.57	4.22
折旧费	50 000	50 000	0	0	11.43	11.11
修理费	6 000	5 800	-200	-3.33	1.37	1.29
办公费	10 000	9 800	-200	-2	2.29	2.18
保险费	12 000	12 000	0	0	2.74	2.67
广告费	100 000	95 000	-5 000	-5	22.86	21.11
展览费	30 000	32 000	2 000	6.67	6.86	7.11
租赁费	28 000	28 000	0	0	6.4	6.22
物料消耗	3 000	2 800	-200	-6.67	0.69	0.62
专设销售机构经费	60 000	58 000	-2 000	-3.33	13.71	12.89
其他	80 000	100 000	20 000	25	18.28*	22.22
销售费用合计	437 500	450 000	12 500	2.86	100	100

* 进行了尾数调整。

由表 7.11 可以看出,企业的销售费用从整体上并未完成计划,而是超支了 12 500 元,超支率为 2.86%。从各项目的预算执行情况看,运输费、包装费、广告费、专设销售机构经费等均比计划有所减少,超额完成了计划;但展览费和其他经费等则发生了超支。企业须结合销售收入计划和实际的数额进行分析,正常情况下运输费、包装费等应随销售收入的变化而成比例变化,如果企业的销售收入完成了计划,则该两项费用的减少值得肯定,而如果由于广告费和专设销售机构经费的减少导致销售收入未完成计划,从而形成的运输费和包装费的节约则需要企业深入思考;另外,企业需分析展览费超支的原因,并结合广告费的发生一起分析,因为二者对企业产品的销售作用相同;最后,占预算和实际金额都很多的其他销售费用发生了 20 000 元的超支,超支率达 25%,应详细分析其他销售费用的构成,分析其明细项目的变动情况,找出导致其超支的主要原因,以采取措施予以纠正。

 小测试

1. 创业者可以从哪些方面进行销售分析?
2. 全部产品生产成本表可以提供哪些信息?

3. 材料成本、人工成本、制造费用等的影响因素各有哪些？

注释

[1] 王艳茹，应小陆，杨树军. 创业企业财务管理[M]. 北京：中国人民大学出版社，2022：323-324.

[2] 对制造企业来说，其主要经营业务是产品的生产和销售，所以，其主营业务收入是指企业销售商品产品、提供劳务过程中确认的收入；其他业务收入是企业确认的除主营业务活动以外的其他经营活动实现的收入，包括出租固定资产、出租无形资产、出租包装物和商品，销售材料等实现的收入。

[3] 主营业务成本是企业销售商品产品、提供劳务过程中应结转的成本；其他业务成本是企业确认除主营业务活动以外的其他经营活动所发生的支出，包括销售材料的成本、出租固定资产的折旧额及相关的维修费用、出租无形资产的摊销额及发生的其他直接支出、出租包装物的成本或摊销额等。

[4] 非货币性资产交换是指交易双方主要以存货、固定资产、无形资产和长期股权投资等非货币性资产进行的交换。该交换不涉及或只涉及少量的货币性资产。

债务重组指在债务人发生财务困难的情况下，债权人按照其与债务人达成的协议或者法院的裁定作出让步的事项。

盘盈盘亏：企业在会计期末，须按照一定的方法对资产进行盘点（清点），如果实际的资产数目大于账簿中记录的资产数目则发生盘盈；否则，发生盘亏。

[5] 其他货币资金是指除库存现金、银行存款以外的其他各种货币资金，如企业的信用卡存款、存出投资款、外埠存款等。

[6] 可变现净值是指在正常生产经营过程中，以预计售价减去进一步加工成本和预计销售费用以及相关税费后的净值。

[7] 资本公积是企业收到投资者出资额超出其在注册资本或股本中所占份额的部分。

[8] 盈余公积是企业从净利润中提取的盈余公积，等于企业按照法律规定从净利润中提取的法定盈余公积和按照股东会意见提取的任意盈余公积之和。

[9] 按照法律规定，企业可在连续5年的时间内，以税前利润抵补以前年度的亏损。所以，甲服装有限责任公司在2018年9月盈利以后，可以先弥补8月的累积亏损99 500元，剩余部分才需要缴纳所得税。由于本例税前利润补亏后没有剩余，不用缴纳所得税。

[10] 行业景气指数是将反映各行业运行状况的定量指标，如价格、成交量、开工率等或定性指标，如预期、信心等指数化，来反映经济或行业的景气变化。通常景气指数在0~200，100为中间值，高于100视为景气状态，越接近200反映行业经济运行越景气。低于100则是不景气，越接近0景气越低迷。

[11] 资产的流动性是指企业资产转变为现金的速度和价值，是衡量资产质量的重要工具。能迅速转变为现金，且转变金额接近其自身价值的资产，流动性较强；不能或不准备转变为现金的资产，流动性较弱。

[12] 做了尾差调整，以保持前后数据的一致性。

[13] 投资收益是企业在一定的会计期间对外投资所取得的回报。投资收益包括对外投资所分得的股利和收到的债券利息，以及投资到期收回或到期前转让债权所得款项高于账面价值的差额等。

[14] 根据马忠编著《公司财务管理：理论与案例》，机械工业出版社2008年9月第1版83-87页案例改编。

课后讨论

1. 创业者应从资产负债表中看出哪些信息？
2. 利润表向创业者提供了企业哪些信息？
3. 如何开展杜邦分析？杜邦分析体系对你有何启发？
4. 如何进行企业的费用分析？

案例讨论

A 企业近 3 年的主要财务数据和财务比率如表 7.12 所示。

表 7.12　A 企业近 3 年的相关财务比率

	2021 年	2022 年	2023 年
营业收入/万元	3 000	3 300	2 800
总资产/万元	1 200	1 375	1 400
留存收益/万元	400	450	450
所有者权益合计/万元	580	600	600
流动比率	1.15	1.25	1.2
应收账款周转天数/天	18	22	28
存货周转率/次数	8.0	7.5	5.5
债务/所有者权益	1.07	1.29	1.33
长期债务/所有者权益	0.4	0.35	0.35
营业毛利率	20.0%	16.8%	13.4%
营业净利率	7.5%	4.5%	2.4%
总资产周转率	2.5	2.4	2
总资产净利率	18.75%	10.8%	4.8%

假设该企业没有营业外收支和投资收益[13]，所得税率不变，均为 25%。

要求：

1. 分析说明该企业运用资产获利能力的变化及其原因，以及 2023 年期间费用发生的变化。
2. 分析说明该企业资产、负债及所有者权益的变化及其原因。
3. 试从创业者的角度分析，在 2024 年企业应从哪些方面改善其财务状况和经营业绩[14]。

案例点评

企业各项财务比率的计算很容易，只要将数据代入相应的公式中即可得到所需要的指标，但是对各项指标所表示意思的理解，以及指标背后所揭示的经济信息的分析，却需要创业者对财务分析的方法较为熟悉，并具有一定的财务知识。因此，在本案例中直接给出了进行分析所需要计算的不同财务指标，但对财务指标的计算也应该是创业者所要了解的财务知识之一。

1. 企业运用资产获利能力的变化及其原因

（1）首先计算企业 3 年间的股东权益报酬率。要计算股东权益报酬率需要先计算出权益乘数。

权益乘数 $_{2021}$ = 1 200 ÷ 580 = 2.07

权益乘数 $_{2022}$ = 1 375 ÷ 600 = 2.29

权益乘数 $_{2023}$ = 1 400 ÷ 600 = 2.33

股东权益报酬率 $_{2021}$ = 7.5% × 2.5 × 2.07 = 38.81%

股东权益报酬率 $_{2022}$ = 4.5% × 2.4 × 2.29 = 24.73%

股东权益报酬率 $_{2023}$ = 2.4% × 2 × 2.33 = 11.18%

由计算的股东权益报酬率可以发现，企业投资者的报酬水平在逐年下降，由 2021 年的 38.81%下降为 24.73%和 11.18%，3 年间下降了 71%。所以，创业者有必要认真分析企业存在的问题，积极寻求解决对策。

（2）企业在 3 年间运用负债的数目一直在增加，权益乘数逐年加大，说明其充分利用了财务杠杆效应。

（3）股东权益报酬率下降的主要原因是企业总资产净利率的下降。企业总资产净利率的逐年下降，说明其运用资产获利的能力在降低，其原因是资产周转率和营业净利率都在下降，分别由 2021 年的 2.5 次和 7.5%降到 2022 年的 2.4 次和 4.5%，并进而降到 2023 年的 2 次和 2.4%。

总资产周转率下降的原因是应收账款周转天数的延长和存货周转率的下降，3 年中应收账款周转天数由最初的 18 天延长为 22 天和 28 天，存货周转率则由最初的 8 次下降为 7.5 次和 5.5 次。

营业净利率下降的原因是营业毛利率在下降，由最初的 20%下降为 16.8%和 13.4%，尽管在 2023 年大力缩减了期间费用，仍未能改变这种趋势。通过计算可知，2023 年的毛利率比 2022 年减少了 179.2（3 300 × 16.8% − 2 800 × 13.4%）万元，2023 年的净利润比 2022 年减少了 81.3（3 300 × 4.5% − 2 800 × 2.4%）万元，按照企业所得税率25%计算，2023 年的利润总额比 2022 年减少的最大值是 108.4［81.3 ÷（1 − 25%）］万元，即毛利的减少额大于利润总额的减少额接近 70 万元。可知，2023 年的期间费用比 2022 年大约压缩了 70 万元。影响利润总额下降的主要因素是"营业毛利"和"期间费用"，期间费用的减少会导致利润总额上升，下降幅度变小。

2. 企业资产、负债及所有者权益的变化及其原因

（1）该企业资产在增加，由最初的 1 200 万元增长为 1 375 万元和 1 400 万元。主要原因是存货和应收账款在增加，通过查阅企业的资产负债表可以得到其相应的增加额信息。存货和应收账款的增加使企业占用在流动资产上的资金增加，减缓了企业资产周转的效率，降低了企业资产的管理效率。

（2）负债是企业筹资的主要来源，其中主要是流动负债，流动负债占所有者权益的比重由最初的 67% 上升为 94% 和 98%（用债务占所有者权益的比率减去长期债务占所有者权益的比率计算得来，如 2021 年流动负债占所有者权益的比率为 1.07% - 0.4% = 0.67%）。而同期所有者权益增加却很少，3 年间共增加了 20 万元，企业实现的大部分利润均用来进行利润分配，很少用于扩大再生产。

（3）通过负债筹集资金，可以获得财务杠杆效应，在资产报酬率高于负债利率时为投资者带来杠杆收益，但企业应关注流动负债增加所带来的偿还债务的风险，将其控制在可控范围之内。由资料可以看出，企业的流动比率由原来的 1.15 上升至 2022 年的 1.25，但 2023 年又下降为 1.2，说明企业 2023 年偿还短期负债的能力有所降低。

3. 企业在 2024 年改善其财务状况和经营业绩的措施

（1）扩大营业收入。2023 年企业的营业收入在 2022 年增长的基础上大幅度下降，降幅为 500 万元。营业收入的下降是导致应收账款周转天数延长和存货周转率下降的主要原因，通过扩大营业收入可以加速应收账款和存货的周转速度；另外，扩大营业收入也是实现利润增长的有效途径，收入的增长是利润增长的基础，只有企业的营业收入足够大，企业才能够获得足够多的利润。

（2）降低存货。存货增加，不但会增加对企业资金的占用，而且存货是流动资产中变现力最弱的资产，其可能的毁损变质、积压、跌价等风险使企业持有存货的风险加大；另外，持有存货会由于占用资金的增加导致企业机会成本的增加、存货管理成本的增加等，所以，降低存货持有量，会在很多方面降低企业的成本水平。

（3）降低应收账款。应收账款的存在使企业发生坏账的可能性增加，管理应收账款会发生管理成本、机会成本等，所以，减少应收账款可以降低成本费用的发生，以在营业收入相同的情况下增加企业的利润。

（4）增加留存收益。留存收益是企业在经营过程中所创造的，但由于企业经营发展的需要或由于法定的原因等，没有分配给所有者而留存在公司的盈利，它来源于企业的生产经营活动所实现的净利润，是企业资金来源的一个重要方面。作为企业所有者权益的重要组成部分，留存收益的增加可以增加企业的自有资金，增强企业偿还债务的能力。但案例中的企业 3 年内实现的利润很多，却大部分用于利润的分配，而未曾留下来用于企业的生产经营。这样的利润分配制度不利于企业的长远发展，对未来的筹资决策也会有不利的影响，所以，企业在 2024 年应增加留存收益的数额，通过内部积累增加企业发展所需资金。

（5）降低进货成本。从案例的资料可以看出，企业在连续 3 年的经营过程中，进货成本逐年提高，进货成本占销售收入的比重由 2021 年的 80% 提高到 83.2% 和 86.6%（1 - 销售毛利率），从而导致企业营业毛利率的下降，并最终导致营业净利率的下降，也使企业的股东权益报酬率逐年下降。

4. 创业者还可以将企业的相关资料与同行业平均或先进水平进行比较，发现企业经营管理与行业的差距；还可以将企业的以上指标与企业的计划或预算进行比较，寻找实际经营情况与计划或预算的差异形成的原因，进而发现问题，寻求解决问题的对策。

技能训练

资料如第五章计算题目1，其他信息如下：

用银行存款支付新产品研发费用20 000元、市场开拓费用15 000元。

银行借款利率5%，本月支付借款利息5 000元。

用现金支付行政用电话费、办公用品等2 000元。

产品售价60 000元/件，假定6件产品全部销售完毕。企业是小规模纳税人，适用3%的征收率，税金及附加的综合税率为14%，所得税率为25%。

要求：

（1）计算企业本月的净利润。

（2）编制利润表。

第八章 财会制度建设是企业发展的基础

学习目标

知识目标：了解企业财务会计制度的内容，熟悉制度建设的规范。
能力目标：正确设计企业的财务会计制度，规范企业日常财会管理。
素养目标：树立制度基础的概念，规范企业的财务会计工作。

故事思考

小杨是一个管理咨询公司的老总，企业已顺利经营几年，并开始盈利。2018年，他的一个大学同学小李博士毕业，在读博期间做了一个国家社科基金项目，结项成果是一套针对双创教育的评估体系。鉴于是国家基金项目的结项报告，加上目前的双创热，小杨就想把这套评价体系用起来，于是和小李合伙成立了一家教育研究院（合伙企业），小李以技术入股占40%，不参与企业的任何经营活动。截至2020年上半年评价体系卖出了2套，小李感觉小杨的推广力度不够、要求退股。此时企业账上有25万元的利润，在办理变更手续的时候小杨才了解到，需要按照40%的比例分给小李并缴纳所得税。

课程思政点

复盘整个经营过程，小杨发现：第一，评估体系主要销售给了其做咨询公司时的老客户，由于是对老客户营销，所以，整个营销过程中的支出小杨都没有入研究院的账，很多就是自己请客户吃饭，当作了对客户关系的维护，没开过发票报销；第二，因为小杨同时还是管理咨询公司的老总，研究院创办2年多来他没领过1分钱的工资；第三，日常参加国内一些会议或培训的支出也是小杨自己掏的腰包，没有从研究院报销过；第四，因为购买评价体系的学校是通过支票支付的款项，小杨找税务部门代开了销售发票。

请思考：
1. 教育研究院是否应专门进行会计核算？谁来负责这个工作呢？
2. 研究院在目前的管理过程中存在哪些问题？应该如何改进？

从本章的开篇故事可以看出，小杨的研究院没有进行成本核算，没有专门的市场营销，对于企业的财务问题基本没有进行管理，由此引发了朋友间的分歧。实际工作中，创业企业需要遵循法律法规的要求进行会计核算，做好财务管理。

"没有规矩，不成方圆"，创业企业的财会工作也是如此。制度是一种导向，好的制度可以使坏人变好。创业企业需要建设的制度很多，本书只涉及会计制度和财务制度两个方面。

第一节　会　计　制　度

会计制度是指导会计工作、规范会计行为的法则，是会计工作应遵循的原则、方法、程序和规程等的总称，是经济管理制度的重要组成部分。企业需要设计的会计制度包括会计信息系统、内部控制系统、主要业务内部控制和流程、会计组织系统、电算化会计系统以及成本核算制度等内容。

一、会计信息系统设计

（一）会计信息系统的概念

会计信息系统是对企业各种交易或事项产生的会计数据，按特定的方法和程序、加工处理成会计信息，并向会计信息用户提供的系统。会计信息系统可以是人工的，也可以是电子化的。手工系统数据和信息的载体是纸张构成的原始单据、记账凭证、会计账簿、会计报表等。电算化的会计信息系统拥有迅速强大的数据处理和储存能力，一般由计算机硬件、软件、操作人员、操作规程等组成，具有速度快、精度准、效率高、记忆力强等优点。

（二）会计信息系统的流程

会计信息系统的流程可以分为数据搜集、数据加工和储存、信息生成三个阶段，如图 8.1 所示。

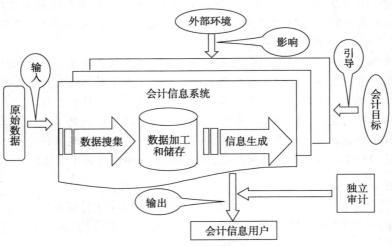

图 8.1　会计信息系统的流程

交易或事项发生后，要取得或填制原始凭证，用以证明经济业务的发生或完成情况。会计数据进入会计信息系统后，需要编制记账凭证进行初步归类，再根据记账凭证将交易或事项数据在会计账簿中分门别类地记录。同时，企业为定期总括地反映其经济活动，及时向信息使用者提供信息，需要对账簿系统储存和计算的数据进一步加工整理，生成会计信息，以一套完整会计报告的形式披露出来，报告给信息使用者。

会计信息系统在运行过程中会受到会计目标的引导，接受独立审计的监督。

（三）会计信息系统设计的内容

为保证会计信息系统的正常运行，需要事先设置会计科目，选择合适的会计凭证和账簿及会计报表的种类，设计特定的会计核算组织程序。

（1）会计科目的设置。一级科目直接采用财政部规定的会计科目表规定的科目名称，明细科目则根据企业核算的具体要求进行设置，并可以根据企业经济业务的繁简程度设置二级、三级或多级的科目。

（2）会计凭证的设置。可以采用统一的记账凭证，对所有经济业务进行账务处理；也可以分别采用收付转的专用凭证，分别收款凭证、付款凭证和转账凭证对不同类别的业务单独进行核算。

（3）会计账簿的设置。一般来说，单位应该设置日记账、分类账和备查账。日记账起码要有现金日记账和银行存款日记账，采用电算化进行核算的单位，可以对所有业务都采用日记账的方式进行处理，登记普通日记账；总分类账是全面总括反映各类资金及经济业务状况的账簿，对分类账和日记账起到统驭和控制的作用；明细分类账则是明细反映企业某类经济业务的账簿，对总分类账起着补充和详细说明的作用；备查账簿是对那些在日记账和分类账等主要账簿中未能记载的事项进行补充登记的账簿，可以根据企业实际需要灵活进行设计。

（4）会计报表的设置。按照对外报告的要求，需要编制的基本报表有资产负债表、利润表、现金流量表和所有者权益变动表，小企业必须编制的报表有资产负债表和利润表。同时，企业可以根据管理的需要编制销售分析表、产品成本分析表、经营费用分析表等内部报表。

（5）会计核算组织程序的设置：会计核算组织程序是在会计核算中把会计凭证、会计账簿、会计报表、记账程序和记账方法有机结合起来的技术组织方式。在设置会计核算组织程序时，要决定会计账簿的种类、作用和各账簿之间的关系；确定原始凭证和记账凭证的种类、格式及其与账簿的联系；确定报表的编制程序及凭证传递、账簿登记、报表编制等项工作的先后顺序。

二、内部控制系统设计

内部控制是由企业董事会、监事会、经理层和全体员工实施的，旨在实现控制目标的过程。内部控制目标是合理保证企业经营管理合法合规、资产安全、财务报告及相关信息真实完整，提高经营效率和效果，促进企业实现发展战略。内部控制系统是由一系列要素构成的整体框架，是一种完整的管理体系。企业的内部控制系统包括企业层面、附属企业层面和业务层面。大多数初创企业没有附属企业，所以本书不涉及附属企业的内部控制；业务层面的内部控制

视频 8.1　内部控制设计

会在下一个问题具体讨论,此处只涉及企业层面的内部控制体系。

企业层面的内部控制体系包括公司治理机制、组织机构、权责分配体系、人力资源政策、风险管理机制、预算管理制度、信息系统及沟通机制等。

内部控制的基本结构和框架如图8.2、图8.3所示。

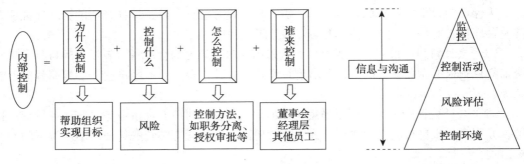

图8.2 内部控制的基本结构　　　　图8.3 内部控制的框架

(一) 公司治理结构设计

企业应根据国家法律法规和企业章程,结合自身股权关系和股权结构,设立股东大会、董事会、监事会、经理层等公司治理结构,并明确各自的职责、任职条件、议事规则和工作程序,确保决策、执行和监督相互分离、有机协调,并按照法律法规和企业章程的规定行使职权。

企业应在董事会下设审计委员会。审计委员会负责审查企业内部控制,监督内部控制的有效实施和自我评价情况,协调内部控制审计及其他相关事宜等。同时加强内部审计工作,在企业内部形成有权必责、用权受监督的良好氛围。审计委员会负责人和内部审计机构应具备相应的独立性。

(二) 内部组织机构设计

内部组织机构须覆盖组织活动的全过程,包括计划与决策的制定和执行、控制和监督,还须覆盖战略管理层、战术管理层和作业管理层。

在设置企业内部各部门时,应合理配置各部门的权责利关系,形成各司其职、各负其责、相互协调、相互制约的工作机制;应避免设置业务重复或职能重叠的机构,将管理层次保持在合理水平;对各部门职责进行合理分解,编制岗位职责说明书,明确各职责的名称、职位、岗位要求、工作内容、主要权限、任职条件和沟通关系等。

企业应制定并公布组织结构图、员工手册、业务流程图、岗位职责说明书和权限指引等内部管理制度或相关文件,使企业员工了解和掌握组织架构设计及权责分配情况,促进企业各阶层员工明确职责分工,正确行使职权。

(三) 责任分配与授权体系设计

企业应建立岗位制,明确岗位职责及其分工情况,确保不相容岗位相互分离、制约和监督。明确所有岗位的主要职责、资历、经验要求等,并定期组织内部各单位、各部门对工作岗位进行分析，确保各岗位配备胜任人员，避免因人设岗。明确划分部门间、岗位间、上下级之间的职责，建立职责分离、横向与纵向相互监督制约的机制，涉及资产、负债、财务和人员等的重要事项变动均不得由一人独自决定；根据经验对于某些控制薄弱、易发生舞弊行为的岗位实行轮岗制度或强制休假制度；对于在技术、市场、管理等方面涉及或掌握企业知识产权、专有技术、商业秘密等的工作岗位，企业应与该岗位工作人员签订有关岗位保密协议，明确其保密义务。

有条件的企业可以设立独立的法务部门或岗位，统一管理各类授权、授信的法律事务，制定和审查法律文本，对新业务的推出进行法律论证，确保各项业务的合法有效。

（四）人力资源政策设计

人力资源政策设计的核心是建立一套科学的人力资源制度和机制，不断优化人力资源结构，实现人力资源的合理布局和配置。设计良好的人力资源政策至少应包括：岗位职责和任职要求明确规范，需求计划科学合理；招聘及离职程序公开、透明；考核制度科学合理，能够引导员工实现企业目标；培训工作能够提高员工道德素养和专业胜任能力；薪酬与考核挂钩，薪酬制度能保持和吸引优秀人才，并符合国家有关法律法规的要求，薪酬发放标准和程序应规范；对违反行为准则的任何事项，制定纪律约束与处罚措施；制定适合不同层级人员的职业操守准则或行为守则；人力资源需求计划，能与企业战略目标、发展方向、经营要求、机构变更等相适应，并考虑进行一定的人才储备。

（五）风险管理机制设计

企业风险管理机制应包括风险管理目标的设定、风险识别、风险分析和风险应对。

企业应根据战略目标、年度经营计划和各业务层次的具体目标，设定风险管理目标，合理确定企业整体风险承受能力和具体业务层次上的可接受风险水平；并全面、系统、持续地收集信息，结合实际情况及时识别风险；采用定性与定量相结合的方法对风险进行分析和排序，确定重点关注和优先控制的风险；结合风险成因等综合运用风险规避、风险降低、风险分担和风险承受等风险应对策略，实现对风险的有效控制。

企业按规定的程序和方法开展风险评估后，可结合业务流程、风险因素、重要性水平和风险应对策略，在对可能存在的风险进行分析的基础上，设立风险清单，建立企业风险数据库，为持续开展和不断改进风险评估提供充分、有效的数据支持。

（六）预算管理制度设计

全面预算管理设计包括全面预算的组织和管理体系、全面预算编制、全面预算执行、全面预算考核等环节。将在后文详细阐述。

（七）信息系统及沟通机制设计

企业建立与实施内部控制，应利用现代管理手段，开发信息系统，优化管理流程，减少人为操纵因素，不断提高内部控制效能。应加强信息系统建设的组织领导，加大投入，明确相关部门和单位的职责权限，建立有效的工作机制；根据发展战略，结合组织架构、业务范围、地域分布、技术能力等因素，制订信息系统建设整体规划，明确系统开发、运行与维护中的主要风险点，采取相应措施，实施有效控制。企业应将内部控制相关信息在企业内部各管理层次、责任单位、业务环节之间进行沟通和反馈。

设计良好的沟通机制需要建立多渠道的沟通平台，需要有效的沟通方式和沟通技巧。企业可采取互联网、内部网络、电子邮件、电话、传真、信息快报、通知、文件、会议、专题报告、调查研究、员工手册、教育培训、内部刊物等多种方式，实现信息的及时传递和共享；还可以通过团建、微信等非正式渠道进行内部沟通，拉近员工间的距离。

企业应建立良好的外部沟通渠道，对来自外部的订单、合同、建议、监管、投诉等信息进行记录、处理和反馈。

三、主要业务内部控制和流程设计

在业务层面，企业的经营活动一般包括货币资金、采购、存货、销售、投资、固定资产、无形资产、筹资、担保、工程项目等业务循环。在进行主要业务内部控制设计时，要根据业务涉及环节面临的风险点，找出关键的控制点，设计合理的制度和流程，对风险点进行管控。鉴于初创企业涉及的担保和工程项目业务不多，此处不再赘述。感兴趣的读者可以自行阅读《会计制度设计》的教材。货币资金业务和筹资业务、存货业务、固定资产和无形资产业务的内部控制会在下一节财务制度设计中予以讲解。

（一）采购业务

采购业务一般涉及请购与审批、询价与采购、结算与付款等环节，采购业务内部控制的目标是为了保证采购业务的合法合规，保证采购业务中相关资产的安全完整以及业务的合理性，努力提高采购业务的效益性。由此需要从以下几个方面予以关注。

（1）采购业务的职权分工。企业应建立采购业务的岗位责任制，明确相关部门和岗位的职责权限，确保办理采购业务的不相容岗位相互分离、制约和监督，同一部门或个人不得办理采购业务的全过程。

（2）采购业务的授权审批。企业应建立采购业务的授权和审批制度，对采购申请、采购计划、询价谈判、合同签订、结算付款等进行授权审批，明确授权审批的方式、权限、程序、责任和相关控制措施，规定经办人办理业务的职责范围和工作要求。审批人员应根据授权审批制度进行审批，经办人员应在职责范围内，按审批人的批准意见办理采购业务；技术性较强的采购业务需要组织专家进行论证。采购业务的各个环节应保持完整的记录、填制相关凭证，加强请购手续、采购订单、验收证明、入库凭证、采购发票等文件和凭证的相互核对工作。

（3）请购与审批控制。企业应建立采购申请制度，依据购置商品或服务的类型，确定归口管理部门，授予相应的请购权，明确相关部门或人员的职责权限及请购程序；采购需求应与企业生产或销售计划相适应，考虑库存量水平，结合经济批量编制请购单；并加强对采购的预算管理，对预算外项目，应明确审批权限。

（4）供应商维护与采购控制。企业应建立供应商评价和维持制度，由采购部门、请购部门、生产部门、财会部门、仓储部门等共同对供应商进行评价，根据评价结果调整供应商；企业应根据商品或服务的性质及供应商情况确定采购方式、明确采购价格形成机制，大宗商品或服务应采用招标方式确定采购价格，签订招标合同，明确招标的范围、标准、实施程序和评价规则；一般物品采用询价或定向采购的方式并签订合同；小额零星物品或服务采用直接购买方式。企业应充分了解供应商信誉、供货能力、价格、质量、供货条件、装备技术水平和售后服务等方面的信息，按规定的授权审批程序确定供应商。

（5）结算与付款控制。财会部门应参与商定对供应商结算和付款条件。采购部门在办理结算和付款业务时，应对相关凭证进行严格审核，提交付款申请，财会部门进行复核后提交审批，办理付款；企业应建立预付账款和定金的授权审批制度，加强预付账款和定金的管理；应加强应付账款和应付票据的管理，由专人按约定付款日期、折扣条件等管理应付款项；建立退货管理制度，对退货条件、退货手续、货物出库、退货货款回收等作出明确规定，及时收回退货货款；应定期与供应商核对账目。

（6）采购业务的监督检查。企业应建立对采购业务内部控制的监督检查制度，明确监督检查机构或人员的职责权限，定期不定期进行检查，检查内容包括相关岗位及人员的设置情况，授权审批制度的执行情况，应付账款和预付账款管理，以及有关单据、凭证和文件的使用和保管情况。

（二）销售业务

销售业务一般涉及销售、发货、结算、收款等环节，通过内部控制以保证销售业务的合法合规、合理有效，保障商品和货款的安全完整，提高销售业务的效益性，维持良好的客户关系。

（1）销售业务的职责分工和授权审批。企业应建立销售业务的岗位责任制，明确相关部门和岗位的职责、权限，确保不相容岗位相互分离、制约和监督；将办理销售、发货、收款三项业务的部门分设，任何一个部门或岗位不得办理销售业务全过程；建立销售业务授权审批制度，明确授权审批的方式、权限、程序、责任和相关控制措施；配备合格人员办理销售业务。

（2）销售与发货控制。企业应制定销售目标，建立销售管理岗位责任制，明确有关部门或岗位在订单处理、信用评估、签订合同、开票发货、客户服务等作业中的职责权限，确保销售和发货业务按照规定程序办理。销售部门接到客户订单后，应依据授权范围决定是否接受订单，对已受理的订单填制销售通知单，要求客户在收款部门办理款项预付及结算手续；企业应充分了解客户的信用状况和财务状况，加强赊销管理；建立销售定价控制制度，制定价目表、折扣政策、收款政策，定期审阅并严格执行；定期做好销售与发货环节的相关记录，加强销售订单、销售合同、销售计划、销售通知单、发货凭证、运货凭证、销售发票等文件和凭证的相互核对。

（3）收款控制。企业应及时办理货款结算和收款业务，建立应收账款账龄分析制度和逾期催收制度，按企业会计准则规定计提坏账准备，结合销售政策和信用政策明确应收票据的受理范围和管理措施，并定期抽查、核对销售业务记录、收款记录等，及时发现并处理收款业务中存在的问题。

（4）销售退回与折让控制。企业应建立销售退回和折让管理制度。退回折让必须经授权审批方可执行，退回的货物应经质监部门和仓储部门清点后方可入库，企业还应对存货原因进行分析并明确相关部门和人员的责任。

（5）销售业务内部控制的监督检查。企业应建立对销售业务内部控制的监督检查制度，明确监督检查机构或人员的职责权限，定期不定期进行检查，检查内容包括相关岗位及人员的设置情况，授权审批制度的执行情况，销售管理情况，收款管理情况，以及销售退回与折让的管理情况。

（三）投资业务

投资业务一般涉及拟定投资方案、进行可行性论证、投资方案决策、投资计划编制与审批、投资计划实施、投资处置等环节，其内部控制的目标是防范投资决策风险，控制合规性风险，保护投资资产安全，合理安排与投资有关的资产结构，对投资及其收益进行确认等。

（1）投资业务的职责分工和授权审批。企业应建立投资业务的岗位责任制，明确相关部门和岗位的职责、权限，确保不相容岗位相互分离、制约和监督。企业应配备合格人员办理对外投资业务；建立投资授权审批制度，按规定的权限和程序办理投资业务；并保持完整的记录和凭证，如实记载投资业务各个环节的开展情况。

（2）投资可行性研究、评估与决策控制。企业应加强对投资可行性研究、评估与决策环节的控制，对投资项目建议书的提出、可行性研究、评估、决策等作出明确规定，确保投资决策合法、科学、合理。企业因战略发展需要，在原有投资基础上追加投资的，仍应严格履行控制程序。投资计划必须进行严格审批；有条件的企业可设立投资审查委员会或类似机构，对达到一定标准的投资项目进行初审，只有经过初审的项目才能提交上一级机构进行审批。

（3）投资执行控制。企业应制订投资实施方案，明确出资时间、金额、出资方式及责任人员等内容；指定专职部门或人员保管投资资产，保持详细的记录，并对投资项目进行跟踪管理，掌握被投资方的财务状况、经营情况和现金流量，定期组织投资质量分析；并可根据管理需要和有关规定派出董事、监事、财务负责人或其他管理人员；投资账户调整和投资收益计算按会计准则进行；企业应定期不定期与被投资方核对有关投资账目，保证投资的安全完整。

（4）投资处置控制。企业应对投资收回、转让、核销等的决策和授权审批程序作出明确规定，对应收回的投资资产及时足额收取；应认真审核与投资处置有关的审批文件、会议记录、资产回收清单等相关资料，确保资产处置真实合法；并建立投资项目后续跟踪管理评价制度。

（5）投资业务的监督检查。企业应加强对投资业务内部控制的监督检查，明确监督检查机构或人员的职责权限，定期或不定期进行检查。

四、会计组织系统设计

会计组织系统设计的目标主要包括设置会计机构、划分会计岗位、建立岗位责任制、配备会计人员、制定会计管理制度等。

（一）会计机构设置

按照2024年7月1日起施行的《中华人民共和国会计法》的规定："各单位应当根据

会计业务的需要，依法采取下列一种方式组织本单位的会计工作：①设置会计机构；②在有关机构中设置会计岗位并指定会计主管人员；③委托经批准设立从事会计代理记账业务的中介机构代理记账；④国务院财政部门规定的其他方式。"

（二）会计人员配备的设置

会计人员是从事会计工作、处理会计业务、完成会计任务的人员。一个单位无论是否设置会计机构均应有从事会计工作的人员，从事会计工作的人员具备一定的专业素质。

（1）会计人员的工作职责。会计人员的主要工作职责包括以下内容：进行会计核算，实行会计监督，拟定本单位办理会计事务的具体办法，办理其他会计事务等。

（2）会计人员的岗位责任制。企业应在会计机构内部按照会计工作的内容和会计人员的配备情况，将会计机构的工作划分为若干个岗位，并为每个岗位规定职责和要求的责任制度。会计人员的工作岗位一般可分为：会计机构负责人、出纳、财产物资核算、工资核算、成本费用核算、财务成果核算、资金核算、往来结算、总账报表、稽核和档案管理等。这些岗位可以一人一岗，一人多岗或多人一岗，各单位可根据自身的特点具体确定。为贯彻内部牵制原则，出纳人员不得兼管稽核、会计档案保管和收入、支出、费用、债权债务账目的登记工作。实行会计人员岗位责任制，还要求会计人员之间有计划地进行轮换，以便全面了解和熟悉单位的各项会计工作，提高业务水平，也便于相互协作，提高工作效率。

（3）会计人员的职业道德。会计人员在会计工作中应坚守职业道德，树立良好的职业品质，做到爱岗敬业、诚实守信、廉洁自律、客观公正、坚持准则、提高技能、参与管理和强化服务。

（三）内部会计管理制度的设置

内部会计管理制度的内容包括会计监督制度、内部稽核制度、成本费用控制制度、财产管理制度、计量验收制度、定额管理制度、岗位责任制度、绩效考评制度、预算管理制度、计划分析制度、会计档案管理制度、会计工作交接制度等内容。这些制度有的已经在内部控制部分做过陈述，有的将放在财务制度方面展开，此处只介绍与会计组织系统相关的管理制度。

1. 会计监督制度的设计

会计监督制度的内容至少应该包括对会计凭证、账簿的审核和监督，对实物款项的监督，对财务报告进行监督，对财务收支行为进行监督，对经济活动以及预算和计划进行监督。

2. 内部稽核制度的设计

稽核制度是在会计机构内部指定专人对有关会计凭证、会计账簿进行审核、复查的一种制度，主要内容包括稽核工作的组织形式和具体分工、稽核工作职责和权限、稽核工作程序和方法、稽核结果处理和使用等。

3. 会计档案管理制度的设计

企业应根据《中华人民共和国会计法》和《会计档案管理方法》的规定，建立本单位会计档案的整理、保管、利用和销毁制度，保证会计档案的妥善保管、有序存放、方便查阅，严防毁损、散失和泄密。

4. 会计工作交接制度

在会计人员因调动工作或离职时，为保证会计工作的连续性，防范因会计工作交接可能出现的混乱，各单位应设计严格完善的会计工作交接制度，做好工作交接前的准备工作，规范交接工作的程序和内容，做好工作交接的监交——一般会计人员交接时应由会计主管人员监交，会计主管人员交接时应由单位负责人监交。

五、电算化会计系统设计

电算化会计是以电子计算机为主，将当代电子技术和信息技术应用到会计实务中的简称，使用计算机代替人工记账、报账、算账，并替代部分由人脑完成的对会计数据及会计信息进行分析和判断的行为。目前，电算化会计系统在企业的普及程度越来越高，为保障电算化会计的工作质量，需要做好电算化会计系统的设计工作。

（一）电算化会计信息系统的设置

电算化会计信息系统是一个由硬件、软件、从业人员和规程等构成的，组织处理会计数据，为企业外部信息用户提供会计信息，服务于内部经营管理的人机系统。其基本结构如图8.4所示。

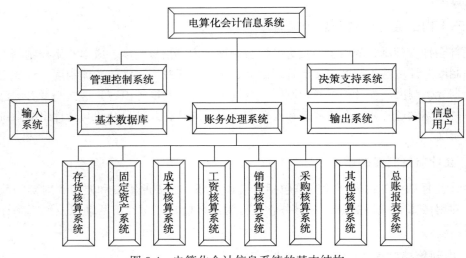

图 8.4 电算化会计信息系统的基本结构

电算化会计信息系统一般包括管理控制系统、决策支持系统和账务处理系统三个子系统，各系统既相互独立，又彼此联系。

（二）电算化会计组织系统的设置

电算化会计系统组织结构主要是指组织机构设置以及责任与权力的分配。初创企业主要靠购买商品化会计软件或聘请软件开发公司帮助其建立电算化会计系统，因此，在财务部门内部配以专职维护员、操作员来运行已建立起来的电算化会计系统即可，不用设置专门的信息部门。

会计电算化后的工作岗位可分为基本会计岗位和电算化会计岗位。基本会计岗位的设置同前述"会计人员配备的设置"部分内容相当，电算化会计岗位包括直接管理、操作、维护计算机及会计软件系统等。

为规范电算化会计系统的操作，保证信息处理质量，企业应制定会计电算化操作管理制度，包括操作人员职责、操作人员权限、操作规程及其他操作管理制度等。

（三）电算化会计控制系统的设置

电算化会计系统的内部控制按照控制实施的范围可分为一般控制和应用控制。

一般控制是建立对电算化会计系统活动整体控制的框架环境，为达到内部控制整体目标提供基础保障。一般控制制度的设计通常包括组织控制、系统安全控制、工作环境控制、文件档案控制等方面内容。

应用控制是对电算化会计系统的应用操作建立控制活动，确保全部的经济业务都经过授权和记录，并进行完整、准确和及时的处理，包括输入控制、处理控制和输出控制三个基本内容。

六、成本核算制度设计

成本核算主要包括生产费用的核算和产品和劳务成本的计算，因此，成本核算制度主要围绕如何确定以上内容展开，包括成本核算基础制度和成本核算计算制度。

（一）成本核算基础制度

成本核算基础制度设计的主要内容包括：成本开支范围的设计、定额管理制度的设计、成本费用原始记录制度的设计、内部结算业务制度的设计，以及业务管理制度设计等。

（1）成本开支范围的设计。成本核算首先必须确定哪些支出可以计入产品成本。企业应根据国家的有关规定，结合自身特点设定适合于本企业的成本开支范围。不同行业企业的成本开支范围见本书第五章第二节的内容，此处不再赘述。

（2）定额管理制度的设计。企业应建立健全定额管理制度。制造企业的消耗定额主要包括材料消耗定额、劳动定额、设备利用定额和费用定额等。

（3）成本费用原始记录制度的设计。包括设置、运用材料消耗、工时消耗、费用支出和废品损失以及产品转移、产成品完工入库的原始凭证，并认真记录和审核，保障成本费用核算的完整、真实与合理。

（4）内部结算业务制度的设计。企业内部各部门之间发生经济往来时，为准确考核内部各单位的经营业绩，需要采用适合的内部结算价格进行相应结算，比如，按照市价扣除相应的销售费用和税金作为计价依据，也可以按照计划成本加上预测利润作为计算价格。

内部结算价格应尽可能接近实际并相对稳定。

（5）业务管理制度的设计。有关成本核算的业务管理制度主要包括存货管理制度、固定资产管理制度、工资管理制度、费用管理制度等，可参见本节"主要业务内部控制"部分。

（二）成本核算计算制度

成本核算计算制度包括成本计算对象、成本计算期、成本项目、成本计算方法体系的设计，生产费用归集、分配方法的设计，生产费用归集分配和成本计算中使用凭证的设计等。

企业应根据自身的生产类型和特点选择成本计算对象，成本计算对象可以是产品品种、批别，生产步骤等；成本计算期可以与生产周期一致或者与会计期间一致；成本项目则根据生产经营特点的不同进行设置，一般的制造类企业需要设置直接材料、直接人工、制造费用等；成本计算方法可以采用品种法、分批法和分步法。无论采用何种成本核算方法，企业均应针对成本计算过程中涉及的不同环节设计相应凭证、进行完整记录，保证成本计算的正确性。成本计算的示例见本书第五章。

企业还可以根据业务发展需要建立标准成本制度或责任成本制度，计算产品或服务的标准成本，及各责任单位的责任成本。

1. 什么是会计信息系统？它的流程分为哪三个阶段？
2. 会计信息系统设计的内容包括哪些？
3. 内部控制的框架应包括哪些部分？
4. 会计组织系统设计的目标是什么？
5. 什么是电算化会计？
6. 成本核算基础制度和成本核算计算制度各包括哪些方面的内容？

第二节　财　务　制　度

财务制度是企业组织财务活动、处理财务关系的各种制度的总称。一般包括资金管理制度、资产管理制度、成本费用管理制度、收入利润管理制度、预算管理制度、股权激励制度等内容。

一、资金管理制度

资金管理制度是针对企业筹集资金和使用资金而设计的一系列制度的统称。由于企业财务管理的对象就是资金，因此，资金管理制度是企业内部财务制度的核心内容，其目的是在保证资金安全完整的情况下，既要满足企业生产经营过程中对资金的需求，又要尽可能提高资金的使用效益。其内容应包括筹资管理制度、货币资金管理制度、资金预算制度等。资金预算制度会在预算管理部分详述。

（一）筹资管理制度

为保证筹资活动的有效、合理进行，企业应建立有关制度。筹资管理制度通常涉及拟定筹资方案、进行可行性论证、筹资方案审批、编制筹资计划、执行筹资方案、筹资活动评价与责任追究等内容。

（1）筹资计划制度。筹资计划是在对企业短期和长期所需资金进行预测的基础上，分析计算不同筹资方式的筹资成本、筹资风险，选择适合企业的筹资方式，并确定在什么时候，用什么方式，筹集多少数量的资金。筹资计划的编制可以使企业用尽可能低的代价，取得所需资金，并能有效防范风险。一项完整的筹资计划应包括：企业资金需求量的预测、筹资方式的选择及筹资数量安排、筹资程序及时间安排、筹资前后企业资金结构及财务状况的变化、筹资对企业未来收益的影响等。

（2）筹资业务的职责分工和授权审批制度。企业应建立筹资业务的岗位责任制，明确相关部门和岗位的职责、权限，确保不相容岗位相互分离、制约和监督。同一部门或个人不得办理筹资业务的全过程；企业应配备合格人员办理筹资业务；对筹资业务建立严格的授权审批制度，明确授权审批的方式、权限、程序、责任和相关控制措施，规定经办人的职责范围和工作要求；制定筹资业务流程，明确各个环节的内控要求。

（3）筹资决策控制制度。企业应加强对筹资决策的控制，对拟定筹资方案、筹资决策程序等作出明确规定；重大筹资方案应进行风险评估，形成评估报告，报董事会或股东大会审批；建立筹资决策责任追究制度；对重大筹资项目进行后期评估，明确相关部门及人员职责。

（4）筹资执行控制制度。企业应加强对筹资执行环节的控制，对筹资合同的订立与审核、资产的收取等作出明确规定；按照筹资合同及时足额取得相关资产，并按筹资方案规定的用途使用所筹资金。

（5）筹资偿付控制制度。财会部门应严格按照筹资合同规定的本金、利率、期限及币种计算利息、租金，经有关人员审核确认后，与债权人核对；应结合偿债能力、资金结构等，保持足够的流动性和支付能力；发行债券筹资的，应合理选择债券种类，对还本付息方案作出系统安排，确保按期、足额偿还到期本金和利息；股利分配政策的拟定，应兼顾投资者近期和长远利益，避免分配过度或不足；以非货币资产偿付本金、利息、租金或支付股利时，应由相关机构或人员合理确定价值，报经审批；以抵押、质押方式筹资，应对抵押物资进行登记。

（二）货币资金管理制度

货币资金包括生产经营过程中货币形态的库存现金、银行存款和其他货币资金。对货币资金的内部控制要保证其安全性、完整性、合法性和效益性，由此需要建立以下制度。

（1）货币资金业务的职责分工和授权审批制度。企业应建立货币资金业务的岗位责任制，明确相关部门和岗位的职责权限，确保办理货币资金业务的不相容岗位相互分离、制约和监督，任何人不得办理货币资金业务的全过程。同时应建立货币资金的授权和审批制度，按规定权限和程序办理资金收支，审批人应在授权范围内审批，不得越权；授权审批的方式、权限、程序、责任和相关控制措施应以书面形式公开。涉及货币资金支付的业务应按照申请、审批、复核和支付的程序进行。

（2）票据管理制度。企业应加强与货币资金相关的票据管理，明确票据的购买、保管、领用、背书转让、注销等环节的职责权限和处理程序，并专设登记簿进行记录，防止空白票据遗失和被盗用；对收取的重要票据，应留有复印件并妥善保管；不得跳号开具票据，不得随意开具印章齐全的空白支票。应加强银行预留印鉴的管理，财务专用章应由专人保管，个人名章应由本人或其授权人保管，不得由一人保管支付款项所需要的全部印章。

（3）库存限额的管理制度。企业应加强库存现金限额的管理，建立上下限额标准，超过上限时应及时存入银行；应根据相关规定结合企业实际情况，确定现金收支范围和限额；借出的现金应严格审批程序，严禁擅自挪用、接触货币资金；不得用不符合财务制度规定的凭证顶替库存现金；企业取得货币资金收入应及时入账，支付现金时可从库存现金中支付或从银行提取，不得坐支现金，有条件的企业，可实行收支两条线和集中支付制度，加强对货币资金的统一管理；企业应定期不定期对现金进行盘点，确保现金账面余额与实际库存数相符。

（4）账户管理制度。企业应严格按照有关规定，加强对银行账户的管理，严格按规定开立账户，办理存款、取款和结算，加强对银行结算凭证的填制、传递及保管等环节的管理与控制；并指定专人定期核对账户，每月至少核对一次，编制银行存款余额调节表，指派对账人员以外的其他人员进行审核；企业应严格遵守财经纪律，不得签发没有资金保证的票据或者远期支票，套取银行信用，不得签发、取得和转让没有真实交易和债权债务的票据，不得无理拒付货款，任意占用他人资金，不得违规开立和使用银行账户；实行网上交易、电子支付等方式办理货币资金支付业务时，应与承办银行签订网上银行操作协议，明确双方在资金安全方面的责任与义务、交易范围等。

（5）岗位责任制。企业应通过加强审查，明确责任人、建立岗位责任制，规范会计核算，实施必要的监控管理，保留统一调度权，坚持"收支两条线"等方式加强对其他货币资金的管理。

（6）检查监督制度。企业应建立与货币资金有关的监督检查制度，明确监督检查机构或人员的职责权限，定期不定期进行检查，检查内容包括相关岗位及人员的设置情况，授权审批制度的执行情况，支付款项印章的保管情况，票据保管情况等，对检查中发现的薄弱环节或缺陷问题，及时采取措施，加以纠正和完善。

视频 8.2 资产管理制度

二、资产管理制度

资产管理制度应主要包括、存货管理制度、应收账款管理制度、固定资产管理制度、无形资产管理制度等，货币资金管理制度如上所述。

（一）存货管理制度

存货是企业为出售或耗用而持有的流动资产。存货主要业务包括验收入库、储存保管和发出等环节，涉及采购、生产、仓储、销售、财会等多个部门。通过存货管理制度设计应保证存货业务的合法合规以及各项存货的安全性，使存货核算按照规定的计价方法进行，合理确定存货价值，加速存货周转，提高资金效益，保持完整的存货记录以对外提供信息。因此，需要从存货的职权分工和授权审批、验收入库、储存保管、领用发出、盘点与处置，以及存货核算制度设计等方面加强管理。

（1）存货的职权分工和授权审批制度。企业应建立健全存货业务的岗位责任制，明确相关部门和岗位的职责、权限，确保不相容岗位相互分离、制约和监督；建立存货业务授权审批制度，明确授权方式、权限、程序、责任和相关控制措施；有条件的企业可根据业务特点及成本效益原则选用计算机系统和网络技术进行存货管控。

（2）验收入库制度。企业应制定存货验收入库制度，保持完整的验收入库记录。对于外购存货，应根据存货验收制度和经审批的订单、合同等采购文件进行验收，验收时应对所购物品或劳务的品种、规格、数量、质量和技术标准等进行核验，出具验收报告、计量报告和验收证明；拟入库的自制存货，一般由生产部门组织专人检验，只有检验合格的产成品才可以作为存货办理入库；仓储保管人员根据验收单点收入库货物数量和质量，填写入库单。

（3）储存保管制度。企业应建立存货保管制度，综合运用限制未经授权人员对财产的直接接触、财产记录、定期盘点、账实核对等措施，确保存货安全完整。

（4）领用发出制度。企业应建立严格的存货发出流程和制度，保持完整的发货记录。发出存货须经授权审批，大批商品、贵重商品或危险品的发出应得到特别授权；生产用原材料可采用定额制，由相关部门核定消耗定额，生产部门根据定额填写限额领料单，向仓储部门领料；为保证存货安全，记录正确，企业还应建立内部稽核制度。

（5）盘点与处置制度。企业应建立适当的存货盘点制度，明确盘点范围、方法、人员、频率、时间等，确保及时发现存货丢失、损坏、变质等情况；存货盘点应及时编制盘点表，盘盈、盘亏情况要分析原因，提出处理意见，经相关部门审批后，在期末结账前处理完毕；仓储部门应通过盘点、清查等方式全面掌握存货状况，及时发现存货的残、次、冷、背等情况并选择合理的方式处置；仓储部门和财会部门应结合盘点结果对存货进行库龄分析，确定是否需要计提跌价准备。

（6）存货核算制度。企业应按照会计准则的要求，选择存货的盘存制度，采用永续盘存制或者实地盘存制的方法对存货的收发存进行日常记录；并根据实物流转方式、管理要求、存货性质等合理确定存货发出计价方法，采用先进先出法、加权评价法等方法合理确定存货的账面余额；期末按照成本与可变现净值孰低对存货价值进行计量；对收发频繁的重要存货，可采用计划成本法进行日常核算。

（二）应收账款管理制度

应收账款管理制度的内容在第一节销售业务部分已经阐述。

（三）固定资产管理制度

固定资产业务涉及取得、验收移交、日常维护、更新改造和淘汰处置等环节，其管理制度设计的目标是通过合理的业务流程，健全风险控制措施，保证固定资产安全、完整、高效运行。

（1）固定资产业务的职责分工和授权审批制度。企业应建立固定资产业务的岗位责任制，明确相关部门和岗位的职责、权限，确保不相容岗位相互分离、制约和监督。同一部门或个人不得办理固定资产业务的全过程；企业应配备合格人员办理固定资产业务；对固定资产业务建立严格的投资授权审批制度，明确授权审批的方式、权限、程序、责任和相关控制措施，规定经办人的职责范围和工作要求；审批人在授权范围内审批，不得越权审批。

（2）固定资产的取得和验收制度。企业应建立并严格执行固定资产预算管理制度；根据使用情况、生产经营、发展战略等因素拟定固定资产投资项目，进行可行性研究，按规定程序审批，确保固定资产投资决策科学合理；建立外购固定资产请购与审批制度，明确请购部门和审批人员职责权限及请购与审批程序；并建立严格的固定资产交付验收制度，确保数量、质量等符合使用要求；还应该按会计准则要求，区分经营租赁和融资租赁。

（3）固定资产的使用和维护制度。企业应加强固定资产的日常管理工作，授权具体部门或人员负责固定资产的日常维护和使用，保证资产的安全完整。具体包括：建立固定资产的维修保养制度，按规定进行分类管理，明确固定资产投保范围和政策，定期对固定资产进行盘点等。

（4）固定资产处置制度。企业应建立固定资产处置制度，确定固定资产处置的范围、标准、程序和审批权限等，确保固定资产合理使用。固定资产处置应由独立于使用部门和管理部门的其他部门或人员办理，处置时涉及产权变更的，应及时办理产权变更手续；出租、出借固定资产的，应按规定程序进行；内部调拨应填制调拨单，调拨的价值应由财会部门审批。

（四）无形资产管理制度

无形资产业务涉及取得、验收并落实权属、使用和安全防范、技术升级与更新换代、处置与转移等环节。制定无形资产管理制度的目标是通过无形资产业务流程的设计，明确无形资产投资预算编制、研发预算编制、取得与验收、使用与保全、处置与转移等环节的控制要求，并设置相应的记录或凭证。

（1）无形资产业务的职责分工和授权审批制度。企业应建立无形资产业务的岗位责任制，明确相关部门和岗位的职责、权限，确保不相容岗位相互分离、制约和监督。同一部门或个人不得办理无形资产业务的全过程；企业应配备合格人员办理无形资产业务；建立无形资产业务的授权审批制度，明确授权审批的方式、权限、程序、责任和相关控制措施，规定经办人的职责范围和工作要求。

（2）无形资产的取得与验收制度。企业应建立无形资产预算管理制度，严格执行无形资产投资预算，对重大的无形资产投资项目应考虑聘请独立第三方进行可行性研究与评价，进行集体决策和审批；建立请购与审批制度，明确请购部门和审批人员职责权限及请购与审批程序；建立严格的无形资产交付验收制度，确保无形资产符合使用要求；自行开发的无形资产应由研发部门、管理部门、使用部门共同填制无形资产验收单，移交使用部门使用；对验收合格的无形资产应及时办理相关手续。

（3）无形资产的使用与保全制度。企业应加强无形资产的日常管理工作，授权具体部门或人员负责无形资产的日常使用和保全管理，保证资产的安全完整。应根据国家及行业有关要求和经营管理需要确定无形资产分类标准和管理要求，建立无形资产目录；根据无形资产性质确定其保全范围和政策；定期或至少在每年末，对无形资产进行检查分析。

（4）无形资产处置与转移制度。企业应建立无形资产处置和转移制度，确定处置与转移的范围、标准、程序和审批权限等。应区分不同的处置方式，采取相应控制措施；无形资产处置应由独立于使用部门和管理部门的其他部门或人员办理，处置时涉及产权变更的，应及时办理产权变更手续；出租、出借无形资产的，应按规定程序进行；内部调拨应填制调拨单，调拨的价值应由财会部门审批；对无形资产处置及出租、出借收入和相关费用应及时入账。

三、成本费用管理制度

成本费用管理制度的目的是规范企业产品成本核算，加强成本的管理及控制，正确及时反映各种生产耗费及生产费用的实际支出和产品成本构成情况，满足各项管理工作和经济决策的需要。成本费用的管理应实行费用归口、分级管理和预算控制，建立必要的费用开支范围、标准和报销审批制度。

成本费用管理制度除包括上一节成本费用的核算制度外，还应包括成本费用的预测制度、预算控制制度、分析评价制度和监督检查制度等内容。

（一）成本费用的预测制度

企业应建立成本费用的预测制度，明确成本费用预测的依据，成本费用预测的负责部门，确定成本费用预测的方法和内容，成本费用的预测程序，建立成本费用预测的目标审批制度。

（1）成本费用预测的依据。可以以本企业历史成本费用数据，同行业、同类型企业的有关成本费用资料和料工费等成本项目的价格变动趋势等作为成本预测的依据，同时考虑销售收入的变动情况作为参考要素。

（2）成本费用预测的方法和内容。成本费用预测可采用定量预测方法和定性预测方法，其中定量预测法又包括因果预测分析法、本量利分析法、投入产出法、回归分析法、经济计量法和趋势预测分析法等；定性预算方法包括专家会议预测法、市场调查法、函询调查法等。

成本费用预测的内容包括产品或服务成本的预测，以及费用的预测两部分。

（3）成本费用预测的程序。在进行成本费用预测时，首先应依据企业目标利润、结合预测期内的变化因素，测算企业在现有条件下能够达到的目标成本费用水平；并据此确定成本费用预测的对象；然后在收集和整理有关资料的基础上，选择合适的成本费用预测方法，对各种成本费用进行综合分析预测和检查验证，以修正确定最佳预测值。

（4）成本费用预测的目标审批。计算得出的最佳预测值经财务部经理审核后，上交财务总监和总裁进行审核、审批，再由财务部根据财务总监和总裁的审议意见，调整最佳预测值后形成企业的成本费用目标。经批准的成本费用目标是企业编制成本费用预算的依据。

（二）预算控制制度

为了保证成本费用预算的有效执行，企业应制定成本费用预算管理的相关规定。

企业根据成本费用预算、定额和支出标准，分解成本费用预算指标，成本费用预算指标一经批复下达，各预算执行部门必须认真组织实施。各部门应将成本费用预算指标层层分解落实到部门的各单位、各环节和各岗位，形成全方位的成本费用预算执行责任体系。

在预算执行过程中应严格执行生产消耗、费用定额定量标准，加强实时的监控，对于预算执行中出现的异常情况，应及时查明原因，予以解决；各责任单位要加强原材料、产成品、半成品、在产品的计量验收工作，从接货、装卸、运输、进厂、入库、发货出库等环节入手，专人负责、准确计量，严格统计，努力减少途耗、库耗；制造费用和期间费用各项目要按照"谁发生，谁控制，谁负责"的原则，责任到人，从严从紧，精打细算。

（三）分析评价制度

企业应建立成本费用的分析评价制度，保证成本费用预算的执行，并根据成本费用预算的执行情况，分析产生差异的原因，寻求降低成本费用的对策，并据以对有关部门进行考核评价。

成本费用分析制度。企业应建立成本费用分析制度，采用合理的成本分析方法，定期对成本预算的执行情况进行分析。成本费用的分析可采用定性分析法和定量分析法。其中定量分析法是在对成本报表进行分析的过程中，研究各项成本指标的数量变动和指标之间的数量关系，测定各种因素对成本指标影响程度的分析方法。定量分析法主要有比较分析法、比率分析法和因素分析法等。

成本费用评价制度。企业应建立成本费用评价制度，通过和历史标准、行业标准与目标标准等的比较，对各责任主体的成本费用执行情况进行评价，奖优罚劣，并保证业绩评价工作的公平合理。

（四）监督检查制度

企业应建立成本费用的监督检查制度，加强对成本费用工作的监督检查，明确监督检查人员的职责权限，定期不定期地开展监督检查。监督检查的主要内容有：成本费用业务相关岗位及人员的设置情况、授权批准制度的执行情况、成本费用预算和核算制度的执行情况等。

四、收入利润管理制度

收入和利润是企业经营过程中主要的资金来源，是实现创业目标的基础。创业企业应加强对收入和利润的管理，不断增加收入、提高获利能力。

（一）收入管理

企业应根据企业财务通则和《企业会计准则第14号——收入》的规定，制定收入管理制度，明确收入的分类和确认原则，以及不同收入的核算标准，加强对销售过程中应收款项的管理，提高收入质量；加强对不同产品、区域、客户销售收入构成比例的分析，有针对性地制定收入的管理策略,不断增加销售,以实现更多利润。相应内容请见本书第五章和第七章。

(二)利润管理

利润管理主要是对利润计划、利润构成和利润分配的管理。企业应建立健全利润管理制度,明确利润的构成与核算方法,按照法律规定确定利润的分配顺序,加强利润计划编制的管理,通过利润分析和评价,对各责任单位进行考核和奖惩。这部分内容详见本书第五章第三节。

五、预算管理制度

企业应建立预算管理制度,对各项业务的开展以及资金需求、利润实现情况进行预测,并通过对预测目标的层层分解形成全面预算。不同业务的预算制度详见前述各章节,此处只介绍全面预算体系。

(一)全面预算的内容

全面预算是反映企业未来某一特定期间的全部生产、经营活动的财务计划。它以销售预测为起点,进而对生产、成本及现金收支等各个方面进行预测,并在这些预测的基础上,编制出一套预计资产负债表、预计利润表等预计财务报表及其附表,以反映企业在未来期间的财务状况和经营成果。全面预算是由一系列预算构成的体系,各项预算之间相互联系,关系复杂,如图8.5所示。

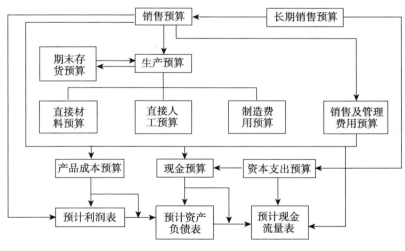

图 8.5 全面预算的内容

(二)全面预算的编制程序

一般来说,全面预算的编制程序有以下几个步骤:最高领导机构根据长期规划,利用本量利分析等工具,提出企业一定时期的总目标,并下达规划指标;最基层成本控制人员自行草编预算,使预算能较为可靠、较为符合实际;各部门汇总部门预算,并初步协调本部门预算,编制销售、生产、财务等业务预算;预算委员会审查、平衡业务预算,汇总出公司的总预算;经过行政首长批准,审议机构通过或者驳回修改预算;主要预算指标报告给董事长或上级主管单位,讨论通过或者驳回修改;批准后的预算下达给各部门执行。

(三) 全面预算的编制方法

全面预算的编制方法有固定预算、弹性预算、零基预算、概率预算和滚动预算等。编制方法的介绍超出了本书的范畴,感兴趣的读者可阅读本章后参考资料《成本管理会计》的相应章节。

六、股权激励制度

通过股权激励计划可以让公司核心管理人员、核心专业人员等最大限度享受企业发展带来的利益,增强其获得感。为使企业的股权激励能够达到预期目的,企业应建立相应的股权激励制度。明确股权激励的范围和工作程序、股权激励的管理机制,完善和股权激励配套的相应制度。

和股权激励配套的制度包括:股权激励法律意见书、股权激励计划方案、激励计划管理制度、绩效考核办法、考核结果报告书、财务及薪酬完善建议书、股东会和董事会决议、股权激励授予协议书、股权激励劳动合同、竞业限制协议等。

在制定股权激励方案时应事先决定好股权的授予日、有效期、行权期、禁售期等事项,建立合伙人股权分期成熟机制,并提前约定退出机制,管理好合伙人预期;规划好股东中途退出时股权回购的方法;为防止合伙人退出公司却不同意公司回购股权,可以在股东协议中设定高额的违约金条款。

更多股权激励的相关内容由于超出本书范围不再赘述。

 小测试

1. 筹资管理制度应该如何设计?
2. 应如何设计货币资金的内部控制制度?
3. 存货、固定资产、无形资产管理制度的内容应包括哪些方面?
4. 企业应从哪几个方面建设成本费用管理制度?
5. 什么是全面预算?其内容包括哪些具体预算?
6. 成本核算基础制度和成本核算计算制度各包括哪些方面的内容?
7. 创业企业为什么要建立股权激励制度?

注释

[1] 王艳茹,应小陆,杨树军. 创业企业财务管理[M]. 北京:中国人民大学出版社,2022:318-321.

课后讨论

1. 采购业务、销售业务、投资业务的内部控制分别应包括哪些内容?
2. 如何设计企业的会计机构、会计人员和内部管理会计制度?
3. 为正确核算企业成本应该提供哪些制度保障?
4. 你觉得预算管理对于创业企业重要吗?为什么?
5. 创业企业应如何建立股权激励制度?

创业案例[1]

从核算视角看瑞幸咖啡的经营管理

瑞幸咖啡公司总部位于厦门,截至 2019 年年底,直营门店数达到 4 507 家。瑞幸咖啡以"从咖啡开始,让瑞幸成为人们日常生活的一部分"为愿景,通过充分利用移动互联网和大数据技术的新零售模式,与各领域优质供应商深度合作,致力为客户提供高品质、高性价比、高便利性的产品。瑞幸咖啡的咖啡豆连续两年在 IIAC 国际咖啡品鉴大赛斩获金奖。

2020 年 4 月 2 日,因虚假交易额 22 亿元,瑞幸咖啡盘前暴跌 85%;5 月 19 日,瑞幸咖啡被要求从纳斯达克退市,申请举行听证会;6 月 29 日,瑞幸咖啡正式停牌,并进行退市备案;同时,瑞幸咖啡全国 4 000 多家门店将正常运营。

2020 年 7 月 31 日,财政部表示,在检查中发现,自 2019 年 4 月起至 2019 年年末止,瑞幸咖啡公司通过虚构商品券业务增加交易额 22.46 亿元(人民币,下同),虚增收入 21.19 亿元(占对外披露收入 51.5 亿元的 41.16%),虚增成本费用 12.11 亿元,虚增利润 9.08 亿元。

瑞幸咖啡造假的原因部分可以从其日常经营数据中得到解释。

1. 基本资料

2019 年第二季度瑞幸咖啡每家门店的每天销售量为 345 件,商品单价为商品全价扣除折扣额后的有效价格,2019 年第二季度公告的有效价格是 10.5 元;鲜制饮料的原材料成本为每件 5.6 元;门店运营成本包括人工费 3 元/件;每个订单提供了人民币 5 元的送货补贴,销售总商品中有 19.8%是通过快递购买。

门店的租金为 1.5 万元/月,水电费为 0.5 万元/月,设备和店面装修的折旧 0.75 万元/月(装修费用 45 万元,在 5 年内摊销)。

2. 成本核算

每件产品需要负担的送货费 = 19.8% × 5 = 0.99(元)
每件产品的单位变动成本为 = 5.6 + 3 + 0.99 = 9.59(元)
门店每月的固定成本总额为 1.5 + 0.5 + 0.75 = 2.75(万元)

3. 产品或服务盈利分析

产品的单位边际贡献 = 单价 − 单位变动成本 = 10.5 − 9.59 = 0.91(元)

由此可见产品本身是赚钱的,每件的贡献为0.91元。

每个月的保本点销售量 = 固定成本÷(售价－单位变动成本) = 27 500÷(10.5－9.59)

$\qquad$ = 27 500÷0.91 = 30 220(件)

每天保本点销售量 = 30 220÷30 = 1 007(件)

4. 门店盈利分析

每天销售量为345件,小于保本点销售量1 007件:

每天损益 = (345－1 007)×0.91 = －662×0.91 = －602.42(元)

每月损益 = －602.42×30 = －18 072.6(元)

由上述计算可知,每家店面是亏损的。因为只有扣除店面的固定成本以后才是店面真正盈利。

5. 加强管理的措施

方法一:减少固定成本。由于固定成本总额在相关范围内不会发生变动,所以该措施不可行;除非减少店面面积,但这又会影响到产品销量,可以看作是另一个单独的决策。

方法二:提高价格,由10.5元提高到11.8元。价格提高取决于客户的接受度,如品牌忠诚度、市场竞争度等,是企业的不可控因素;虽然难,但瑞幸咖啡本身和其他咖啡相比价格要低很多,再加上营销及品牌建设的影响,提高1元左右基本可行。

方法三:降低单位成本。由9.59元降低到9.15元。可以从原料成本上下功夫,优化供应链,降低采购成本;或通过增加门店销售的方式降低外卖数量,减少送货补贴。若调整之后通过快递购买的产品数量占比可以下降到11%,则每件咖啡需负担的快递费下降为0.55(5×11%)元。

方法四:增加销售。由现在的每天345件提高到495件,增加安全边际,提高安全边际率。

6. 加强管理之后的经营状况

通过以上措施的实施,瑞幸咖啡的店面利润由负变正。

(1)产品或服务盈利改善

单位产品边际贡献 = 11.8－5.6－3－0.55 = 2.65(元/件)

这样本来就赚钱的产品盈利扩大。

每月的保本点销售量 = 固定成本/单位边际贡献

$\qquad$ = 27 500÷2.65 = 10 377(件/月)

每天保本点销售量 = 10 377÷30 = =346(件)

由于产品盈利扩大导致保本点下降。

(2)店面由亏转盈

由于每天销售量大于保本点销售量:

每天损益 = (495－346)×2.65

$\qquad$ = 149×2.65 = 394.85(元)

每月损益 = 394.85×30 = 1 1845.5(元)

不仅产品赚钱,而且店面也真正赚了钱!

（3）公司层面利润

店面利润只有大于公司发生的四项费用，才能获得最终的盈利！这时就需要公司从战略出发规划管理费用、销售费用和研发费用，控制财务费用，加强日常管理。

由此可见，财务核算只是对企业发生经济业务的记录和计算，创业企业要实现创业初衷达到盈利，需要对业务发生的各个环节进行认真分析，从制度上保证销售收入不断增长，并且在金额上超出成本费用。

资料来源：

瑞幸咖啡官网，http://www.luckincoffee.com/about.

百度百科，https://baike.baidu.com/item/luckin%20coffee/22344215?fromtitle=%E7%91%9E%E5%B9%B8%E5%92%96%E5%95%A1&fromid=22568595&fr=aladdin.

王艳茹等主编，成本管理会计，东北财经大学出版社，2021年，第四版，第二章.

即测即练

自学自测　扫描此码

参　考　文　献

[1] 王化成，刘俊彦，荆新. 财务管理学[M]. 北京：中国人民大学出版社，2021.
[2] 王艳茹. 创业企业财务管理[M]. 北京：中国人民大学出版社，2022.
[3] [美]谢德荪. 源创新：转型期的中国企业创新之道[M]. 北京：五洲传播出版社，2012.
[4] 陈威如，余卓轩. 平台战略[M]. 北京：中信出版社，2014.
[5] 王艳茹. 基础会计[M]. 北京：中国人民大学出版社，2022.
[6] 王艳茹，孙茂竹，李朝晖. 成本管理会计[M]. 大连：东北财经大学出版社，2021.
[7] 尤登弘. 创业之初你不可不知的财务知识[M]. 北京：机械工业出版社，2009.
[8] 王艳茹.中小企业财税管理[M]. 大连：东北财经大学出版社，2022.
[9] 蒋敏周. 财务管理概论[M]. 北京：清华大学出版社，2021.
[10] 优米网图书项目组. 创业名人说[M]. 北京：中国法制出版社，2011.
[11] 王艳茹，等. 创业资源[M]. 北京：清华大学出版社，2014.
[12] [美]埃里克·莱斯. 精益创业：新创企业的成长思维[M]. 吴彤，译. 北京：中信出版社，2012.
[13] [美]克莱顿·克里斯坦森，迈克尔·雷纳. 创新者的解答[M]. 李瑜偲，林伟，郑欢，译. 北京：中信出版社，2013.
[14] 王伯达. 预见未来[M]. 长沙：湖南科学技术出版社，2013.
[15] [日]河濑诚，公司内部创业[M]. 雷诺，译. 北京：清华大学出版社，2018.
[16] 张玉利. 创业管理[M]. 北京：机械工业出版社，2016.
[17] 张志、乔辉. 大学生创业指南[M]. 北京：人民日报出版社，2016.
[18] 马忠. 公司财务管理：理论与案例[M]. 北京：机械工业出版社，2008.
[19] [日]井上达彦. 模仿的技术：企业如何从"山寨"到创新[M]. 兴远，译. 北京：世界图书出版公司，2014.

教师服务

感谢您选用清华大学出版社的教材！为了更好地服务教学，我们为授课教师提供本书的教学辅助资源，以及本学科重点教材信息。请您扫码获取。

≫ 教辅获取

本书教辅资源，授课教师扫码获取

≫ 样书赠送

创业与创新类重点教材，教师扫码获取样书

 清华大学出版社

E-mail: tupfuwu@163.com
电话: 010-83470332 / 83470142
地址: 北京市海淀区双清路学研大厦 B 座 509

网址: https://www.tup.com.cn/
传真: 8610-83470107
邮编: 100084